W0404412

Espionnes

Dalila Kerchouche

Espionnes

Doubles vies sous haute tension
Une enquête exclusive au cœur
des services secrets français

Flammarion

© Flammarion, Paris, 2016
87, quai Panhard-et-Levassor
75647 Paris Cedex 13
ISBN : 978-2-0813-7077-7

À toutes les femmes fortes
et invisibles d'hier et d'aujourd'hui

« Nous nous posons la question…
Qui suis-je, moi, pour être brillant,
radieux, talentueux, merveilleux ?
En fait, qui êtes-vous pour
ne pas l'être ? (…)
Notre peur la plus profonde n'est pas
que nous ne soyons pas à la hauteur.
Notre peur la plus profonde est
que nous sommes puissants au-delà
de toute limite. C'est notre propre
lumière, et non notre obscurité,
qui nous effraie le plus (…)
Vous restreindre, vivre petit, ne rend
pas service au monde. (…) En nous
libérant de notre peur, notre
puissance libère automatiquement
les autres. »

Marianne Williamson,
écrivaine américaine.

Avant-propos

2 mai 2011. Oussama Ben Laden, le chef d'Al-Qaida et le cerveau des attentats du 11 septembre 2001, est tué par un commando de marines américains dans une villa d'Abbottabad, au nord du Pakistan. Qui a débusqué le terroriste le plus recherché de la planète, au bout d'une traque de cinq ans ? Pas un homme, mais une femme, une jeune analyste de la CIA, à l'identité gardée secrète pour raisons de sécurité. Certains l'appellent Jen, d'autres Maya. Au soldat qui lui a demandé si elle était sûre que Ben Laden était dans cette maison, elle a répliqué avec aplomb : « À cent pour cent ». Son exploit a donné lieu à un film nominé aux Oscars, *Zero Dark Thirty* (2013), réalisé par Kathryn Bigelow, avec Jessica Chastain dans le rôle-titre.

1er septembre 2014. L'un des dix terroristes les plus recherchés par les services occidentaux, Ahmed Abdi Godane, le chef des shebabs somaliens (une importante entité djihadiste affiliée à Al-Qaida), qui a causé la mort de plusieurs Français, est neutralisé à son tour. À la demande du président François Hollande, un drone américain piloté depuis Djibouti a pulvérisé son pick-up sur une route désertique au sud de Mogadiscio. Qui l'a localisé, au terme d'une traque d'un an et demi ? Pas un homme, mais une femme, une jeune analyste de la DGSE[1], au

1. Direction générale de la sécurité extérieure.

visage et au prénom inconnus. Tout ce que l'on sait d'elle, c'est qu'elle est arabisante et qu'elle a une trentaine d'années.

L'élimination de ces deux HVT – *High Value Target*, ou cibles de grande valeur – représente les victoires les plus retentissantes des services secrets occidentaux dans leur lutte contre le terrorisme international. Et deux femmes, d'une ténacité, d'une détermination et d'une précision implacables, en sont à l'origine. Simple coïncidence ? Non. Ces succès découlent directement de la révolution silencieuse qui s'opère depuis vingt ans dans les services de renseignement : la montée en puissance des femmes.

Que la mixité soit un atout, les services étrangers les plus performants l'ont compris depuis longtemps. À la CIA, aux États-Unis, un agent sur deux est une femme. Et en Israël, le Mossad est composé de 40 % de femmes, dont 24 % dans des postes à responsabilité. Deux séries emblématiques, l'une américaine, *Homeland*, et l'autre israélienne, *Hatufim*, illustrent parfaitement ce phénomène.

En France, en revanche, le monde du renseignement reste à la traîne. Parmi les 13 000 agents secrets qui travaillent dans les six services de la Communauté française du renseignement (CFR), on dénombre environ 3 000 à 4 000 femmes qui agissent dans l'ombre, soit 25 % des effectifs. En comparaison, la DGSE n'en comptait que 6 % au début des années 1980. Si leur nombre a quadruplé en trente ans, elles se heurtent aujourd'hui à un plafond de verre : plus elles montent dans la hiérarchie, et plus elles se raréfient.

Pourquoi une féminisation si tardive ? Parce qu'en France, le renseignement, d'origine militaire, s'est longtemps montré ouvertement hostile à la présence des femmes. Dans les années 1970, Alexandre de Marenches, ex-directeur du SDECE (l'ancêtre de la DGSE), affirmait : « Le renseignement est le deuxième plus vieux métier du monde. Il fallait savoir où étaient ces dames pour pouvoir les trouver. » Cette phrase en dit long sur le machisme qui, en France plus qu'ailleurs, imprègne la culture de l'espion jusqu'au fond des poches secrètes de son imper mastic. Pouvoir, manipulation, dissimulation, ego XXL, toute-puissance, hypersexualisation, subordination des femmes... Les stéréotypes du macho latin, cette caricature éculée du masculin, pèsent encore lourdement dans les services secrets et entravent les carrières des femmes.

Pendant un an, en immersion dans ce monde opaque et clos du renseignement, j'ai enquêté pour comprendre l'impact de cette féminisation invisible. J'ai pénétré dans les sept principaux services secrets français, qui assurent la sécurité intérieure et extérieure de la France. Pendant plusieurs mois, une cinquantaine de femmes de la DGSE, de la DGSI[1], du renseignement douanier (DNRED[2]), financier (Tracfin), militaire (la DRM[3]), du contre-espionnage militaire (la DPSD[4]) et des nouveaux RG[5] (le SCRT[6]), ont accepté de se raconter à une journaliste. C'est une première : jamais l'univers du renseignement ne s'est autant dévoilé dans un livre d'entretiens, avec autant d'interviews d'agents en activité.

Ces rencontres m'ont d'autant plus marquée qu'elles ont eu lieu dans un climat sécuritaire tendu. Le hasard a voulu que je démarre mes interviews à la DGSE en janvier 2015, une semaine après les attentats de *Charlie Hebdo* et de l'Hyper Cacher. Par une autre coïncidence, j'étais à nouveau avec les femmes de la DGSE le jour des attentats du 13 novembre. Cette conjonction de dates marque le point de départ de mon enquête. Dans l'anonymat – garantie de leur sécurité – ces espionnes, à l'identité classée secret défense, m'ont raconté comment elles ont traqué les terroristes du 7 janvier et du 13 novembre : les frères Kouachi, Amédy Coulibaly et le commando d'Abdelhamid Abaaoud. Elles m'ont révélé leurs

1. Direction générale de la sécurité intérieure.
2. Direction nationale du renseignement et des enquêtes douanières.
3. Direction du renseignement militaire.
4. Direction de la protection et de la sécurité de la défense.
5. Renseignements généraux.
6. Service central du renseignement territorial.

échecs et leurs victoires, leurs doutes et leurs aspirations. Elles m'ont parlé sans tabou des carrières freinées, du machisme ambiant, de l'arrogance, des certitudes et des visions étriquées, contre-productives dans le renseignement.

J'ai découvert que ces femmes trop peu nombreuses, pas assez promues, insuffisamment reconnues, n'en jouaient pas moins un rôle majeur. Dans la lutte antiterroriste, l'actuelle priorité des services, elles se battent aux avant-postes. De la détection des « signaux faibles » du terrorisme en France à l'infiltration à hauts risques de groupes djihadistes au Moyen-Orient, elles agissent à tous les maillons de la chaîne du renseignement.

Osons le dire : et si les services secrets avaient besoin des femmes ? Face à l'ampleur de la menace terroriste, à l'heure où médias et politiques s'interrogent sur les dysfonctionnements des services secrets français, il faut aussi pointer leur manque de mixité. Dans la sphère économique, plusieurs études (Catalyst, Femina index…) montrent que les entreprises les plus paritaires sont les plus rentables. La plupart des structures qui intègrent de la parité et de la diversité y gagnent, en motivation des équipes, en puissance d'analyse, en capacité d'anticipation, en intelligence collective, en efficacité. Des services secrets français plus mixtes seraient-ils plus performants ? La question mérite d'être posée.

Un autre point me taraude. Pourquoi les services secrets, d'ordinaire si méfiants vis-à-vis des journalistes, acceptent-ils de s'ouvrir aujourd'hui, et précisément sur *ce* sujet ? Peut-être parce qu'une prise de conscience nouvelle s'opère dans ce monde opaque du renseignement : les services comprennent qu'ils ne peuvent plus se priver des talents féminins. Pourquoi ? Qu'on ne se trompe pas d'analyse : je ne crois nullement aux clichés essentialistes, qui voudraient que les femmes aient des prédispositions « naturelles » – l'intuition, l'empathie, la séduction, la discrétion, la prudence… – à l'espionnage. La réalité est plus prosaïque : elles représentent aujourd'hui plus de la moitié des diplômés de l'enseignement supérieur.

Cette nouvelle génération d'espionnes, ultradéterminée, qui a redoublé d'efforts pour s'imposer, challenge aussi fortement les agents à l'ancienne. Or refléter la société permet tout simplement de mieux la protéger. C'est la conviction que je défends dans ce livre.

Première immersion

Vendredi 16 janvier 2015, 19 heures. Le lourd portail blanc du 133 boulevard Mortier coulisse sur ses rails et se referme en silence derrière moi. Dans l'air glacial de ce soir d'hiver, je dénoue mes doigts engourdis par huit heures passées à noircir frénétiquement trois épais carnets de notes à spirales. Je frissonne dans l'obscurité en longeant une haute enceinte bétonnée, hérissée de piques, de barbelés et de caméras de surveillance, qu'éclairent de puissants projecteurs. Des deux côtés du boulevard Mortier se dresse le même univers ultramilitarisé, une forteresse qui semble tout droit sortie d'un blockbuster américain et qui dissuade tout badaud de s'arrêter, ne serait-ce que pour flâner. Tandis que je marche vers le tramway de la porte des Lilas, mon regard s'accroche à une pancarte blanche : « Zone protégée. Défense de filmer ou de photographier. Interdiction de pénétrer sous peine de poursuites pénales ». Car le 133 boulevard Mortier n'est pas une adresse comme les autres. Elle abrite le siège principal du plus puissant de nos services secrets : la DGSE, l'équivalent français de la CIA aux États-Unis. Dans ce boulevard désert et humide qui ressemble au décor d'un film noir, je m'immobilise en fixant l'asphalte luisant sous la lumière conique des réverbères. J'ai besoin de quelques minutes de silence, de vide, de solitude, pour réaliser, intégrer, digérer, l'expérience inédite que je viens de vivre.

Au départ, pour moi, c'était un reportage comme un autre. Grand reporter à *Madame Figaro*, j'enquête sur les femmes de la DGSE, pour un article commandé par la directrice de la rédaction, Anne-Florence Schmitt, qui a eu la belle idée de ce sujet. Mais j'en avais sous-estimé l'impact : on ne sort pas indemne d'une première incursion dans le monde du renseignement. Ma première journée avec les femmes des services secrets m'a tout à la fois ébranlée et exaltée. Je vibre comme si l'on m'avait injecté dans les veines des shoots d'adrénaline. Que l'univers opaque et mystérieux des services secrets fascine ceux qui le découvrent, le phénomène n'a en soi rien de nouveau. Pléthore d'éminents écrivains – John le Carré, Graham Greene, Percy Kemp, Robert Little... – ont disséqué avec talent cet étrange magnétisme qu'exerce l'univers de l'espionnage et du renseignement. Anticiper l'actualité, changer d'identité, de nom, de visage, traverser les frontières avec un faux passeport, infiltrer les lignes ennemies, connaître le dessous des grands enjeux géopolitiques de la planète, murmurer à l'oreille des puissants, faire et défaire les dignitaires qui nous gouvernent, influer sur la marche du monde, tirer les ficelles de l'Histoire : il y a de quoi vous griser. Mais il ne s'agit pas de cela. Ce qui me captive davantage ce soir décisif de janvier, ce sont elles, ces femmes « top secrètes » que je viens de découvrir, encore plus invisibles que les agents secrets. Car cette forteresse du boulevard Mortier dissimule derrière ses murs épais les femmes les plus mystérieuses et les plus influentes de la République. Elles représentent un quart des effectifs, soit plus de 1 500 agents qui travaillent ici sous identités protégées pour assurer la sûreté de la nation.

Ces rencontres m'ont d'autant plus marquée qu'elles se sont déroulées dans un contexte sécuritaire tendu. Il y a une semaine, le 7 janvier 2015, la France a basculé dans l'horreur. Deux hommes cagoulés, armés de kalachnikovs et de pistolets automatiques, ont pénétré dans les locaux de *Charlie Hebdo* et abattu douze personnes, dont les dessinateurs Cabu, Wolinski, Charb et Tignous. Les frères Kouachi étaient pourtant bien connus des services de renseignement. Le lendemain, un délinquant de l'Essonne a abattu une policière à Montrouge, pris en otage les clients et employés d'une épicerie cacher située porte de Vincennes, avant d'exécuter quatre Juifs à bout portant. Amédy Coulibaly, lui aussi, avait été repéré par les services, qui le considéraient comme un second couteau. Comment ces trois terroristes ont-ils pu échapper ainsi aux radars des services secrets français et tuer froidement dix-sept personnes en trois jours ?

Pour comprendre, j'ai interrogé les femmes de la DGSE. Elles m'ont raconté comment elles ont vécu et travaillé pendant ces attaques du 7 janvier. De quelle manière elles ont traqué ces terroristes, en interceptant leurs communications et celles de leurs familles, en soutien à la DGSI. Pour nous, ces attaques en plein Paris ont frappé les esprits par leur barbarie aveugle. Pas pour elles : les attentats, la violence, le terrorisme, Daech, Al-Qaida, toute cette noirceur du monde représente leur quotidien depuis des années.

Au-delà de cette actualité brûlante, je m'interroge. Pourquoi ces espionnes du boulevard Mortier, qui pistent les terroristes de la planète, m'attirent-elles tant ? Parce que leurs doubles vies d'agents et de femmes, sous haute tension, à la fois professionnelles et personnelles, dans un contexte de lutte antiterroriste, m'ont intriguée. Si, dans le plus grand secret, elles déjouent des attentats, traquent les terroristes, libèrent des otages, sauvent des vies, le soir, quand elles rentrent chez elles, elles retrouvent une vie « presque » normale, s'occupent de leurs enfants, surveillent les devoirs, gèrent le poids du secret dans leur couple, dînent avec leur conjoint, et cela, sans rien révéler de leur journée. Telle Jamie Lee Curtis dans le film *True Lies* de James Cameron, certaines vivent parmi nous une existence « presque » normale de mères de famille au-dessus de tout soupçon.

Ces espionnes m'attirent aussi parce que, depuis toujours, les femmes d'exception me fascinent. Dans ma famille, d'abord, où plusieurs générations de femmes brimées, mais fortes, ont affronté avec un courage inouï le triple joug de la colonisation, de la pauvreté et de la domination patriarcale dans l'Algérie rurale du début du siècle. Elles forgent le socle de mon féminisme.

Journaliste à *L'Express*, puis Grand Reporter à *Madame Figaro*, j'ai sillonné la planète pour rencontrer d'autres insoumises qui luttent contre les injustices, qui se battent pour avoir la liberté de travailler, d'aimer, de voter, d'exprimer leur féminité, d'exercer leurs droits de citoyennes et d'accéder aux plus hautes fonctions de la société. J'ai interviewé des Tunisiennes, des Iraniennes, des Saoudiennes, des Nigérianes, des Libanaises ou des Norvégiennes. J'ai interrogé des humbles et des puissantes, des jeunes filles analphabètes et des femmes politiques, des start-uppeuses et des patronnes du CAC 40, des scientifiques, des féministes, des exploratrices..., bref, des pionnières d'univers variés qui, toutes, abattent des barbelés réels ou imaginaires, forcent des barrages arbitrairement posés, ouvrent des voies nouvelles, élargissent le champ des possibles pour les générations futures. Les espionnes, qui investissent aujourd'hui ce bastion du pouvoir masculin que représentent les services secrets, repoussent elles aussi les limites classiques bousculent les rôles sociaux traditionnels et participent à l'émancipation des femmes.

Je dois l'avouer, une autre motivation m'anime. Cette forteresse grillagée qui se dresse devant moi boulevard Mortier, qui incarne à mes yeux une forme de toute-puissance de l'État français, ravive aussi une part enfouie de mon passé. Ces barbelés, que je longe ce soir, me renvoient, en miroir, à ma propre histoire. À ma mémoire, encore douloureuse et révoltée, de fille de harkis née dans un camp entouré de barbelés dans le sud de la France. Internée de force pendant des années dans ce lieu d'humiliation, de non-droit et d'exclusion, ma famille a été victime de cette même toute-puissance de l'État français. Il y a plus de dix ans, j'ai écrit un livre, *Mon père, ce harki* (Seuil), pour me libérer de ce monde du tabou, du secret et du silence, qu'incarne encore l'histoire des harkis. Pendant cette enquête, j'ai découvert qu'un autre service secret, les RG, a longtemps surveillé le camp de Bias, dans le Lot-et-Garonne, dans lequel je suis née en 1973. Dans les années 1970, les services surveillaient les allées et venues des harkis, parqués dans ce camp, internés de force, relégués dans des conditions indignes, car ils craignaient une rébellion. Ma famille a donc elle aussi été épiée par les services secrets, au seul motif – ou crime ? – d'avoir combattu pour la France, de lui être restée fidèle. Je n'en garde nulle animosité aujourd'hui, et aucun esprit de revanche ne m'habite. Mais il est important pour moi d'expliquer, avant de démarrer mon enquête, que je ne suis ni dupe, ni complaisante : j'ai parfaitement conscience que, si les services secrets protègent les français des périls actuels, ils sont aussi un instrument au service du politique ; même dans ses basses œuvres, même quand nos élus bafouent les droits de l'homme, commettent des crimes de bureau, se fourvoient dans l'espionnage politique et n'hésitent pas à broyer des familles au nom d'obscures raisons d'État.

Après douze ans d'internement forcé dans ces camps, grâce à la combativité de ma mère, mes parents ont réussi à s'échapper pour nous offrir un avenir digne. Grâce à eux, je peux vivre libre. Et me revoilà aujourd'hui, plantée devant une nouvelle forteresse cernée de barbelés, à l'orée d'un nouveau monde du tabou, du secret et du silence, qui m'aimante inexorablement, comme si je rejouais un vieux scénario. Je veux savoir ce qui se cache derrière ces murs aveugles. Quels drames et quelles joies ces femmes qui ont choisi ce travail hors norme vivent-elles ? Comment travaillent-elles, aiment-elles, et pour les mères, comment élèvent-elles leurs enfants, tout en bataillant contre les fléaux qui gangrènent la planète ?

Espionnes ! Ce mot affole mon imagination. Jusqu'à ce vendredi 16 janvier 2015, date de ma première rencontre avec les femmes de la DGSE, j'avais une vision romanesque et à l'ancienne de ce mythe éculé. Des noms, en vrac, se bousculaient dans mon esprit : Milady de Winter, Mata Hari... Il m'aurait pourtant suffi de regarder avec plus d'attention ma fille de 8 ans pour saisir l'actualité et la puissance de cet archétype féminin. Combien de fois l'ai-je entendue me dire : « Maman, aujourd'hui, je m'habille en noir pour jouer à l'espionne ! »

Mais trop de stéréotypes négatifs polluaient à mes yeux ce mythe féminin ambigu, tout aussi répulsif qu'attractif, qui évoque en vrac le pouvoir, la manipulation, la traîtrise, la duplicité, le mensonge, la vénalité, l'hypersexualisation. Pour moi, le rôle des femmes dans l'univers du renseignement se limitait à un seul : celui d'appât sexuel. Je l'avoue sans peine, j'avais une vision caricaturale de ce métier. J'imaginais prosaïquement qu'elles devaient séduire, voire coucher avec l'ennemi pour soutirer des confidences sur l'oreiller. En préparant mon reportage, j'ai constaté que ce fantasme du sexpionnage était encore largement répandu. Combien d'ami (e)s ou de collègues m'ont demandé, un brin lubriques : « Tu vas rencontrer des Mata Hari ? » Question immédiatement suivie par : « Alors, elles couchent ? » Dans l'imaginaire collectif, Mata Hari, alter ego féminin de James Bond, reste une puissante icône érotique.

Au risque de décevoir les curieux, les agents « top secrètes » que j'ai vues sont aux antipodes de bimbos aguicheuses qui jouent de leurs charmes plus que de leurs cerveaux. Dans mon panel, point non plus de beautés sculpturales en bikini, telle Ursula Andress, la plus culte des James Bond girls. Ni de tueuses à gages sexy en robe fendue jusqu'à la hanche façon Nikita, l'héroïne de Luc Besson. Et encore moins de sex-symbols comme Angelina Jolie dans *Mr. and Mrs. Smith*, qui glisse un revolver dans son porte-jarretelles et met Brad Pitt au tapis en une prise de kung-fu. Non, pulvérisons une bonne fois pour toutes ce cliché tenace : à la différence des « hirondelles » russes toujours actives, envoyées pour séduire des hommes d'affaires américains, les espionnes françaises n'ont pas le permis de coucher comme les espions auraient celui de tuer.

Au-delà de cet écran de fumée que le cinéma a créé autour du mythe de l'espionne, je veux mieux cerner la réalité de cette nouvelle génération d'agents secrets au féminin. Nous sommes loin du XIXe siècle où les services recrutaient des danseuses, des courtisanes ou des prostituées pour soutirer des secrets d'État aux officiers étrangers. En un siècle, le métier s'est professionnalisé. Pendant la Première Guerre mondiale, Mata Hari, en réalité une piètre espionne, a davantage été fusillée pour ses mœurs légères que pour ses activités au service de l'armée allemande. En revanche, d'autres espionnes, comme l'infirmière anglaise Edith Cavell, fusillée par les Allemands, et l'agent secret française Louise de Bettignies, condamnée aux travaux forcés à perpétuité, ont joué un rôle bien plus important dans l'histoire du renseignement. Pendant la Seconde Guerre mondiale, des résistantes, comme l'artiste Joséphine Baker, l'ethnologue Germaine Tillion, Jeanne Bohec, experte en explosifs surnommée la « plastiqueuse », ou la nièce du Général, Geneviève de Gaulle-Anthonioz, se sont illustrées dans les réseaux secrets de la Résistance. L'une d'entre elles, Marie-Madeleine Fourcade, dirigea même l'un des plus importants réseaux français qui renseignait le MI6 britannique. Mais jusqu'à la fin de la guerre froide, les femmes restaient des exceptions dans les services secrets. Ce n'est que très récemment, à partir des années 1990, qu'elles ont intégré en nombre le monde très militaire du renseignement. En s'ouvrant aux civils, les services secrets français ont commencé, très discrètement, à se féminiser.

Qui sont-elles ? Pour la plupart des filles de militaires ou de policiers. Ou des diplômées en relations internationales en quête de voyages, d'aventure, d'adrénaline, ou simplement d'anticonformisme. Souvent, aussi, elles ont déboulé dans le renseignement par les hasards de la vie. Toute cette journée, j'ai interviewé longuement, en tête-à-tête, une douzaine de ces femmes de l'ombre, aux identités protégées par le « secret défense », sur leurs aspirations profondes. D'ordinaire invisibles, sans nom et sans visage, ces nouvelles espionnes d'aujourd'hui m'ont dévoilé un pan de leur vie. J'ai écouté avec curiosité et attention ces femmes parfois taiseuses, souvent affables, me raconter leur allergie à toute routine, leur soif d'action, leur besoin de se confronter au « terrain », à la guerre, avec l'espoir de se révéler à elles-mêmes. Surtout, elles m'ont décrit l'exercice de haute voltige qu'elles réalisent chaque jour avec – je m'interroge – une certaine dose d'inconscience, de courage ou d'abnégation. Engagées dans des luttes de pouvoir complexes à l'échelle planétaire, ces professionnelles jonglent bien souvent entre des missions clandestines à hauts risques et les parties de Scrabble avec leurs enfants.

Je pensais devoir ferrailler dur pour les faire parler – ce fut bien sûr le cas pour certaines. Mais je n'imaginais pas que la plupart de ces agents surentraînées, cadenassées depuis si longtemps par le secret défense, se livreraient aussi facilement à la journaliste que je suis. Certaines m'ont avoué qu'elles étaient même soulagées d'être enfin autorisées à témoigner dans le cadre sécurisé que leur offre l'anonymat. Confiantes, elles m'ont dévoilé leurs succès, leurs instants d'exaltation professionnelle, mais aussi leurs doutes, leurs questionnements, leurs échecs, les sacrifices personnels douloureux auxquels elles ont dû parfois consentir pour servir la France. Elles ont évoqué, sans tabou, avec une grande clairvoyance sur elles-mêmes, et parfois de l'autodérision, l'impact de leur métier sur leur couple et leur vie de famille. Elles m'ont révélé ce qu'elles ne confient ni à leurs collègues, ni même à leur mari.

Nous avons longuement parlé de leur vie d'agent secret tout autant que de leur vie de femme. De la traque des tueurs de *Charlie Hebdo*, du stress d'avoir pu rater une information cruciale qui aurait pu changer le cours des événements et, peut-être, sauver des vies. Mais aussi du goûter oublié à trois reprises cette semaine-là. De la remise en question nécessaire après un tel attentat, vécu souvent comme un échec. Mais aussi des questions que posent leurs enfants et auxquelles elles ne peuvent pas répondre. De la lutte acharnée qu'elles mènent contre le terrorisme, de l'ampleur des enjeux géopolitiques qu'elles traitent. Mais aussi des doutes de leur conjoint quand elles disparaissent pendant des jours à l'étranger et des risques qu'elles prennent dans les zones de guerre. De leur charge mentale colossale, de la pression permanente – exacerbée quand elles sont mères – entre leurs dossiers professionnels brûlants et les crises inévitables à la maison. Avec, au bout du compte, cette question évidente : mais comment font-elles ? Mon idée n'est évidemment pas de les ramener à la sphère domestique. Pour moi, cette question de l'articulation vie privée/vie professionnelle se pose tout autant pour les hommes. Mais je veux comprendre comment elles mènent de front deux vies que tout oppose diamétralement, quand, comme à toutes les Françaises, hélas encore aujourd'hui, 80 % des tâches domestiques leur incombent.

Outre cette dimension, leur engagement pour la sûreté de la nation tout autant que le silence qui les entoure m'ont également questionnée. Si ces femmes agents secrets agissent pour protéger les Français des grandes menaces actuelles, elles n'apparaissent nulle part, ni dans la presse, ni dans les livres dédiés au renseignement, ni dans les recherches universitaires, qui ne citent quasiment que des hommes. Les très rares ouvrages qui leur sont consacrés les campent, de manière caricaturale, en vamps vénéneuses, qui vous séduisent pour mieux vous trahir. L'historien du renseignement Rémy Kauffer le reconnaît sans peine : « Il y a encore plus secret que les agents secrets : ce sont les femmes agents secrets. » Cela me frappe d'autant plus que, comme le souligne très justement l'historienne Arlette Farge, l'invisibilité est le marqueur le plus important à la fois des femmes dans l'Histoire, et de l'histoire des femmes.

Voilà pourquoi, à travers ce livre, j'ai décidé de braquer le projecteur sur les femmes les plus invisibles d'aujourd'hui, celles dont on ne parle jamais, qui ne défilent pas sur les Champs-Élysées le 14 juillet, mais qui, chaque jour, participent en secret à la défense nationale et protègent les Français. Ce soir de janvier 2015, je sors donc sur le boulevard Mortier avec un legs précieux : trois carnets de notes remplis d'infos, d'anecdotes, de souvenirs et de tranches de vie de ces espionnes d'aujourd'hui, plongées au cœur des enjeux majeurs de notre temps. À ma grande surprise, cet article paru dans *Madame Figaro* m'a servi de sésame. Quelques semaines après cette première expérience, par un effet domino, les sept services qui composent la galaxie du renseignement ont accepté, les uns après les autres, de m'ouvrir leurs portes, afin que j'approfondisse mon enquête.

Qu'on ne se trompe pas. Mon ouvrage n'est ni un énième réquisitoire sur les failles du renseignement, ni un panégyrique des services secrets français. Je mesure la difficulté de cette tâche, tant ce sujet éminemment politique cristallise de rancœurs, de méfiance, de passions et de fantasmes. Le renseignement soulève des questions abyssales, quasi philosophiques, liées à l'équilibre entre la sécurité de la Nation et le respect des libertés publiques. Même si j'ai conscience de ces enjeux, je veux, très modestement, mener une enquête dépassionnée, documentée et incarnée sur les femmes des services secrets, pour démystifier ces « doubles vies » qui alimentent notre imaginaire collectif. Je veux réaliser une plongée subjective dans leur quotidien, coller au plus près de leur réalité, capter les lignes de haute tension où elles évoluent, entre la femme et le métier, le privé et le professionnel, l'intime et le politique.

Ces agents du prétendu « sexe faible » que j'ai rencontrées ne sont pas des tendres, mais des professionnelles aguerries. Pour la journaliste que je suis, c'est un défi de taille : interviewer des expertes de la dissimulation, des femmes hypervigilantes verrouillées par le secret, dans le contrôle permanent d'elles et de leur environnement. Des femmes, surtout, dont le métier consiste à tout savoir des autres mais à ne rien montrer d'elles-mêmes. C'est la raison pour laquelle j'ai choisi d'écrire ce livre à la première personne. Pour raconter mon ressenti face à elles, montrer mes stratégies d'approche, mes succès quand je parviens à trouver une faille dans leur armure, mes échecs face à des techniciennes du renseignement, de vrais « robots » au féminin, froides, calculatrices, impénétrables. Au-delà du témoignage, au-delà des mots, je veux les observer, scanner leur apparence, disséquer leurs gestes, décortiquer leur langage corporel, analyser leur discours, traquer les pépites derrière la langue de bois. Au fond, je veux les approcher comme des cibles, gagner leur confiance pour ensuite trouver les fêlures. Je dois aussi éviter les pièges qu'en agents aguerries, elles ne vont pas manquer de me tendre. Ne pas me laisser manipuler par ces as du mensonge. Déjouer l'écueil du récit superficiel, convenu, institutionnel ou politiquement correct. Et creuser là où elles ne veulent pas aller, chercher ce qu'elles veulent masquer, leurs contradictions, leurs tiraillements intimes, traquer l'instant où le regard vrille sous le coup d'une émotion incontrôlée, déceler une vulnérabilité insoupçonnée, arracher une part de vérité dans ce monde de faux-semblants et de manipulation. Je veux aller au-delà du mythe pour les voir sans fards, sans les masques et les multiples artifices trompeurs qu'impose ce métier.

Suis-je trop ambitieuse ? À ce stade, je l'ignore. Mais à partir d'aujourd'hui, pour mon immersion en « sous-marin » dans ce monde fermé et mystérieux des services secrets, j'active tous mes « capteurs », intellectuels et sensoriels, pour, au fil de mon enquête, dénicher des « scoops », évidemment professionnels, mais aussi émotionnels. Exactement comme elles-mêmes agiraient en clandestinité pour percer les secrets d'un *rogue state*[1].

À mon tour d'espionner les espionnes.

1. État voyou ou opaque.

Deuxième immersion

Vendredi 13 novembre 2015, 17 heures. Je me rappelle avec précision cette fin d'après-midi à la DGSE sous une brise exceptionnellement chaude pour cette fin d'automne. Comment l'oublier ? Je viens tout juste de démarrer mon enquête, après plusieurs mois d'attente, toute à la joie de me lancer enfin dans cette aventure hors normes. Au terme de ma première journée d'interviews à la DGSE, je traverse le terre-plein central pour rentrer chez moi. Je regarde l'heure sur mon iPhone : il est environ 17 heures. Un détail attire alors mon attention. Alors que le Service fourmille habituellement de monde, surtout autour de l'entrelacs d'escalators qui mènent de l'autre côté du boulevard Mortier, ce jour-là, je remarque que l'enceinte est quasiment déserte. Avec le pont du 11 novembre, nombre d'agents ont posé des jours de congé pour souffler en famille ou partir s'oxygéner à la campagne. Sur l'esplanade plantée de bouleaux, de cerisiers sauvages et de cèdres du Liban, un silence inhabituel emplit l'air doux de cet été indien qui s'étire, qui donne envie de profiter des dernières heures de répit avant l'hiver… et le chaos qui s'annonce. Tandis que les agents de renseignement partent en week-end, dans l'est de Paris, les terrasses commencent à se remplir et les verres à s'entrechoquer. Près de 1 500 personnes s'apprêtent à assister au concert des Eagles of Death Metal au Bataclan. Et une foule compacte s'amasse aux abords du Stade de France pour voir le match

France-Allemagne. Dans la douceur de cet instant, je ne me doute pas que ma vie va prendre un tournant brutal.

En sortant de la DGSE, je longe à nouveau le boulevard Mortier en ignorant tout du drame qui se prépare. Étrangement, avant de grimper dans le tramway, je me retourne une dernière fois vers le Service bordé de platanes, et je regarde un instant les feuilles ocres, jaunes, orange, balayées par le vent d'ouest, qui tourbillonnent devant la haute enceinte aveugle aux allures de forteresse endormie. Je peux difficilement l'expliquer, mais cette scène s'imprime sur ma rétine, avec une nostalgie indéfinissable, comme la dernière image d'un monde qui s'évanouit.

En rentrant chez moi, je ne le sais pas encore, mais en secret, le compte à rebours a démarré. À cette heure-ci, j'ignore qu'un commando de terroristes venus de Belgique échappe aux radars de tous les services de renseignement. Que neuf hommes armés de kalachnikovs et de ceintures d'explosifs, quatre Belges, trois Français et deux Irakiens présumés, se préparent à commettre l'un des pires massacres que la France ait connu depuis la fin de la Seconde Guerre mondiale.

Ce soir-là, comme des centaines de Parisiens, je m'apprête à aller dîner sur les lieux du drame, dans le 11e arrondissement de Paris. Au dernier moment, je me ravise, trop de fatigue accumulée. Sur les conseils d'une femme de la DGSE, je visionne en streaming le film *Secret Défense* de Philippe Haïm. Le thème ? La lutte secrète que mènent les services de renseignement français contre un réseau terroriste calqué sur Al-Qaida. À l'écran, Abou Ghadab (Simon Abkarian) recrute un jeune dealer en prison, Pierre (Nicolas Duvauchelle), le convertit au djihadisme et l'envoie répandre du gaz toxique dans le métro parisien. En face, un colonel de la DGSE, interprété par Gérard Lanvin, enrôle une jeune arabisante, Diane (Vahina Giocante) – une femme ! –, pour déjouer cet attentat. « Un agent n'est pas un être humain, c'est une arme », conclut Gérard Lanvin.

Plongée dans l'intrigue, j'ignore que, au même moment, vers 21 h 45, les attaques du 13 novembre ont démarré. Le coup de fil d'une amie m'informe du drame qui se déroule.

Entre incrédulité et sidération, je découvre, comme des millions de Français, les terribles attaques perpétrées par le commando d'Abelhamid Abaaoud au Stade de France, devant les terrasses des bars des 10e et 11e arrondissements de Paris, et la prise d'otage au Bataclan. Jusqu'à la nausée, j'écoute le bruit mat des kalachnikovs capté par les Smartphones, les cris des fugitifs qui s'échappent du Bataclan sur les vidéos amateurs. Je regarde en boucle sur BFMTV et I-Télé les images des blessés allongés à même le trottoir sous des couvertures de survie. Comme à Bagdad, des scènes de guerre se déroulent en plein Paris. Le bilan est lourd : 130 morts.

Mon regard tombe sur mon ordinateur resté en mode pause. Je comprends alors que les scènes d'explosions que je visionnais sur un écran se produisent réellement, quasi au même moment, dans les rues de Paris. Pas une attaque au gaz dans le métro, mais des attaques à la kalachnikov et aux ceintures d'explosifs dans un quartier festif, jeune, mélangé. Dans mon esprit, la réalité rattrape la fiction. Sidérée, je fixe le visage de Simon Abkarian/Abou Ghatab qui s'affiche en gros plan sur mon MacBook. Sa phrase résonne dans ma tête : « La peur, voilà l'objectif. » Les terroristes du 13 novembre auraient pu prononcer ces mots.

Ce jour-là, la France a basculé dans une autre dimension : celle des attentats kamikazes, massifs, multisites, coordonnés et aveugles. Daech importe désormais à Paris le mode opératoire de théâtres de guerre. Le message de Daech est politique : « Ce sont vos jeunes qui vont vous tuer. Ce sont vos propres enfants qui vous égorgeront. »

Ce jour-là, mon enquête bascule également. Ce nouvel attentat, qui s'accompagne d'une menace accrue et met les services de renseignement en alerte maximale, donne un éclairage encore plus dramatique et tendu à la vie des femmes que je rencontre. Mon livre démarre réellement ce soir du 13 novembre, avec, en toile de fond, cette spirale de violence d'une proximité inédite qui peut frapper chacun d'entre nous, nos enfants, nos amis, nos voisins, nos concitoyens. Dans trois jours, je suis censée interviewer la sous-directrice en charge de la lutte contre le terrorisme à la DGSI. Le rendez-vous sera-t-il maintenu ? Va-t-elle accepter de me raconter cette traque ? Si mon enquête entre dans une zone d'incertitudes liée à l'actualité, mon curseur bouge aussi sensiblement. Je m'interroge : quel rôle les femmes jouent-elles dans la lutte antiterroriste ? Une évidence me saute alors au visage. Dans quatre services sur sept, au moment où je réalise cette enquête, elles occupent des postes clés dans ce domaine. À la DNRED, c'est une femme qui va diriger le GOLT[1], à partir du 1er février 2016. Au SCRT, les nouveaux RG, c'est aussi une femme qui dirige la cellule contre la radicalisation. À la DGSI, service leader dans la lutte antiterroriste, c'est encore une femme qui occupe le poste de sous-directrice à la lutte antiterroriste. Enfin, à la DGSE, c'est une femme qui occupe le poste de conseillère à la lutte antiterroriste du directeur général Bernard Bajolet. Plusieurs figurent dans mon agenda.

Pour d'évidentes raisons de sécurité, les agents secrets que j'ai rencontrées portent toutes des prénoms fictifs. En revanche, leurs histoires, leurs mots, leurs regards, eux, sont rigoureusement authentiques. Au lendemain du drame du 13 novembre 2015, voici le vrai visage des espionnes françaises.

---

1. Groupe opérationnel de lutte antiterroriste.

Partie 1

Au cœur du renseignement intérieur

CHAPITRE 1

Dans les services secrets douaniers

> *« Quand je suis arrivée au service, j'avais 20 ans, j'étais fleur bleue, j'étais la seule nana parmi 60 gars. C'est simple : mon équipe était composée d'un tiers de misogynes, d'un tiers de machos et d'un tiers de phallocrates. Il ne restait pas beaucoup de place pour moi. »*
>
> Sylvia, 58 ans

Mon voyage démarre à la lisière du renseignement, dans un modeste service situé aux confins du 13ᵉ arrondissement de Paris, de l'autre côté du périph', à l'entrée d'Ivry-sur-Seine (Val-de-Marne). Une haute façade rouge brique aux balcons végétalisés se dresse devant moi. Je lève les yeux, perplexe. Me suis-je trompée d'adresse ? Il n'y a ni barbelés, ni caméras, ni colosses armés. L'immeuble, bien moins imposant que celui de la DGSE, ressemble plus au siège d'une grande entreprise qu'à celui d'un service de renseignement. Dans le sas d'entrée, aucun contrôle ni agent de sécurité, et un détecteur de rayons X en mode off. Un simple interphone filtre les visiteurs. Je pousse la lourde porte vitrée et pénètre au cœur d'un service très peu connu du grand public : la DNRED, l'unité d'élite des douanes.

C'est le premier service qui m'a répondu favorablement, presque étonné de l'intérêt que je porte à ses agents féminins. Pendant longtemps, les « grands » services de renseignement ont regardé de haut ces espions douaniers, un peu considérés comme la « plèbe » des agents secrets. Pourtant, entre ces murs, près de 198 femmes sur 715 agents – un quart des effectifs – travaillent dans l'ombre sur des enjeux majeurs. Leur mission ? Démanteler les réseaux du crime organisé et de la grande contrebande. Surnommées les « superdouanières », elles enquêtent sur les trafics les plus dangereux, coursent des go-fast, interpellent des caïds de la drogue, arrêtent des trafiquants d'armes, traquent des criminels en col blanc (arnaques à la TVA), démantèlent des filières de produits contrefaits. Avec les mêmes méthodes que la police : filatures, planques, perquisitions, enquêtes de longue haleine. Dans cette lutte, les agents de la DNRED utilisent également toutes les techniques du renseignement : écoutes téléphoniques, poses de balises espions dans les voitures, de micros ou de caméras dans les domiciles privés ou les entreprises, Imsi-catcheurs (valises pour intercepter les téléphones portables), et même infiltrations. Résultats ? En 2015, la DNRED a réalisé des saisies record : 1 200 armes à feu, 17 tonnes de cocaïne et 630 tonnes de tabac de contrebande.

Depuis trente ans, les femmes bataillent pour s'imposer dans ce bastion masculin, à fort taux de testostérone et de machisme. « Dans les années 1970, on les appelait les "dames visiteuses" », se souvient Jean-Paul Garcia, l'actuel directeur. Ultraréticent au départ, ce corps d'élite masculinisé, composé de néo-*cow-boys* en blousons de cuir noir, a peu à peu accepté des agents féminins dans ses rangs, aussi bien sur le terrain qu'à la tête des équipes. Seul bémol : tout en haut de la hiérarchie, la garde rapprochée de Jean-Paul Garcia, composée de trois directeurs, reste masculine. « Pour l'instant », précise-t-il. Ces trois dernières années, ce fervent adepte de la féminisation a imposé deux femmes à des postes clés. L'une, Clara, est numéro 2 de la DOD[1], le bras armé de la DNRED et le service le plus masculin (50 femmes et 362 hommes). Surtout, Jean-Paul Garcia a choisi une femme, Louise, pour diriger le GOLT, le Groupe opérationnel de lutte contre le terrorisme, qui monte en puissance depuis les attentats de *Charlie Hebdo*. Bien sûr, Louise fait partie des cibles prioritaires de mon enquête.

Ces dernières années, à la manière d'Al Capone arrêté pour des délits fiscaux, plusieurs terroristes ont été interpellés pour des délits douaniers. C'est le cas de Mehdi Nemmouche. Le tueur présumé du musée juif de Bruxelles, qui a abattu quatre personnes le 24 mai 2014, a été arrêté à Marseille par des douaniers le 30 mai. Et la quasi-totalité des terroristes français ont trempé dans la délinquance et les trafics « multicartes » (shit, contrefaçons, tabac) : Khaled Kelkal, Chérif Kouachi, Mohamed Merah, Mehdi Nemmouche, Amédy Coulibaly... Dans la chaîne du renseignement, les espions douaniers jouent un rôle périphérique mais stratégique, en appui de la DGSI, pour détecter les « signaux faibles » du terrorisme. « Si nous avions su la dangerosité de Chérif Kouachi, nous aurions pu le "taper", c'est-à-dire perquisitionner chez lui et l'arrêter », regrette Jean-Paul Garcia.

Comment mieux détecter ces signaux faibles ? D'où viennent les armes des terroristes ? Comment les espionnes des douanes se sont-elles imposées ? C'est avec mille questions en tête que je grimpe au cinquième étage de la DNRED. Je m'installe dans une salle de réunion impersonnelle, avec une vue imprenable sur les tours mornes et grises d'Ivry. Mais peu importe le décor. J'ai hâte de plonger dans les aventures de mes superdouanières. Excitée mais concentrée, je dégaine ma batterie de stylos et étale mes carnets de notes sur la table. J'ai du café, des bouteilles de Cristalline à portée de main et une chaise vide en face de moi. Parfait. Je respire un grand coup. Je suis

1. Division des opérations douanières.

prête à « cuisiner » ma première espionne. La voilà qui toque furtivement à la porte.

Sylvia

Une sexagénaire à l'allure de jeune fille s'avance vers moi avec un mélange troublant d'assurance et de timidité. Elle plie son mètre quatre-vingt pour se poser sur la chaise vide en face de moi. Avec ses yeux pervenche, ses pommettes hautes et sa chevelure botticellienne qui tombe en boucles indisciplinées jusqu'à la taille, Sylvia a gardé une beauté racée que ses trente-huit ans dans le renseignement n'ont pas élimée. Quatre décennies ! J'ai devant moi une mémoire vivante de la Maison, un puits d'histoire dont j'ai hâte d'explorer les secrets. Sylvia, c'est la secrétaire devenue espionne, une Miss Moneypenny transformée en James Bond girl. « Bonjour », murmure-t-elle d'une voix rocailleuse modulée par un accent du Sud-Ouest, dont l'intensité contenue me fait sursauter.

Derrière son apparente nonchalance, je sens d'emblée chez elle un feu qui couve, une rage intérieure, un puissant désir de se confier. Avant même que j'ouvre la bouche, Sylvia me devance. Moi qui pensais batailler pour faire parler ma première espionne, je n'ai pas le temps de dégainer mes questions que Sylvia plante son regard dans le mien et me lance : « J'ai 58 ans, et les gars du service m'appellent encore la "gamine". » Elle ménage un silence pour juger de l'effet de ses paroles, que je bois littéralement. Sylvia me propulse dans l'ambiance des films noirs des années 1950. Elle ressemble à une héroïne d'Audiard, à une Arletty de l'espionnage. Elle poursuit sur le même ton : « L'un d'eux reste persuadé que lorsque j'ai débarqué au Service, je portais des nattes et des socquettes blanches… Ridicule. » Plongée dans ses souvenirs, elle continue son récit : « C'était en 1977. J'arrivais de Toulouse et j'ai été recrutée comme secrétaire à la Division des recherches. Mon chef m'avait prévenue : "C'est le service le plus dur." J'avais 20 ans, j'étais fleur bleue, j'étais la seule nana parmi 60 gars. C'est simple. Mon service était composé d'un tiers de misogynes, d'un tiers de machos et d'un tiers de phallocrates. Il ne restait pas beaucoup de place pour moi. »

Les yeux ronds, je note frénétiquement ses paroles de peur d'en perdre une miette, impatiente d'entendre la suite. « Pour mes collègues, le rôle des femmes se limitait à laver la vaisselle et à s'occuper des enfants. Ce dont ils étaient incapables de faire, vu qu'ils étaient très absents de leur foyer. Ils ne comprenaient pas qu'une femme débarque dans leur service. J'ai eu beaucoup de mal à me faire accepter. Je n'étais pas transparente, non, car jeune et jolie. Mais c'était tout. Le reste, le monde du renseignement, c'était leur domaine. Même si je n'occupais pas un poste important en termes de responsabilités, j'avais l'oreille du directeur. Pour me court-circuiter, certains collègues donnaient rendez-vous à mon chef dans des cafés pour parler de leurs affaires sans que j'entende. Je n'avais pas à écouter leurs secrets d'hommes. »

Très vite, Sylvia découvre la matière que traite son service. Elle grimace : « C'était porno, armes et drogue. Les premiers jours, j'ai eu un choc. Pour moi qui sortais de ma province et ne connaissais rien à la vie, c'était trop. Au bout de trois mois, je suis rentrée à Toulouse et j'ai dit à mon père : "Papa, je démissionne." Il m'a répondu : "Pas question. Chez nous, ça ne se fait pas. Tu dois tenir le coup et leur prouver qu'une femme a autant de valeur qu'un homme." Je suis retournée au bureau la mort dans l'âme. »

Sylvia ne se doute pas du bizutage qui l'attend. À Paris, ses collègues lui préparent des tours pendables. « Un matin, l'un d'eux m'annonce que je dois participer à une réception officielle avec mon directeur. Pour préparer l'événement, il a besoin de mes mensurations afin que le service me confectionne une robe de soirée. C'était crédible, car on recevait des homologues étrangers. Le soir, chez moi, je mesure mon tour de taille, de hanche et de poitrine. Je les griffonne sur un bout de papier, que je tends à mon collègue le lendemain. Et le jour suivant, en arrivant au bureau, je découvre avec honte mes mensurations affichées dans tous les couloirs, les bureaux, et jusque dans l'ascenseur ! J'étais mortifiée. » Elle boit une gorgée d'eau, comme pour avaler une pilule qui n'est jamais vraiment passée : « Nous, les pionnières du renseignement, avons sacrément essuyé les plâtres. Les mecs ne nous ont fait aucun cadeau. »

Sylvia se souvient d'une autre anecdote : « Mon amie Monique est arrivée à la division des recherches en 1983. À côté de nos bureaux, il y avait une petite salle avec un bar central où l'on buvait des cafés ou des apéros. La première fois que Monique est allée au bar prendre une Vittel-menthe, un des collègues lui a dit : “Tu peux prendre le broc à eau ?” C'était une carafe en forme de phallus. Elle l'a empoignée, gênée. Et tous les gars se sont marrés. Elle avait 23 ans. C'était son cadeau d'arrivée. »

Sylvia égrène une à une les humiliations qui l'ont marquée au fer rouge : « Un soir, nous sommes allés dîner au restaurant. Nous étions une vingtaine, et j'étais la seule femme. Au moment du café, j'ai posé mon sac à main sur mes genoux pour prendre mes cigarettes. Quand j'ai ouvert le zip, un objet a bondi sur la table devant les gars hilares : c'était un énorme godemiché en latex que ces imbéciles avaient plié en deux et glissé à l'intérieur de mon sac. Je me suis levée, je les ai regardés avec autant de larmes que de rage dans les yeux, et je suis partie. À 21 ans, je ne savais pas encore me défendre. J'étais vexée, honteuse, en colère après eux. Je ne méritais pas cela. »

Pour Sylvia, c'est le coup bas de trop. « À partir de là, j'ai eu la hargne. Dans ma tête, chaque matin, je me disais : “Vous n'êtes que des mecs.” J'ai pris le contre-pied. Je n'avais pas un caractère spécialement fort. Mais au fil du temps, je me suis blindée. J'ai pris le taureau par les cornes et, petit à petit, je me suis affirmée. » Six mois après son arrivée, le directeur du service impose la présence de Sylvia en réunion pour prendre des notes. « Il me soutenait beaucoup. Un jour, lors d'une réunion, un gars du service me lance d'un ton agressif : “Puisque vous avez voulu l'égalité des sexes, vas-y, affirmetoi !" Je l'ai regardé droit dans les yeux : "Je n'ai jamais voulu l'égalité des sexes, car je considère que la femme est supérieure à l'homme. Et je ne veux pas me rabaisser à être ton égale." Autour de la table, toute l'assemblée m'a regardée, sidérée. Ma réplique a fait le tour de tous les bureaux. » Sylvia sourit : « En disant cela, j'avais en tête une chanson de Jean Ferrat : *La Femme est l'avenir de l'homme*. Cela n'a l'air de rien, mais ce refrain m'a donné la force de répliquer. Et devinez quoi ? Figurez-vous que ma réaction a séduit les jeunes du service. Eux aussi tentaient de trouver leur place parmi les anciens. À partir de là, ils m'ont regardée autrement. »

L'été arrive, et Sylvia part en vacances dans le sud de l'Espagne. Sur la plage, un après-midi, elle tombe par hasard sur plusieurs collègues. « La glace s'est brisée. On a mangé une paella, on a bu de la sangria, on s'est baignés. On était hors du travail. Des liens se sont créés. À la rentrée, au retour des vacances, ils sont venus me voir. "On a cogité", m'ont-ils dit. Avec eux, j'ai démarré mon double travail. »

Les jeunes comprennent l'intérêt d'emmener une femme en filature. L'un d'eux lui dit : « On a quelqu'un à surveiller. Mais deux malabars ensemble ont toutes les chances de se faire repérer. On t'embarque avec nous. » « Je les ai suivis, raconte Sylvia. Je formais des faux couples avec mes collègues. Et ça marchait ! Nous étions indétectables. Comme mon directeur était réticent, j'y allais pendant ma pause déjeuner. Nos filatures marchaient tellement bien que de plus en plus d'équipes me réclamaient, le week-end ou la nuit. Toutes les équipes voulaient travailler avec moi. Un jour, j'étais sur une affaire de stups, le lendemain sur une saisie de cassettes pornos, le surlendemain sur des tableaux volés. Je n'arrêtais plus. » Ses collègues l'appelaient le soir chez elle pour lui dire : « Demain, on va surveiller quelqu'un à l'Intercontinental de la porte Maillot. Habille-toi en tenue chic. » Ou alors : « Descente de stups à Barbès, met un jean et des baskets. » Sylvia adapte ses tenues. « J'étais devenue indispensable à ces gars qui, au départ, ne voulaient pas de moi. »

Sylvia s'arrête un instant, les yeux brillants, pour remettre de l'ordre dans ses souvenirs qui affluent : « Des anecdotes, j'en ai mille… Ah, l'histoire du laboratoire clandestin de faux pastis ! C'était le soir de mon anniversaire, en mars 1979. On était au restaurant. Je portais une combinaison légère en velours côtelé pour aller danser. En plein milieu du repas, un collègue reçoit un appel d'un "tonton"[1] sur son téléphone Motorola. L'affaire bougeait, une livraison de faux pastis était prévue cette nuit. "Tu viens, Sylvia ?" Je les ai accompagnés dans un coin désert d'Ivry-sur-Seine. Avec mon collègue, on formait un faux couple qui se promenait bras dessus bras dessous sur le trottoir. En réalité, on pistait le véhicule de livraison. Mais j'avais prévu d'aller danser, pas de planquer à 2 heures du matin ! Le temps était glacial. J'étais frigorifiée. Quand la voiture des trafiquants s'est pointée, mon collègue devait prévenir discrètement l'équipe d'intervention avec le Motorola. Je me suis alors blottie dans ses bras avec le téléphone entre nous. Mon collègue faisait mine de me parler amoureusement dans l'oreille alors qu'en réalité, il alertait les copains ! J'avais le Motorola quasiment entre mes seins. Finalement, le box était plein et on a "sauté" l'affaire au petit matin. »

« Ça vous dérange si je fume ? » Elle tire une longue bouffée, savourant le plaisir de revivre son âge d'or dans le service. « Un jour, j'ai travaillé sur une mémorable affaire de tableaux volés. Un gars du Service apprend que des toiles de maîtres, des Renoir et des Monet, vont quitter le territoire français. Nous avons travaillé avec l'OCRVOOA[2]. Le voleur devait contacter l'acheteur dans un grand hôtel parisien, le Nikko, rue de Grenelle. Nous avons alors formé deux faux couples censés prendre un verre au Nikko pour les espionner. Nos deux cibles étaient accoudées au bar. Le voleur a sorti une enveloppe de sa poche. Il fallait absolument savoir si c'était les photos des tableaux. Mais nous

1. Un indic, NDLR.

2. Office central de répression du vol des œuvres et objets d'art, NDLR.

étions trop loin. Je me suis levée, je me suis accoudée au bar et j'ai demandé du feu au serveur, le plus naturellement possible. Pendant qu'il me tendait son briquet, j'ai jeté un œil par-dessus l'épaule du voleur, et j'ai vu la photo d'un Renoir. Bingo ! Puis je suis retournée m'asseoir. On a discrètement appelé les renforts. On a coincé les gars et retrouvé les tableaux. » « Vous avez assisté à l'interception ? » « Non, pas celle-ci, mais j'en ai vu souvent. On se jette sur le gars, on le maintient à terre avec un genou dans le dos pour menotter l'individu, c'est du classique. »

Au fil des années, Sylvia trouve sa place dans le service. « J'ai noué des liens forts avec les gars. Leur regard sur moi a changé. J'ai rencontré leurs femmes. Je connaissais même leurs maîtresses ! Je savais tout de la vie privée de mes collègues. D'ailleurs, il était inconcevable qu'un homme n'ait pas de maîtresse. Elles faisaient même partie du décor, car on avait besoin de savoir où étaient nos collègues, de jour comme de nuit. C'est dire si notre arrivée a bousculé ce monde clos ! Peu à peu, la relation professionnelle s'est doublée d'une relation amicale sincère et affective. J'ai même vu les enfants de mes collègues naître. Et j'ai été la première femme enceinte à la Division des recherches. Les épouses de mes collègues me disaient, un peu jalouses : "Mon mari suit plus ta grossesse que la mienne !" Quand j'ai accouché, ils ont tous débarqué à la clinique. Pas pour me voir, mais pour voir mon bébé, parce que c'était le premier de la division. C'était aussi un peu le leur. Ils m'ont dit d'entrée : "Les parrains, c'est nous." Et ils se sont tous rués à la nurserie. J'avais une équipe de cinq gars baraqués comme parrains de ma fille. Finalement, j'ai vécu mes plus belles années dans ce service. »

Sylvia tombe enceinte de son deuxième enfant. « C'était en 1985. Même enceinte jusqu'au cou, je continuais les filatures. Avec un collègue, on a suivi un suspect dans un parking du 19e arrondissement de Paris. On est descendus au troisième sous-sol. Mais au moment de ressortir, la grille était fermée. Il n'y avait aucun mouvement de voiture. On était coincé. C'était un vendredi soir, le jour de mon départ en congé maternité ! Et j'étais très enceinte. Mon collègue a alors commencé à paniquer, tout en me disant de ne pas paniquer ! C'était cocasse. Il me répétait en boucle : "Sylvia, on va s'en sortir, s'il te plaît, n'accouche pas dans la voiture." Alors que moi, j'étais très calme. Mais son stress me contaminait. J'avais peur qu'il me provoque des contractions. Au bout d'un long moment, on a fini par sortir. Et devinez quoi ? J'ai accouché le lendemain matin. Quand il l'a su, mon collègue a failli avoir une syncope. »

J'essaie d'en savoir plus sur son job d'espionne. « Comment se passaient les planques ? » « On était dans des petites fourgonnettes, des Renault blanches aménagées. On s'installait comme on pouvait. C'était spartiate. On restait des journées entières dans la voiture. Souvent, il fallait se retenir. Certaines savaient même se soulager dans des bouteilles, comme les mecs ! »

Elle tire une nouvelle bouffée de cigarette. À son regard qui s'allume, je sens qu'une autre histoire lui revient en mémoire. « Un jour, un gars a été arrêté avec de grands sacs Monoprix bourrés d'argent liquide. Avec Monique, nous devions compter les billets dans un petit bureau, devant le trafiquant menotté à un radiateur. Je n'ai jamais vu autant de billets de 500 francs de ma vie ! Il y en avait des piles et des piles sur la table, pour une valeur de 400 000 francs environ. Nos collègues observaient la scène derrière une vitre sans tain. Je comptais les billets avec Monique quand, tout d'un coup, nos collègues ont ouvert la porte et bondi sur le gars. Le type avait déchiré une feuille de son calepin et l'avait avalée ! Un collègue lui a mis la main dans la gorge et l'a fait vomir pour récupérer le papier. J'ai alors sorti un sèche-cheveux d'un tiroir, j'ai séché le papier et récupéré tous les noms et les numéros de téléphone des complices. »

Une autre tâche délicate est réservée à Sylvia : la fouille à corps lorsqu'une femme est interpellée. « Certaines planquaient des diamants dans les doublures de leur culotte et de leur soutien-gorge. » Un matin, Sylvia arrive au bureau. Un collègue lui dit : « Une fouille à corps t'attend. » « Je me souviens d'une femme assez grande, en bas résille et dotée d'une belle poitrine, poursuit Sylvia. Je me suis enfermée avec elle dans le local de la division. Je lui ai demandé de se déshabiller. Pour me donner une contenance, parce que c'est très gênant, j'ai pris son sac à main pour vérifier ses papiers. J'ouvre son passeport. Et là, mon sang ne fait qu'un tour : la dame en question qui se déshabillait devant moi s'appelait en réalité Renato. C'était un homme, un travesti ! Je suis vite sortie et j'ai lancé à mes collègues, en rigolant intérieurement : "J'ai fait ma part, je vous laisse la suite !" En réalité, Renato se baladait avec autant d'argent liquide parce qu'il se rendait au Canada pour changer de sexe. C'était l'argent de son opération ! »

Embarquée dans toutes ses aventures, Sylvia met sa vie de famille de côté. « J'étais très prise par mon boulot, grimace-t-elle. Un jour, après une longue mission, je suis allée chercher ma fille de 4 ans à la sortie de l'école. Elle s'est agrippée à mon cou et ne m'a pas lâchée. Mais elle ne me regardait pas dans les yeux. Pendant tout le week-end, elle a refusé de m'embrasser. Et le lundi matin, en la ramenant à l'école, je lui dis : "Alors, tu me le fais, ce bisou ?" Elle m'a répondu, en plantant ses yeux dans les miens : "Je ne sais pas, je vais réfléchir dans ma tête." Là, c'était très dur. » Sylvia marque une pause. Ses yeux rougissent et s'embuent de larmes. Elle poursuit, malgré l'émotion qui la submerge : « Ma fille aînée avait coutume de me dire : "Maman, on t'aime plus haut que les étoiles." Quand je partais en mission, elle s'occupait beaucoup de sa petite sœur. Mon aînée se mettait à la fenêtre et disait à sa cadette : "Là où elle est, Maman regarde les mêmes étoiles que nous. Envoie un bisou à une étoile, et l'étoile va le renvoyer à maman…" » La voix de Sylvia se brise dans un sanglot. Je la regarde en silence, saisie d'émotion à mon tour par la résurgence de cette douleur maternelle enfouie depuis si longtemps. À travers ses larmes, elle laisse échapper un rire nerveux : « Vous voyez, on peut arrêter les trafiquants de drogue, s'imposer parmi les durs de durs et pleurer… comme une gamine. »

Martine

En me quittant, Sylvia me met en garde : « Attention ! Vous allez adorer Martine. » Je souris poliment en levant un sourcil dubitatif. Je me méfie de l'empathie qui risque de me faire perdre la distance nécessaire à mon travail de journaliste. L'insistance de Sylvia m'a néanmoins convaincue. J'ai donc attendu plusieurs mois que Martine, attachée douanière à Pékin, passe par Paris pour la rencontrer. Ce soir de décembre 2015, je la rejoins dans un hôtel discret du 12e arrondissement. Je pousse la porte vitrée et tombe sur une vingtaine de clients qui se pressent dans le hall. Comment repérer une espionne censée passer inaperçue au milieu d'un groupe de touristes ? J'ignore à quoi elle ressemble. Je suppose qu'elle doit avoir un profil assez passe-partout. Je cible, debout devant la réception, une sexagénaire emmitouflée dans un manteau anthracite. Je m'avance vers elle. Elle me sourit. Bingo ! C'est mon espionne.

Nous dénichons une brasserie près de la Cinémathèque. Précaution utile ou pas, je me surprends à demander à la serveuse une table à l'écart, hors de portée des oreilles indiscrètes. À ce stade de l'enquête, mes espionnes déteignent-elles sur moi ? D'un naturel plutôt confiant, je constate que cette vigilance est nouvelle dans mes réactions. Martine s'assoit et enlève son manteau. Avec son cardigan indigo sur un col roulé noir, ses yeux bleus et sa coupe au carré un peu hors d'âge, elle a un faux air d'Angela Merkel, en plus espiègle. La discussion démarre devant deux verres de chablis.

Officiellement, Martine ne travaille plus à la DNRED. Officieusement, elle ouvre les yeux et les oreilles pour glaner des infos pour le service. Martine, 58 ans, a le profil des pionnières du renseignement douanier : « En 1995, j'ai été la première femme à entrer à la DOD de Paris, le bras armé du renseignement douanier. C'était un nid de machos ! Le jour de mon arrivée, un gars du service me dit : "On ne veut pas de toi ici." Je réplique : "Pourquoi ? Tu ne me connais pas." Il me répond avec animosité : "Parce que les femmes, ça couche avec tout le monde." "T'inquiète pas, avec toi, il n'y a aucun risque. T'es pas mon genre." Et j'ai tourné les talons. »

Je jubile intérieurement. Ce genre d'espionne, directe, *cash*, fonceuse, qui ne mâche pas ses mots, est une aubaine pour moi. Comment cette native de Toulon est-elle entrée dans le renseignement ? « Mon père, promoteur immobilier, voulait que je travaille avec lui. Trop indépendante pour rester sous le joug parental, j'ai refusé. À 19 ans, j'ai raté le concours d'entrée à Normale sup. Du jour au lendemain, mon père m'a coupé les vivres. Je n'avais plus un sou, ni pour manger, ni pour me loger. Et mon copain de l'époque, dont j'étais très amoureuse, m'a laissé tomber. Depuis, je me méfie des hommes. L'amour-passion, non merci. Quand j'ai voulu un enfant, j'ai cherché un reproducteur. C'est mon mari actuel. » Je sursaute : même si elle ne le dit pas, je devine que Martine a dû beaucoup souffrir pour revendiquer ce rapport radical, quasi utilitariste, avec les hommes.

À la DOD, comme Sylvia, Martine bataille pour trouver sa place. « J'ai observé l'équipe comme une meute. J'ai repéré l'alpha dominant et les suiveurs. Et j'ai détecté les manques dans le service. Pour m'imposer, je me suis rendue indispensable. Je rédigeais les procédures, et quand on arrêtait les trafiquants, je retranscrivais les procès-verbaux des auditions. Les mecs aimaient jouer aux *cow-boys* mais quand il s'agit d'organiser et de rédiger, ils étaient moins à l'aise. » « Vous ont-ils fait des coups bas, comme à Sylvia ? » « Bien sûr ! Ils ont tout tenté pour me dégoûter. Celui que j'avais envoyé balader le premier jour venait me chercher tous les week-ends, sous de faux prétextes, alors que j'avais des enfants en bas âge. Il me harcelait. Par moments, j'ai eu envie de partir. Mais je voulais leur prouver qu'ils avaient tort. »

Sur le terrain, Martine planque des heures durant, sous des portes cochères ou dans des voitures. « Et quand on aboutissait à une affaire, toute cette amertume et cet ennui s'évacuaient d'un coup comme la vapeur qui jaillit d'une Cocotte-minute. » Elle réussit aussi de jolis coups. « Un jour, on a suivi un camion, suspecté de contenir des cigarettes de contrebande. On l'a filé jusqu'à Marseille. Mais le véhicule nous a distancés brusquement et s'est arrêté sur une aire d'autoroute. En arrivant, nous nous sommes retrouvés devant deux camions identiques ! On pouvait en suivre un, et pas deux. Je me suis fiée à mon intuition et j'ai dit à mon collègue : "On prend celui de gauche." J'ai vu juste ! Quand on l'a arrêté, il était bourré de caisses de Marlboro. »

« Comment les relations avec vos collègues ont-elles évolué ? » « Je suis devenue la sœur ou la mère à qui ils se confiaient. Comme certains buvaient beaucoup, parfois, je rentrais les coucher. À part quelques machos indécrottables, une vraie camaraderie s'est créée dans le service. On passait tellement de temps ensemble sur les affaires que je me sentais plus proche d'eux que de mon mari et mes enfants. »

« Quelle affaire vous a le plus marquée ? » Elle réfléchit : « J'ai travaillé un jour sur une histoire de décoloration de produits pétroliers. Les fraudeurs achetaient du fuel rouge qu'ils décoloraient avec de l'acide sulfurique. Ils le revendaient comme du gazole à des petites sociétés de transport. Mais l'acide abîme les moteurs. Nous les avons pris en flagrant délit. Le magistrat qui les a incriminés a dénoncé aussi la pollution environnementale car ces trafiquants de faux gazole rejetaient une boue acide dans les cours d'eau. À l'époque, cette condamnation était une première. »

« Avez-vous déjà utilisé votre arme ? » « Oui, bien sûr. Des interventions musclées, j'en ai fait un paquet. Une nuit, en banlieue parisienne, je surveillais avec un collègue des camions remplis de cigarettes de contrebande. Deux voitures sont arrivées vers 20 heures. C'était l'hiver, il faisait nuit. Les trafiquants ont paniqué. Ils se sont mis à crier. Il y a eu une confusion. J'ai sorti mon arme pour calmer tout le monde. »

Des anecdotes à fort taux d'adrénaline, Martine en a à la pelle. « Un jour, un aviseur me donne un renseignement intéressant : dans un zoo parisien, il a vu des peaux de tigres et de caïmans, deux espèces menacées et protégées par la CITES[1]. Avec un collègue, nous devions aller vérifier l'information sur les lieux. Pour accéder au bâtiment suspect, il fallait longer l'enclos des tigres. Mon collègue, un grand costaud qui faisait le double de ma taille, était tétanisé. Il est resté dehors. J'ai pris mon courage à deux mains et j'y suis allée. Je me suis collée au mur et j'ai longé l'enclos. Je me souviens de l'odeur forte que dégageaient les tigres. J'étais à un mètre des félins, je pouvais les entendre respirer. Les femmes sont souvent plus courageuses dans certaines épreuves. Et les gros durs ont des failles. »

Mordante, *punchy*, Martine balance : « Encore aujourd'hui, je suis obligée d'en faire plus que les hommes. En tant que femme, dans ce milieu, je ne peux pas avoir la moindre faiblesse ou montrer le moindre signe de fatigue. Je travaille deux fois plus pour prouver ma légitimité. » « Vous considérez-vous comme féministe ? » « Oui. Au fond de moi, je le suis. Je me suis battue pour imposer des filles dans les équipes masculines. Pour montrer que nous sommes aussi capables que les hommes. »

« Sur le terrain, faites-vous abstraction de votre féminité ? Agissez-vous un peu comme un *cow-boy* ? » Elle sursaute : « Pas du tout. Ma féminité, j'en joue souvent ! Même à mon âge, ça marche encore ! Je ne vais pas vous mentir : le jeu de la séduction fait partie de nos armes. Je ne l'utilise jamais avec des aviseurs, mais avec des personnes qui peuvent m'introduire dans un milieu fermé pour récolter des infos. » « Vous avez un exemple ? » Elle réfléchit quelques instants, un peu hésitante. « Un aviseur m'a informée d'un trafic de stupéfiants dans des boîtes de nuit à Toulon, Hyères et Marseille. Pour y entrer, je me suis habillée sexy. Puis j'ai ciblé une proie, j'ai dragué un vigile qui m'a ouvert d'autres portes plus secrètes dans l'établissement. Quand j'agis ainsi, je joue clairement un rôle, je drague un peu, je joue des fesses et des seins pour attraper ma cible dans mes filets. En d'autres mots, je l'allume. Mais ça ne

1. Convention sur le commerce international des espèces de faune et de flore sauvages menacées d'extinction.

va pas plus loin. » « Quel était votre objectif ? » « Regarder quelles drogues traînaient sur les tables des boîtes de nuit. On m'en a même proposé ! Mais il vaut mieux ne pas traîner longtemps dans les milieux de la drogue. Les espions sont vite repérés. »

Aujourd'hui, Martine est devenue une experte en contrefaçons. De Pékin, elle a rapporté dans ses valises une bouteille de vin interceptée à Hong Kong, pour la faire analyser dans un laboratoire à Bordeaux. Martine fronce les sourcils, suspicieuse : « La bouteille porte l'étiquette d'un grand cru bordelais, mais je pense que c'est plutôt de la piquette venue d'Espagne. » Je m'étonne : « J'ignorais qu'il existait du vin contrefait ! » Elle sourit : « On trouve de tout en contrefaçon. Et les saisies explosent avec la multiplication des achats sur Internet. J'ai saisi des faux bijoux Cartier chargés de métaux dangereux qui brûlent la peau. Et des capots de voitures contrefaits qui, au lieu d'absorber le choc, bougent et risquent de décapiter les passagers. J'ai même trouvé des faux trains d'atterrissage d'avion. Vous imaginez les risques en matière de sécurité aérienne ? Cosmétiques, médicaments, jouets, aviation, automobile… Même des timbres postaux ! En Chine, j'ai trouvé une cargaison de 80 000 timbres, ce qui représente une somme très coquette ! Vous seriez surprise par l'imagination sans borne des trafiquants. »

« Travailler si longtemps dans le renseignement, cela vous a-t-il transformée ? » « Oui. C'est un métier à risques qui nous pousse à surmonter la peur, à nous dépasser. J'ai découvert de quoi j'étais capable dans les situations extrêmes. J'ai appris à oser. L'audace m'a menée loin. Quand je regarde mon CV, j'ai l'impression d'avoir 100 ans. Et ça me plaît. Cette prise de risque, j'essaie de l'inculquer à ma fille. Je lui dis souvent : "Essaie pour savoir si tu es capable d'y arriver." » Martine soupire : « Mais à 25 ans, elle veut déjà se marier. Je la mets en garde : "Prends ton temps, expérimente, vis, ose. Vis tes désirs, vite, la vie n'attend pas." »

« Et votre mari ? » Martine hausse les épaules. « En trente ans, j'ai fait le tour de mon couple. Aujourd'hui, je préfère faire le tour du monde. Je vis à Pékin, et mon mari à Toulon. Cette relation à distance me convient. Je le vois tous les quatre mois, cela me suffit. » Première femme partie comme attachée douanier à l'étranger, Martine vient de candidater pour un poste en Colombie, au pays des cartels de la drogue. « Pour l'instant, ma hiérarchie refuse d'envoyer une femme là-bas, c'est trop risqué. Mais je n'ai pas dit mon dernier mot. J'ai encore plein de fraudeurs à arrêter. »

Elle boit une gorgée de chablis et s'amuse : « Il paraît que je fatigue mon entourage. Mon mari me demande souvent : “Tu t'arrêtes quand ?” Je lui réponds : “Quand je serai morte.” » J'observe Martine à la dérobée. Son énergie, son franc-parler, son audace, son indépendance vis-à-vis des conventions bourgeoises du mariage, font d'elle une femme libre et forte. À ce stade de l'interview, j'abdique de bonne grâce. Sylvia avait raison : j'adore Martine. Cela dit, j'espère garder un peu plus de sens critique avec ma troisième espionne.

Gisèle

Après ces deux premières flamboyantes espionnes à l'ancienne, je traverse un passage à vide. Mon enquête piétine. Depuis plusieurs semaines, je rencontre des femmes sans étoffe, ou trop jeunes, ou trop lisses, ou juste moins ardentes que les pionnières. Elles n'ont pas retenu mon attention. Avec certaines, langues de bois, bureaucrates ou enquêtrices tétanisées à l'idée de parler à une journaliste, j'ai écrasé plusieurs bâillements, bu plusieurs cafés d'affilée pour rester éveillée, avant de renoncer à en tirer la moindre info ou anecdote croustillante. Parfois, dépitée, j'ai posé mon stylo au bout de quelques minutes d'entretien. À ce stade de l'enquête, je m'interroge. Me suis-je lancée dans une entreprise trop ambitieuse ? Comment déverrouiller ces femmes cadenassées par le secret ? Mais je refuse de baisser mon niveau d'exigence. Je cherche des espionnes et des histoires fortes, qui me font vibrer. Les superdouanières me réservent-elles encore des surprises ? Ma prochaine candidate sortira-t-elle du lot ? Aura-t-elle le sens du récit, le goût de l'anecdote, une existence assez romanesque pour figurer dans mon enquête ? Je cherche avec impatience ma nouvelle pépite.

Ce soir de décembre 2015, je reprends espoir. J'ai rendez-vous avec une amie de Martine : Gisèle. Sa réputation l'a précédée. Dans le renseignement douanier, c'est une « légende », une pro du trafic de stups qu'elle couvre depuis vingt ans. Récemment promue directrice régionale des garde-côtes Antilles-Guyane, elle dirige une flotte de 8 vedettes, 2 hélicoptères et 2 avions, qui arraisonne voiliers et cargos bourrés de cocaïne ou de résine de cannabis venues de Colombie ou de Bolivie et en partance pour l'Europe. À 53 ans, Gisèle est la première femme à ce poste. C'est simple : partout où elle est passée, elle a été la première. J'attends de pied ferme ma « Lara Croft » des dealers, dans un restaurant italien du 7e arrondissement, devant un verre d'orvieto.

Une grande brune à l'allure sportive et aux avant-bras hâlés s'installe près de moi. Avec son visage oblong, sa frange brune et ses yeux brun-vert, elle a un air de l'écrivain Nancy Huston. Impatiente, je démarre l'interview : « Pourquoi êtes-vous à Paris ? » « Pour une réunion à la direction des douanes. Les attentats du 13 novembre ont bouleversé l'ordre du jour. Notre priorité, c'est la lutte antiterroriste. Côté douanes, nous devons redoubler de vigilance sur l'économie parallèle qui finance les terroristes, via le trafic de cannabis. On se penche aussi sur le captagon, cette drogue à base d'amphétamines utilisée par les djihadistes en Syrie, et qui vient des laboratoires des pays de l'Est. Cette drogue fait l'objet d'un trafic croissant au Moyen-Orient. On la trouve sur Internet pour 20 euros la pilule environ. Elle donne un sentiment de toute-puissance, annihile la peur et la douleur. Daech en distribue à ses djihadistes avant les combats pour qu'ils se sentent invincibles. » Par exemple, Seifeddine Rezgui, qui a abattu 38 touristes sur une plage de Sousse en Tunisie en juillet 2015, aurait lui aussi pris du captagon. « Avec les armes, c'est le trafic sur lequel nous devons agir. »

Bonne pioche ! Gisèle pique d'entrée mon intérêt. « Le renseignement douanier n'est pas leader dans la lutte antiterro, explique-t-elle. Nous sommes un petit service à côté de la DGSI et de la DGSE. Mais nous avons un rôle important à jouer car nous sommes experts des trafics de drogue et de contrefaçon, les deux principales sources de revenus des terroristes. Pour commettre un attentat, ils n'ont besoin que de petites sommes. Nos radars peuvent capter les trafiquants les plus radicalisés avant qu'ils ne passent à l'acte. »

Dans la lutte contre le trafic de stupéfiants, Gisèle affiche un impressionnant tableau de chasse : « Vous avez entendu parler de la saisie record de 2 tonnes de cocaïne en avril 2015 ? C'était moi ! Nous avons mis la main sur 80 ballots dans un voilier au large de la Martinique, d'une valeur de 70 millions d'euros. Il y en avait partout dans le bateau ! Mes équipes ont interpellé deux suspects, deux Espagnols et un Vénézuélien. » La flotte de Gisèle rayonne dans toute la région des Caraïbes, plaque tournante du trafic de drogue car proche des trois principaux pays producteurs, le Pérou, la Colombie et la Bolivie. À eux seuls, ils produisent 1 000 tonnes de cocaïne par an, dont un quart destiné à l'Europe.

Je sens Gisèle impatiente de me raconter ses aventures. Pour le moment, la plupart de mes espionnes sont plutôt loquaces, et brûlent de me parler… Autant en profiter. « Quand je suis entrée dans les douanes, en 1981, j'avais 19 ans. Partout où je suis passée, j'ai été la première. J'ai été discriminée parce que j'étais une femme, mais au lieu de me casser, ces épreuves ont forgé mon tempérament. Quand on me refusait une promotion, je le vivais comme un défi et je redoublais d'efforts pour montrer ce dont j'étais capable. »

Est-ce son éducation ? Ou son tempérament ? Fille d'un ouvrier lorrain, Gisèle a été élevée comme un petit gars. « Mon père voulait un garçon, grimace-t-elle. Quand il faisait du béton, je trimballais ses sacs de sable. Et le samedi, je jouais au foot avec les copains. Je me battais comme une chiffonnière. À tel point qu'ils m'ont surnommée la lionne. » Je la regarde, amusée : « Ne me dites pas que c'est votre signe astrologique… » « Si, sourit-elle en buvant une gorgée de vin. Et je suis tigre dans l'horoscope chinois. »

Après un an en fac de droit, Gisèle tente le concours des douanes. « Mon but ? Porter une arme et arrêter les trafiquants. » Elle est d'abord affectée à la frontière belge. « Comme Benoît Poelvoorde dans le film *Rien à déclarer* de Dany Boon, j'ai passé un an à fouiller des voitures. Un jour, j'ai déniché un trésor dans la mallette en cuir d'un type en costard-cravate : les noms de dizaines de Français qui avaient planqué leur argent au Luxembourg pour éviter le fisc. C'était une mine d'or. » Gisèle réussit si bien qu'elle est la première femme affectée en brigades de recherches, aujourd'hui intégrées au renseignement douanier. C'est à Nancy qu'elle réalise ses premières « perquis' » et qu'elle se découvre une passion pour l'investigation.

Pour trouver ses propres aviseurs, des « indics » dans le jargon des douanes, elle réalise des saisies de petites quantités chez des junkies qu'elle tente de « retourner » pour les convaincre de travailler pour elle. « La plupart des petits trafiquants sont des toxicos. Ils ont besoin d'argent pour se shooter. C'est un univers à la Zola. Je devais sympathiser avec des junkies ou des voyous en bisbille avec le milieu pour leur soutirer des renseignements, en échange d'une rémunération. Je leur donnais environ un tiers de la valeur de la drogue saisie. La règle était claire : je ne les payais que si le tuyau débouchait sur une saisie. Ils m'ont permis de remonter de grosses filières. À Nancy, j'ai démantelé un réseau de trafiquants pakistanais qui vendaient de l'héroïne rose venue d'Afghanistan. »

« Quelles affaires vous ont le plus marquée ? » « Je me souviens d'un jeune couple de junkies d'à peine 17 ans, rejetés par leurs parents. Nous les avons embarqués dans notre 4L. Ils se faisaient leur shoot d'héroïne à l'arrière de notre voiture. Cela m'attristait. Je me rappelle aussi d'une autre junkie de 18 ans.

Je lui ai donné un sachet de poudre, pas de drogue, mais de lessive pour qu'elle puisse laver ses vêtements. J'ai souvent sympathisé avec mes aviseurs, qui souffraient fréquemment de solitude. Ils avaient besoin de parler et d'être aidés. Un autre s'est même pris au jeu. Il se cachait dans notre voiture pour voir comment on travaillait. Il aurait voulu devenir policier ou douanier. Nous voir planquer et sauter sur des trafiquants, c'était le sel de sa vie. »

« Avez-vous déjà utilisé votre arme ? » « Oui, souvent. Un jour, j'ai arrêté un type qui mesurait deux fois ma taille. Une véritable armoire à glace ! Je tremblais tellement de peur en tenant mon arme qu'il a paniqué. Comme il a eu la trouille que la balle parte toute seule, il a levé les mains et il s'est rendu sans résister ! Je l'ai menotté et je l'ai ramené dans ma Peugeot 104. » Un autre souvenir cocasse la fait sourire : « À côté de la gare de Nancy, un soir, j'ai filoché un dealer. Je portais mon revolver, un Smith & Wesson cinq coups, très prisé par les femmes car plus léger. Je courais derrière mon gars quand j'ai entendu "cling-cling" sur les pavés. Je me suis retournée et j'ai vu mon arme rebondir sur le sol devant les passants éberlués. Je l'ai ramassée et je leur ai dit "Douanes !" avant de reprendre ma course. J'ai finalement réussi à "loger" le dealer, c'est-à-dire à découvrir là où il habitait. »

À Nancy, Gisèle écume aussi les concerts de rock, propices aux trafics de drogue. « Les salles grouillaient de revendeurs qui se mêlaient au public. À 25 ans, je ressemblais aux clients des dealers. Je me présentais comme acheteuse. Quand le dealer sortait sa dose, mes collègues lui sautaient dessus. Et moi, j'en profitais pour voir des concerts : Dire Straits, les Stones, Queen… ! »

Au bout de cinq ans, Gisèle est nommée chef de poste d'une brigade de recherches à Lille. « J'ai créé la brigade en recrutant une équipe de sept personnes. Notre travail de renseignement était très artisanal à l'époque. Mais je me suis régalée. » À Lille, plaque tournante de l'héroïne venue des Pays-Bas, Gisèle découvre une misère sociale encore plus terrible qu'à Nancy.

« Les mines fermaient, les ouvriers se retrouvaient sur le carreau et certains picolaient du matin au soir. Les fils d'ivrognes devenaient toxicos. C'était une mécanique implacable. Je perquisitionnais dans des taudis, les fameuses maisons lilloises grises, humides, froides, avec de l'assiette sale dans l'évier, des seringues qui traînent au sol et des enfants qui jouent à côté. J'ai vu des familles dans une pauvreté épouvantable. Nous glanions souvent des renseignements auprès des mères ou des sœurs qui balançaient leurs fils ou leurs frères pour les sauver de l'enfer de la drogue… Cela m'a retournée. »

Pour lutter contre les trafiquants, Gisèle comprend vite qu'être une femme, c'est un atout. « Ils ne se méfiaient pas de moi. Du coup, je me postais toujours devant pour faire ouvrir les portes. Les trafiquants me regardaient par l'œilleton. Si l'on s'annonçait comme "Douanes", ils jetaient la drogue dans les toilettes. Alors je disais : "C'est l'assistante sociale !" Ou "C'est la mairie qui m'envoie !" Un jour, à cours d'idées, j'ai dit : "C'est Gisèle !" Et le trafiquant m'a ouvert la porte de son appartement ! »

« Où planquent-ils la drogue ? » « Dans les endroits les plus improbables. Dans des landaus, des boîtes de conserve, sous les lattes de parquet, et même dans les enceintes d'une chaîne hi-fi ! Comme j'étais la chef, c'est moi qui gardais la drogue. Je la fourrais dans mon sac à main et je la rapportais au bureau pour la détruire. » « Quel est votre style de leadership ? » « Je pilote mon équipe en montrant l'exemple. Je ne restais pas planquée au bureau en attendant qu'ils fassent le boulot. J'étais avec eux dans les perquis', les arrestations et les auditions[1]. On a fait de belles affaires. Un jour, en forçant la porte d'un appartement, on a trouvé des gars qui remplissaient 230 sachets d'héroïne pure, soit 2,3 kilos. C'était une grosse saisie. L'héroïne aurait pu être recoupée encore dix fois ! Mais les trafiquants ont résisté. On s'est battu avec eux. Ils étaient 5, nous étions 10. Moi, j'empêchais les gars de sortir par la fenêtre. J'ai donné des

1. L'équivalent de la garde à vue en douane, NDLR.

coups de poing, j'en ai reçu aussi. Quand on a réussi à menotter tout le monde, l'appartement était sens dessus dessous. »

Des bagarres, Gisèle en a vécu un certain nombre. « Un jour, on devait interpeller un individu dans un immeuble délabré. Sa famille nous a littéralement sauté dessus. On s'est battu. L'un d'eux a arraché la sangle de mon sac à main. L'administration me l'a généreusement remboursée. » « Vous êtes-vous déjà fait tirer dessus ? » « Oui, après une perquis'. J'étais à l'arrière de la voiture quand la vitre à côté de moi a volé en éclats. Je me suis entendu dire : "Oh, on nous tire dessus !" J'avais des bris de verres plein les cheveux. » Gisèle travaille aussi sur les trafics d'armes. « Je saisissais beaucoup d'armes de la Première Guerre mondiale récupérées par des collectionneurs. Un jour, j'ai rapporté une grenade dans mon sac à main. Je me suis fait enguirlander par mes collègues qui m'ont dit : "T'es dingue ! T'aurais pu sauter avec !" »

« Comment travaillez-vous concrètement avec les aviseurs ? » Elle sourit en pointant mon stylo : « Comme vous : je prends des notes sur un carnet. Par exemple, on essaie de recruter les chauffeurs des dealers. Ainsi, on est sûrs de savoir précisément à quelle heure tel trafiquant de drogue reviendra de Rotterdam avec sa marchandise pour le prendre en *flag*. Quand notre aviseur dépose le dealer au point de rendez-vous, on saute sur le trafiquant. Lorsque l'aviseur s'échappe, on fait semblant de le poursuivre pour ne pas le griller. Et on fait mine de le louper. On dit au dealer : "Zut, il nous a échappé !" Un jour, avant une interpellation de ce genre, j'ai reçu un coup de fil d'un aviseur qui conduisait un dealer : "Gisèle, je crois bien que le type est mort." À côté de lui, le dealer avait fait une overdose dans la voiture. »

Au bout de quelques années, Gisèle bascule à la Division des enquêtes. « Et comme d'habitude, j'étais la première femme. Je travaillais sur les fraudes liées aux produits mécaniques, industriels ou électroniques. Quand les gars du service m'ont vue arriver, ils se sont frotté les mains : "Une femme dans la mécanique, on va rigoler." Ils m'ont très mal accueillie. Alors qu'on devait travailler en duo, aucun ne voulait bosser avec moi. L'un d'eux m'a dit, goguenard : "J'peux pas, ma femme va être jalouse…" C'était débile. De mon côté, j'ai fait mon job : j'ai cherché des aviseurs. J'ai compris que ce n'était pas l'appât du gain qui les motivait, mais la compétition : ils me balançaient des infos pour faire tomber les entreprises concurrentes. J'ai eu un succès fou. »

Le chef de la DNRED apprécie le travail de Gisèle. Elle hoche la tête : « Je lui ai rapporté quelques millions de francs. Il m'a alors nommée chef de la DOD à Lyon, l'un des plus gros échelons de France avec celui de Marseille. Toute la drogue qui arrive d'Espagne y transite avant d'aller en région parisienne. Très vite, j'ai déniché un aviseur dangereux, mais précieux en termes de renseignements. Je voyais qu'il essayait de nous manipuler. Je devais être prudente car il pouvait tomber pour trafic de drogue et faire croire que la douane le diligentait. Je ne devais rien lui promettre tout en essayant d'en tirer un maximum d'infos. Ça a payé. Grâce à ses tuyaux, on a arraisonné un important convoi, composé d'un véhicule "éclaireur", d'un véhicule "porteur" – une grosse cylindrée pour forcer les barrages – et d'un "suiveur", une troisième voiture qui ferme la marche. On a saisi 400 kilos de cannabis. C'était une grosse affaire. J'ai donné 10 000 euros à l'aviseur. » « Comment mesurez-vous l'impact d'une telle saisie ? » « C'est simple. Pendant trois jours, il n'y avait plus de drogue à Lyon. Et puis le trafic a repris. » « Trois jours, c'est peu… » « Je sais. Mais c'est déjà ça. On se sent quand même utile. »

À Lyon, Gisèle croise aussi le commissaire Michel Neyret, l'ex numéro 2 de la PJ de Lyon mis en examen en 2011 dans une affaire de corruption présumée par le milieu. « Il ne m'aimait pas parce que j'étais une femme. Et ce sont pourtant les femmes qui l'ont perdu. Il avait besoin d'argent pour emmener ses copines en boîte de nuit. C'est un homme à l'ego démesuré, qui se prenait pour Dieu. J'ai eu plusieurs fois l'occasion de lui dire : "On ne rémunère pas les aviseurs avec de la drogue." C'est interdit par la loi depuis 2004. Du coup, il n'a jamais voulu travailler avec moi. Et il piquait les aviseurs de mon équipe. Cette affaire a ébranlé la police lyonnaise. Les "bœuf-carottes"[1] ont essayé de nous faire parler contre Neyret, mais on n'a rien balancé. »

« Quels sont les actuels circuits de la drogue ? » « Depuis trois ou quatre ans, il y a à nouveau des champs de pavot en Afghanistan. Le trafic a repris à fond. De grosses quantités d'héroïne viennent de là-bas et passent par le Kazakhstan. Et bien sûr, il y a le cannabis qui vient du Rif marocain et la cocaïne d'Amérique du Sud, via le ventre mou de l'Europe que représentent l'Espagne et le Portugal. Les trafiquants, eux, se terrent dans des pays où ils peuvent blanchir leur argent. Les gros trafiquants colombiens achètent des hôtels de luxe à Saint-Domingue avec leur argent. »

« Avez-vous des enfants ? » « Non, je n'en ai jamais eu le temps. Mais je n'ai aucun regret. J'adore ma vie. Toute ma carrière, j'ai lutté contre les trafiquants de drogue. C'est une vocation. J'ai vécu des moments dangereux, je me suis fait tirer dessus. Mais je peux vous dire que je me suis bien amusée. Avec tout ce que j'ai vécu, j'ai de quoi remplir dix vies. J'ai même pensé écrire un livre. Ça tombe bien, vous le faites ! »

Daphnée

Après ces trois baroudeuses de la première heure, je change d'axe. Place à la « jeune recrue dynamique ». L'expression, piquée au vocabulaire du management, me fait sourire. Comme si, par la magie des mots, les services du renseignement tentaient d'effacer le temps des barbouzes pour se parer d'un vernis de normalité. Au-delà de la sémantique, je me demande à quoi peut bien ressembler une *working-girl* des services secrets, qui ne bataille pas contre des tableaux Excel ou des *business plans*, mais affronte de plus âpres menaces : stups,

1. IGS, Inspection générale des services, ou police des polices, NDLR.

trafics d'armes, contrefaçons et terrorisme. Je presse le pas en revenant dans le hall de la DNRED. Quel genre d'espionne vais-je passer au crible ? Une coast-killeuse de l'argent sale ? Une trentenaire surdiplômée ? Une geekette tatouée de la génération Y ? Ou une *digital spy* de l'ère Internet, qui renverra Mata Hari et ses petites culottes en coquillages au rang de vestige kitsch d'un autre siècle ? Ces images sont si présentes dans ma tête que je la croise sans la voir. Je la prends même pour une banale visiteuse. Une jeune femme de la même taille que moi, 1,60 mètre à vue de nez, vêtue d'un blouson de cuir noir et d'une longue jupe en tulle de couleur crème, s'avance en me tendant la main. « Bonjour, je suis Daphnée. » Je la salue d'un geste mécanique, presque désappointée. Pas de tatouage, pas de piercing, pas de look gothique. Avec son écharpe H&M et son sac à main acheté chez Monoprix, Daphnée ressemble plus à une étudiante un peu bohême de la Sorbonne qu'à une espionne 3.0.

Daphnée est une femme de terrain. Adjointe d'un chef d'équipe à la DOD de Paris, le bras armé du service de renseignement des douanes. Dans son service, elles sont trois femmes au milieu d'une cinquantaine d'hommes. « Elles sont toutes habillées en garçons manqués, sauf moi », précise Daphnée. Si ma « jeune recrue » affiche 32 ans au compteur, elle n'a rien de dynamique – en tout cas, pas aujourd'hui. De légers cernes mauves auréolent ses yeux myosotis. Dans l'ascenseur, tandis que nous grimpons en direction du cinquième étage, elle écrase plusieurs bâillements d'affilée. « J'ai travaillé 24 heures non-stop, m'explique-t-elle. J'étais en "opé" en banlieue nord, à Bobigny. Nous avons surveillé la livraison d'un container de 15 tonnes de tabac à narguilé en provenance du Havre. Mon équipe s'est planquée sur le lieu de livraison pour attraper les gars en flagrant délit. Et on les a chopés. » Je saisis l'occasion d'en savoir plus. « Quel était votre rôle ? » « J'étais postée au "pigeonnier", à la fenêtre d'un immeuble, avec ma radio et mes jumelles, pour avoir une vue globale sur l'opération et coordonner l'action de mes 22 collègues. Je leur dispatchais les consignes. Quand j'ai vu arriver le camion, j'ai prévenu mes gars par radio. Et quand j'ai jugé que c'était le bon moment, j'ai donné le "top interpellation". » J'écarquille les yeux en l'écoutant. Daphnée me regarde, surprise par ma réaction. Pour elle, c'est le quotidien. Pour moi, son récit me plonge dans un western urbain.

Une question me tracasse : « Le trafic de tabac à narguilé peut servir à financer le terrorisme. Avez-vous été confrontée à des trafiquants radicalisés ? » « Oui, sur certaines enquêtes, nous avons des soupçons de radicalisation, répond Daphnée. Cela m'est arrivé il y a un mois. J'enquêtais sur un trafic de stups. J'ai compris que le trafiquant avait une fiche "S". Son patron nous a dit qu'il avait changé de tenue, qu'il s'était laissé pousser la barbe. Le pire, c'est qu'il travaillait pour une mairie avec des jeunes. Dès qu'on s'en est rendu compte, on a transmis le dossier au GOLT, notre Groupe opérationnel de lutte contre le terrorisme, pour qu'ils approfondissent l'enquête. »

« Comment avez-vous vécu les attaques du 13 novembre ? » « La menace terroriste a grandi dans l'ombre, et on ne l'a pas vue, répond Daphnée sans sourciller, avec une franchise désarmante. Aujourd'hui, elle est là. Il va falloir s'habituer aux attentats réguliers. Quand les attentats du 13 novembre ont éclaté, la DOD de Paris n'a pas été sollicitée. Personne ne nous a appelés, alors que nous sommes des agents de terrain. Nous nous sommes sentis exclus de la lutte anti-terroriste, alors que nous sommes aux premières loges. Nous aurions pu renforcer les équipes de la DGSI, de la police ou mener des enquêtes sur les personnes radicalisées. Nous pouvons apporter une aide précieuse, car nous avons un gros réseau d'informateurs dans le milieu des stups, des contrefaçons et des armes, qui financent le terrorisme. Ils peuvent nous renseigner sur les cellules dormantes en région parisienne. J'espère que la communauté du renseignement finira par le comprendre. »

Je fronce les sourcils : la fameuse coopération dont les services se targuent tant actuellement a donc toujours des ratés.

« Combien de dossiers traitez-vous ? » « Nous en avons une armoire pleine ! Je dirais une soixantaine environ. C'est plus compliqué quand plusieurs dossiers se réveillent en même temps. Par exemple, la semaine prochaine, je vais réaliser une livraison surveillée d'armes de guerre, grâce à un tuyau que nous a donné le HSI[1]. Un Français a commandé plusieurs armes sur Internet, des kalachnikovs et des pistolets semi-automatiques, qu'il doit se faire livrer dans dix jours à Paris. Mais pour déjouer les soupçons, les trafiquants achètent séparément les culasses, les chargeurs et les munitions. Nous allons prendre la place du livreur pour interpeller cet individu. »

« Dans ce genre d'opération, vous portez un gilet pare-balles, j'imagine… » « Bien sûr. Je vous avoue que j'ai du mal à le mettre. Quand je le porte, je me sens gauche, engoncée, entravée. Pourtant, c'est un gilet adapté aux femmes, pointu au niveau de la poitrine. Mais j'ai du mal à avoir l'air naturel avec ce truc. Mais depuis le décès de notre collègue de Marseille, Pascal Robinson, tué récemment d'une balle dans la gorge à Toulon lors d'une livraison surveillée, on porte systématiquement nos gilets pare-balles. » « Cela a dû vous choquer… » « Oui, j'ai beaucoup pleuré. » La voix de Daphnée se brise. Et un petit rire nerveux secoue tout son corps. « Mourir en opé, cela peut tout à fait m'arriver, reprend-elle. J'ai conscience des dangers de mon métier. Depuis la mort de notre collègue, nous réfléchissons à la façon de mieux nous protéger. »

« Comment vous habillez-vous pour partir en opé ? » « Comme aujourd'hui. » « En jupe ? » « Oui. Sur le terrain, je réalise beaucoup de filatures dans les rues et dans les cafés. Je dois me fondre dans le décor. Je suis beaucoup plus efficace habillée en fille, car je me sens plus naturelle. Je n'éveille pas les soupçons. Et puis je n'ai pas envie de ressembler à une

1. *Homeland Security Investigations*, le département de la sécurité intérieure des États-Unis, NDLR.

"bacounette...". » Je l'interromps : « Une quoi ? » « Une fille de la BAC[1], en jean-baskets-blouson, qui surjoue les mecs. »

« Quel genre d'individus suivez-vous en filature ? » « Quand un passeur de drogue arrive en région parisienne, soit on l'interpelle tout de suite, soit on le laisse "vivre" un peu pour attraper tout le réseau. » « Vous gérez des sources humaines ? » « Oui, j'en ai trois ou quatre dans le milieu de la drogue. Certains y ont touché et n'y sont plus. D'autres trafiquent eux-mêmes. Mais ils ne sont pas partie prenante dans mes dossiers, ou alors de façon éloignée. L'idée reste quand même de protéger la source. Cela dit, s'ils sont pris par ailleurs pour leurs trafics entre deux opés, tant pis pour eux. On ne les laisse quand même pas agir en toute impunité. » « Quelles sont les règles pour gérer une source ? » « Elle doit me tenir informée de toute évolution du trafic. Même son ressenti m'intéresse. Si le trafiquant que je vise stresse, se méfie ou se pose des questions, j'ai besoin de le savoir. Et je ne rémunère mon aviseur que si l'affaire est réalisée. Le montant dépend de l'importance de la saisie. »

« Vous avez attrapé des gros bonnets ? » « En 2013, j'ai fait tomber le fils d'un député qui avait importé 20 kilos de cocaïne de Rép' dom' ». « Vous voulez dire République dominicaine ? » « Oui, pardon, c'est notre jargon. » « Vous avez réalisé des grosses saisies ? » « Ah oui ! En revanche, le travail n'est pas proportionnel à la quantité. J'ai déjà chopé 500 kilos de cannabis en un seul coup de fil, grâce à un aviseur qui m'a donné un renseignement ultraprécis, du genre : "Demain, tel camion passera à telle heure à telle frontière." Et parfois, pour seulement 10 kilos de cannabis, je rame pendant des semaines avec des filatures pour comprendre le mode opératoire des trafiquants, et savoir qui fait quoi dans le réseau. »

« Vous sortez toutes les semaines sur le terrain ? » « Non, parfois, c'est calme. J'ai du temps au bureau pour gratter mes dossiers. J'étudie les factures téléphoniques détaillées de tel

1. Brigade anticriminalité, NDLR.

dealer ou les écoutes que m'envoie le GIC[1]. J'utilise aussi des Imsi-catchers (des fausses antennes planquées dans des valises qui espionnent les conversations téléphoniques des portables alentour). Évidemment, je ne vous le cache pas, c'est le terrain que je préfère. Planquer des heures, filocher un trafiquant, sentir l'adrénaline qui monte doucement, avant le moment où on va le "taper", c'est-à-dire lui sauter dessus. C'est très excitant. J'adore aussi planquer dans les cafés, faire semblant de lire un magazine en écoutant les conversations des trafiquants assis à la table à côté. Parfois, je dois m'inventer une légende au débotté. » « Qu'est-ce que cela signifie ? » « En filature, je suis souvent confrontée à des situations inattendues. En un quart de seconde, je dois trouver un prétexte qui justifie ma présence à tel endroit. Surtout, je dois me méfier de l'effet tunnel. » « Qu'est-ce que c'est ? » « Je suis parfois tellement concentrée sur ma cible que j'occulte l'environnement. Il m'est même arrivé d'oublier de regarder la route avant de traverser. » « Quelle légende avez-vous inventée récemment ? » « Un jour, je suivais un trafiquant chinois soupçonné de revendre des cigarettes de contrefaçon en grosses quantités. Je voulais savoir s'il avait un lien avec le réseau sur lequel j'enquêtais. J'étais en tête de la filature quand il est entré dans un café. Je l'ai suivi à l'intérieur. Et j'ai été victime de l'effet tunnel. Je me suis retrouvée dans un café où il n'y avait que des Chinois. Je n'avais absolument rien à faire là. Tous les regards se sont braqués sur moi. Je me suis dit : "Merde ! Qu'est-ce que je fous là ?" J'ai sorti de mon sac à main des comprimés pour les maux de tête. Et j'ai demandé un verre d'eau au barman. Pendant ce temps, j'observais du coin de l'œil ma cible qui lui tendait un paquet de cigarette de contrefaçon. Il vendait sa came. J'avais ma preuve. J'ai avalé mon verre d'eau et je suis vite sortie du café. Le trafiquant a été interpellé quelques jours plus tard. »

---

1. Groupement interministériel de contrôle, situé aux Invalides, NDLR.

« Comment se déroule concrètement une filature ? » « Je filoche le trafiquant dans sa vie de tous les jours. À pied, en voiture ou à moto. Quand une voiture est coincée dans les bouchons, et à Paris, c'est souvent le cas, le motard permet de recoller une filature. En moto, je ne conduis pas, je fais le "singe", c'est-à-dire le passager. Le singe est celui qui descend lorsqu'une voiture s'arrête à un café ou à une boutique. Parfois, je me retrouve à Franprix. Dans ces cas-là, j'achète une bouteille d'eau. » « Quels renseignements recherchez-vous ? » « J'essaie de trouver les contacts d'un trafiquant, d'identifier les têtes de réseau. Je note tous ses points d'arrêt, qui sont autant de pistes à gratter. Je cherche à comprendre le rôle de chaque personne dans le réseau. Est-ce lui qui importe la drogue ? Qui la revend ? Gère-t-il les voitures pour les go-fast ? » « Quels sont les grands circuits des trafics ? » « La drogue vient toujours du Maroc et d'Amérique du Sud. Les armes et les cigarettes, elles, viennent d'Europe de l'Est. Ça ne change pas beaucoup. »

Daphnée n'a pas toujours été cette fonceuse intrépide qui me fait face aujourd'hui. « Quand j'ai démarré dans ce métier, j'étais très naïve, se souvient-elle en hochant la tête. J'étais "Candy" au pays de *Homeland.* » « Avez-vous le sentiment d'avoir repoussé vos limites ? » « Bien sûr ! Je me suis découvert des qualités insoupçonnées. Ado, j'étais la petite grosse nulle en sport. Aujourd'hui, je sais extraire un dealer d'une voiture et le menotter, réaliser des palpations, rouler à 200 kilomètres à l'heure sur l'autoroute, forcer les embouteillages... Je suis beaucoup plus forte que ce que j'imaginais. Je peux m'asseoir sans peur à côté d'un gros bonnet de la drogue pour écouter sa conversation. Autant dans ma vie perso il m'arrive de rougir, autant dans le boulot j'ai un sang-froid à toute épreuve. Et comme je passe inaperçue, je m'approche très près de mes cibles, bien plus que les gars de mon service. Ma puissance à moi, c'est celle de l'ombre. »

« Êtes-vous armée ? » « Oui, toujours. J'ai un pistolet semi-automatique, un Sig Hauer 9 mm avec 24 cartouches, que je glisse dans mon sac à main. » « Avez-vous déjà eu peur pour votre vie ? » « Oui, une fois. C'était en 2012. Je travaillais de nuit sur un dossier de stups. Avec mon binôme, Nicolas[1], nous avons suivi les trafiquants jusqu'aux environs d'Orléans. Vers deux heures du matin, nous étions en pleine campagne. Nous savions que leurs voitures disposaient de caches aménagées pour la drogue. Nous les avons suivis tous feux éteints, dans le noir total. Près d'un petit village paumé, les trafiquants ont stationné devant une ferme. Nous sommes alors descendus de voiture pour chercher une planque. Devant nous, s'ouvrait un chemin qui menait à un champ. À l'autre bout du pré, les trafiquants ont rallumé les phares de leur voiture. Ils sont sortis de la ferme pour venir se poster à l'entrée de notre impasse. Ils nous éclairaient avec leurs phares. J'ai dit à mon collègue : "Merde ! Ils nous ont repérés !" La voiture s'est approchée lentement de nous et a ralenti à notre hauteur. Ils ont baissé la vitre pour nous observer... » « Et qu'avez-vous fait ? » Elle sourit : « La suite va vous plaire... J'ai longuement embrassé mon collègue sur la bouche. Nous avons joué le couple illégitime qui se retrouve secrètement de nuit sur une route de campagne. C'était crédible, car ce soir-là, je portais une jupe courte, parfaite pour un rendez-vous galant. Quand les trafiquants sont repassés une deuxième fois devant nous, je suis restée blottie dans les bras de mon collègue d'un air effarouché. Nicolas, lui, a fait mine de s'énerver : "C'est bon, laissez-nous tranquilles !" » « Et vous étiez armés ? » « Hélas non. Dans la précipitation, nous sommes sortis de la voiture sans nos pistolets. Or ces gars ne sont pas des "petits chats". Ils règlent leurs comptes avec des armes. Et ce soir-là, ils réalisaient une expédition punitive pour dérouiller un clan rival : ils ont tiré sur la façade de la maison de leur ennemi. Ils auraient pu nous prendre pour des flics, ou pour leurs rivaux. On l'a échappé belle. Ce baiser avec mon collègue nous a sauvés. »

« En parlant de couple, comment drague-t-on quand on travaille dans le renseignement ? » Daphnée affiche une moue

1. Prénom modifié, NDLR.

dépitée : « Eh bien, on reste célibataire pendant longtemps ! En plus, même si je n'en ai pas l'air, je suis très timide. Au travail, j'ai une confiance en moi que je n'ai pas dans ma vie personnelle. Il y a quelques mois, j'ai fait comme ceux de mon âge : je suis allée sur des sites de rencontre. » « Lesquels ? » « Sur Meetic et Adopteunmec. Sous pseudo, bien sûr. Évidemment, j'évitais de parler de mon boulot. Je restais très évasive. J'ai fini par rencontrer mon compagnon actuel. Mais je ne lui ai avoué mon travail qu'au bout de plusieurs semaines de relation, quand j'ai su qu'avec lui, c'était sérieux. » « Comment a-t-il réagi ? » « À ma grande surprise, il était très fier ! J'étais une James Bond girl pour lui. Il trouvait mon job très fun. Depuis, il a changé d'avis parce qu'il a peur pour moi. Tous les matins, il me dit : "Tu fais attention, hein ? Tu ne vas pas en première ligne ?" »

« Vous côtoyez des dealers, des trafiquants et des mafieux. Êtes-vous fascinée par le mal ? » Daphnée réfléchit, puis concède : « Oui, un peu. Il m'arrive parfois de me sentir émoustillée par certains mafieux du milieu. Ces mecs ont une forme d'intelligence particulière, et même parfois de grande séduction. Mais je n'ai jamais franchi la ligne rouge. Je peux être attirée par des prédateurs, et en même temps, j'ai un sens de la justice chevillé au corps. Les deux cohabitent en moi. » Je reste sans voix. La sincérité de Daphnée me touche. Elle accepte avec un vrai courage de faire tomber le masque de l'espionne et d'évoquer sans fard l'ambiguïté de ses sentiments. J'ai obtenu l'instant de vérité que je cherchais.

Je peux maintenant conclure l'entretien : « Travailler dans le renseignement, cela vous a-t-il transformée ? » « Oui, à force de côtoyer les gars du service, mon vocabulaire a changé. Je dis plus facilement "Putain, merde, fait chier." Mon regard aussi s'est modifié. Je vois davantage la noirceur du monde. On ne soupçonne pas l'ampleur des trafics qui s'opèrent autour de nous. Comme le héros de la série *Breaking Bad*, les trafiquants ressemblent parfois à des bons pères de famille. Ils vivent près de nous. Dans le métro, on peut croiser des terroristes armés. Si j'ai un enfant un jour, je lui dirai : "Sois vigilant." Enfin, à force de travailler dans un monde d'hommes, je les regarde, eux aussi, différemment. J'ai découvert les infidélités de certains collègues. Travailler dans le renseignement m'a ouvert les yeux. Et je ne suis pas mécontente d'y voir plus clair. »

Clara

Aujourd'hui, je savoure une victoire personnelle en grimpant à l'étage de la direction pour rencontrer celle qui supervise le service de Daphnée : Clara, la femme la plus puissante du renseignement douanier. Or cette espionne en chef a failli me filer entre les doigts. Pendant six mois, toutes mes demandes se sont heurtées à un mur. Agenda surchargé, journées denses, fêtes de Noël... À chaque fois, ma cible a esquivé cette rencontre qui visiblement ne l'enchante guère. Mais je ne l'ai pas lâchée : plus elle me fuyait, plus je m'obstinais. Jean-Paul Garcia, le directeur de la DNRED, est intervenu en personne pour la convaincre de me parler. Après de longues tractations, elle a fini par accepter ce rendez-vous. En ce début d'après-midi pluvieux de février, je m'attends donc à rencontrer une espionne sur ses gardes. J'ai préparé mes questions avec soin, établi une stratégie d'approche, réfléchi à la meilleure façon de ne pas la braquer. Comme elle est aux aguets, je dois la jouer fine et masquer la curiosité que cette longue attente a suscitée en moi.

Si j'ai tant manœuvré pour la voir, c'est parce que Clara occupe un poste clé : elle est numéro 2 de la DOD, le bras armé du service de renseignement douanier. Ce service d'élite de 400 agents, une force d'intervention musclée chargée des opérations les plus délicates, a longtemps traîné une réputation sulfureuse de *bad boy*. Ironie de l'histoire, ce fameux nid de machos où Sylvia a démarré il y a trente ans est aujourd'hui piloté par une femme – la première à ce poste. Voilà pourquoi je ne devais pas la louper.

Première surprise : le bureau de Clara est grand ouvert. Je l'imaginais plutôt enfermée dans un bunker. Je l'aperçois dans le cadre de la porte, debout devant son bureau, penchée sur son clavier d'ordinateur. Les piles vertigineuses de dossiers et de pochettes colorées qui s'amoncellent sur son bureau en disent long sur sa charge de travail. Dès qu'elle m'aperçoit, elle lâche ses dossiers pour venir me saluer. Je prends les devants : « Bonjour ! On réussit enfin à se voir ! » Elle sourit, un peu gênée. Je la scanne du regard. Sans surprise, elle arbore un look androgyne avec ses cheveux poivre et sel coupés court, sa chemise masculine surmontée d'une veste à épaulettes et ses boots noires à bout pointu. Aucun bijou, pas de maquillage. Taux de féminité : proche de zéro.

Elle baisse ses petites lunettes rectangulaires et m'observe par en dessous, en me scrutant avec ce regard laser auquel je finis par m'habituer. « Parlez-moi de votre projet », me lance-t-elle d'une voix légèrement voilée, qui dégage une impression de densité, de concentration et de contrôle.

Je sens qu'elle me teste. Pas de problème. Je développe longuement le sujet de mon livre, j'évoque le sérieux de ma démarche, le rejet de tout sensationnalisme et mon désir de coller au plus près de la réalité de son métier. Pas de réaction. Elle continue à m'observer par en dessous, sans rien dire. Bon, autant y aller sans détour. Je passe à l'attaque : « Vous n'étiez pas très chaude à l'idée de cet entretien. Pourquoi ? » Elle finit par avouer : « J'étais réticente car je pense qu'il ne faut pas tomber dans les clichés dont les femmes peuvent souffrir. Dans le monde du travail, il faut regarder la personnalité et la compétence plus que le genre. » Je rétorque : « C'est juste. Mais quand les femmes se heurtent à un plafond de verre, comme c'est le cas dans le renseignement, la question du genre devient inévitable. Réfléchir aux clichés et aux blocages permettra de mieux les dépasser. »

Elle hoche la tête : « C'est vrai que les femmes doivent davantage que les hommes prouver leur valeur professionnelle », reconnaît-elle. Je savoure ma deuxième victoire.

« Depuis 2011, vous dirigez le service le plus masculin du renseignement douanier. Avez-vous parfois douté de votre légitimité ? » « Non, pas vraiment. J'ai une vraie appétence pour le renseignement et j'aime les défis. » Clara botte en touche. Je retente : « Comment imposez-vous votre leadership dans ce service réputé très macho ? » « Par la compétence, une connaissance approfondie des dossiers et la capacité à prendre les bonnes décisions. Mes équipes réalisent des actions d'entraves et des flagrants délits. Je dois bien évaluer la prise de risque par rapport aux individus que nous avons en face de nous. » Je flaire l'impasse. J'imagine mal Clara balancer sur les gars de son service.

Je change alors de braquet : « La lutte contre le terrorisme est la mission prioritaire assignée par le chef de l'État aux services de renseignement. Comment affrontez-vous cette menace ? » « Notre service n'est pas leader dans cette lutte antiterroriste[1], explique-t-elle. Nous soutenons la DGSI, le service pilote dans ce domaine. Dans le renseignement douanier, nous pouvons détecter les signaux faibles, qui annoncent une possible dérive radicale. » « Vous avez des exemples ? » « Il s'agit des délinquants de droit commun qui changent de discours ou d'habitudes vestimentaires, et qui réalisent des voyages vers la zone irako-syrienne. Nous pouvons aussi détecter des connexions entre des terroristes identifiés et de nouveaux individus inconnus des services, issus des trafics de drogues, d'armes ou de tabac à narguilé. Nous faisons remonter ces renseignements à la DGSI. »

« Comment détectez-vous concrètement ces signaux faibles ? » « Nous disposons de 16 000 douaniers, présents sur tout le territoire, que nous sensibilisons à la lutte antiterroriste. Par ailleurs, la DOD dispose de 23 antennes réparties en régions. Depuis 2015, nous avons créé un poste de référent "antiterro" dans chacune d'entre elles. Ils sont en contact avec

1. LAT, NDLR.

le SCRT et la DGSI sur tout le territoire français. Ils jouent le rôle de capteurs dans la lutte contre le terrorisme. Dès que nous détectons un signal faible, l'enjeu est de le partager et de faire réagir plus rapidement l'ensemble de la communauté du renseignement. En décembre 2015, par exemple, nous avons détecté deux personnes radicalisées qui avaient acheté des armes, et donc susceptibles de passer à l'action. Nous avons remonté l'info à la DGSI, qui les a interpellées. »

« Vous utilisez aussi votre réseau d'informateurs connectés aux milieux de la drogue et du trafic d'armes… » « Bien sûr. On a fortement sensibilisé nos équipes pour qu'elles orientent leurs sources sur cette thématique. Nos aviseurs nous informent de ce qui se passe dans l'économie souterraine. Or certains trafiquants financent des activités terroristes. Qui veut se projeter en Syrie a besoin d'argent. C'est un fait connu : les frères Kouachi vivaient du trafic de drogue. Ils vendaient aussi des vêtements et des chaussures de contrefaçon, des marques Nike et Ralph Lauren. Cela a probablement servi à financer leurs actions terroristes contre *Charlie Hebdo*. La contrefaçon est un business lucratif et peu risqué qui attire de plus en plus les groupes radicalisés. »

« J'imagine que vous surveillez particulièrement les trafiquants d'armes… » « En effet, nous repérons des personnes qui commandent des armes sur Internet. Depuis trois ans, nous avons multiplié les saisies d'armes. C'est notre priorité. En décembre 2015, par exemple, nous avons découvert une usine de fabrication de munitions installée près de Lille, à la frontière franco-belge, côté français. Il y avait plusieurs milliers de munitions, dont des balles pour kalachnikovs. Nous sommes en train d'analyser les fichiers saisis dans l'usine pour repérer d'éventuels clients radicalisés. »

« Avez-vous accès au fameux fichier "S" (pour sûreté de l'État) de la DGSI, pour savoir si les trafiquants d'armes sont des individus radicalisés, dangereux et connus de la DGSI ? » « Indirectement, par le biais de notre officier de liaison à la

DGSI. C'est une femme, qui fait partie de la cellule Allat[1], créée après les attentats de *Charlie Hebdo*. » « C'est une coopération très récente... » « Certes, mais elle est nécessaire. Traditionnellement, la douane ne s'occupe pas de lutte antiterroriste. Mais depuis les attentats de *Charlie Hebdo*, c'est devenu notre priorité. Nous essayons de renforcer nos actions dans ce domaine. Chez nous, c'est d'ailleurs une femme qui vient de prendre la tête du GOLT, le Groupe opérationnel de lutte contre le terrorisme. Elle a pris ses fonctions la semaine dernière. Avec elle, nous voulons améliorer notre capacité à lire les signaux faibles recueillis par nos capteurs. »

« Que pensez-vous du débat sur les failles des services de renseignement ? Le manque de coopération entre les services est-il une faiblesse du dispositif ? La DGSI tient-elle suffisamment compte des renseignements que vous lui faites remonter du terrain ? » Clara soupire : « Nous ne maîtrisons pas ce que fait la DGSI. C'est à eux qu'il faut poser la question. À nous, aussi, de prouver que nous sommes utiles pour les aider. Depuis les attentats contre *Charlie Hebdo*, grâce à la cellule Allat, nous avons amélioré la coopération entre les services. » Je persiste : « C'est bien le signe qu'il y a eu des manques... » Elle hoche la tête, pensive : « Le dispositif s'est renforcé mais le nombre de signaux faibles a explosé. On s'adapte en permanence à une menace de plus en plus prégnante. Les terroristes ont changé de braquet. Ils menaient leurs combats principalement en Syrie. La situation a basculé quand la France s'est engagée militairement en Syrie en 2014. Daech est alors passé de messages de terreur, avec des décapitations télévisées, à des actions terroristes sur le territoire français et européen ».

1. Il s'agit d'une cellule interagences qui croise les renseignements détenus par les six services (Douanes, Tracfin, DPSD, DGSI, DGSE, DRM), pour appuyer les opérations au Levant (Irak et Syrie). Elle a été mise en place sous la double impulsion de Christophe Gomart, directeur du renseignement militaire et d'Alain Zabulon, coordonnateur national du renseignement.

« Comment un petit délinquant de droit commun, comme ceux que vous arrêtez, devient-il un terroriste surentraîné au service de Daech ? » « Il y a un facteur clé : c'est le passage par la case prison. Des délinquants tombés pour des faits de droit commun se retrouvent en contact avec des prédicateurs religieux qui les font basculer. C'est le cas d'Amédy Coulibaly. Incarcéré en 2006, ce délinquant de l'Essonne a rencontré à Fleury-Mérogis des acteurs clés de la filière de djihadistes des Buttes-Chaumont. » C'est en prison que Coulibaly a noué des liens avec Chérif Kouachi, le futur auteur des attentats de *Charlie Hebdo*, et Djamel Beghal, un terroriste algérien condamné en France pour un projet d'attentat contre l'ambassade des États-Unis et devenu le mentor de nombreux djihadistes. « Le gouvernement a pris conscience de ce phénomène, plaide Clara. On isole désormais les détenus prosélytes dans des quartiers spécifiques, à l'écart de la population carcérale. Par ailleurs, la propagande de Daech est puissante sur les réseaux sociaux. Elle utilise les codes des jeux vidéo pour séduire les jeunes. Daech a parfaitement assimilé les codes de communication du monde moderne même si l'État islamique renvoie à un monde qui est tout sauf moderne. C'est sa force. »

« Comment avez-vous travaillé pendant les attentats du 13 novembre ? » « Notre service s'est mobilisé pour accélérer la fermeture des frontières, décidée par François Hollande le soir des attentats. Notre rôle, à la DOD, était de recueillir des infos sur les véhicules en partance pour la Belgique. Nous avons apporté à la DGSI des éclairages sur les entrées et les sorties du territoire. Nous avons reconstitué l'historique de l'attentat, pour mieux comprendre leur mode opératoire : comment le commando d'Abaaoud est entré, qui étaient ses complices, de quelle logistique il a disposé... » « Mais comment Salah Abdeslam a-t-il pu passer aussi facilement la frontière avec sa Clio noire le samedi 14 novembre, au lendemain des attaques ? » « Parce qu'il n'était pas encore identifié comme un des terroristes du 13 novembre. Ça s'est joué à une heure près. »

« Comment les terroristes du 13 novembre ont-ils pu aller et venir entre Paris et Bruxelles en toute impunité, et échapper à vos radars ? Abdelhamid Abaaoud faisait pourtant l'objet d'un mandat d'arrêt international… » « C'est la PAF[1], et non les douanes, qui contrôlent les passeports à l'entrée du territoire. Les terroristes ont profité de la liberté de circuler offerte par l'espace de Schengen, et de l'absence de contrôle systématique à la frontière franco-belge. Quant à Abaaoud, il a probablement utilisé un faux passeport. » Elle marque une pause. « Mais nous avons aussi eu des succès. Par exemple, ce sont nos douaniers qui, lors d'un contrôle inopiné dans un bus Eurolines à Marseille en provenance de Bruxelles, ont interpellé le terroriste Mehdi Nemmouche, qui a tué quatre personnes au Musée juif de Bruxelles en 2014. Un douanier a repéré la kalachnikov qui sortait du sac du terroriste. »

« Avez-vous d'autres exemples récents ? » « Oui. La DOD a repéré des personnes liées à la cellule de djihadistes de Verviers, en Belgique. Ils tentaient de partir vers l'Italie. Nous les avons interpellés puis assuré la liaison avec le Parquet antiterroriste de Paris pour les extrader vers la Belgique. » Le 15 janvier 2015, une semaine après la tuerie de *Charlie Hebdo*, la police a démantelé une cellule mise en place par Abdelhamid Abaaoud, le cerveau présumé des attentats du 13 novembre. « La douane joue un rôle de sentinelle sur le territoire. Notre service de renseignement est modeste, certes, mais possède un vrai savoir-faire. »

Un détail m'interpelle : « Vous dites toujours "nous". Mais tout ce dispositif, c'est bien votre œuvre ? » Clara botte à nouveau en touche, gênée : « Les femmes ont souvent du mal à dire "je"… Vous savez, dans le renseignement, on a dépassé l'époque des femmes alibis. Elles sont de plus en plus diplômées, compétentes, et largement aussi intelligentes que certains agents. Elles arrivent à se positionner et à trouver leur place. En tant que manager, je les encourage à prendre des risques, à choisir des postes où elles ne se projettent pas. » « Quel rôle peuvent-

1. Police aux frontières.

elles jouer dans la lutte anti-terroriste ? » « Avec des sources radicalisées, nos agents peuvent reproduire une relation mère-fils, ou le côté “sœur” aussi, qui marche très bien. Il faut savoir jouer sur tous les codes culturels. »

Je l'observe un instant en silence. Finalement, Clara n'a éludé aucune question. Elle qui, au départ, ne voulait pas me rencontrer, m'a finalement consacré trois heures de son temps. Je m'aventure sur le terrain, plus *touchy* avec elle, de l'intime : « Avez-vous des enfants ? » « Non. » « Je peux vous demander pourquoi ? » « C'est un choix personnel. » Je sens qu'elle se rétracte, perceptiblement tendue. Je blague pour tenter de la détendre : « Vous êtes mariée à votre travail… » Elle sourit : « Certains le disent ! » « Quel est votre modèle féminin ? » Elle réfléchit : « Je dirais M, la patronne de James Bond. Elle garde une grande réserve et du sang-froid face à un macho de première. » À mon tour de sourire : « On dirait que vous parlez de vous… Vous aimeriez, comme elle, diriger un jour un service de renseignement ? » Clara esquisse un sourire énigmatique : « À 44 ans, je suis trop jeune. Mais impossible n'est pas français… »

Louise

Après Clara, je règle mon viseur sur la dernière femme de pouvoir du renseignement douanier : la nouvelle patronne de l'antiterro. À 40 ans, Louise dirige un service dont le nom, à connotation très virile, semble tiré d'un western : le GOLT, le Groupe opérationnel de lutte contre le terrorisme. Je me frotte les mains. La récente nomination d'une femme à ce poste clé confirme mon hypothèse de la montée en puissance des femmes dans ce domaine. Las ! Comme pour Clara, j'ai dû à nouveau ronger mon frein avant de la voir. Annoncée peu avant les attentats du 13 novembre, elle est finalement arrivée le 1er février. Je lui ai laissé le temps de s'installer et de prendre les rênes de son service avant de lui envoyer un mail. Je suis plus qu'impatiente de découvrir cette quadragénaire à la tête d'une *task force* de huit agents aguerris, et uniquement des hommes. Sa mission ? Faire exister ce petit service de la lutte antiterro parmi les poids lourds du renseignement, notamment la DGSI et la DGSE. Signe intéressant : mon rendez-vous tombe le 7 mars, à la veille de la Journée internationale pour les droits des femmes.

Une blonde énergique au brushing impeccable, qui semble sortir d'une série télé californienne, vient me chercher d'un pas pressé dans le hall de la DNRED. Elle me conduit au premier étage, dans son bureau, que je scanne d'un coup d'œil. Zut, aucun détail personnel, uniquement des piles de dossiers, un coffre-fort pour les documents sensibles et des mappemondes épinglées au mur. Je la sens pro jusqu'au bout de ses escarpins vernis. Rien à voir avec mes premières baroudeuses flamboyantes. Il va falloir manœuvrer habilement pour éviter un langage trop lisse, ou pis, trop institutionnel.

Pour une fois, je démarre l'interview en savourant mon plaisir : « J'étais impatiente de vous voir car vous êtes la preuve que les femmes montent en puissance dans la lutte antiterro. » À mon grand étonnement, elle lève un sourcil sceptique : « Ah bon ? Pourtant, dans les réunions interservices, je suis souvent la seule. » Ah non, elle ne va pas dézinguer ma belle théorie. Je ne me démonte pas : « Elles sont rares, c'est vrai. Mais elles occupent des postes clés. Dans la lutte antiterro, vous avez au moins trois homologues féminins dans les autres services : à la DGSI, à la DGSE et au SCRT. » Je marque un point. « Je l'ignorais, reconnaît-elle. Je ne suis là que depuis deux mois. Je n'ai pas encore rencontré tout le monde. » Ma surprise grandit d'un cran : les responsables antiterros des services de renseignement ne sont-ils donc pas en contact régulier ? Cela en dit long sur le fonctionnement en vase clos des différents services. Louise comprend ma réaction : « Rassurez-vous, je compte bien nouer des liens avec mes homologues. Je ne vais pas attendre les réunions officielles pour me présenter, leur parler et travailler ensemble. Je crois au contact direct, bilatéral, pour gagner en efficacité. » Maligne, Louise a compris la nécessité de décloisonner le monde du renseignement : les services restent des administrations, avec leurs lourdeurs et leurs rivalités patentées.

Comment Louise s'est-elle retrouvée à ce poste clé ? Bourguignonne, fille de profs, diplômée de Sciences Po, entrée en douanes à 23 ans, Louise a intégré la DNRED à 27 ans comme enquêtrice. Sept ans plus tard, elle réussit le concours d'inspecteur principal et grimpe dans la hiérarchie. Début 2013, elle devient chef de la section prohibition à la Direction générale des douanes, à Montreuil. C'est là que son parcours devient intéressant. Son quotidien ? « Les armes, le matériel de guerre, les produits explosifs et les biens à double usage, civils et militaires, m'explique-t-elle. Il peut s'agir de centrifugeuses, utilisées dans l'industrie classique comme dans le nucléaire. Ou d'armes chimiques, bactériologiques, les virus, le gaz moutarde, le gaz sarin… Ces produits sensibles peuvent potentiellement tomber entre les mains des terroristes », affirme-t-elle.

Sa carrière bascule avec les attentats de *Charlie Hebdo* et de l'Hyper Cacher. « Le 9 janvier 2015, vers 17 heures, j'étais dans mon bureau à Montreuil, à 200 mètres de la porte de Vincennes. J'ai entendu les échanges de tirs pendant l'assaut du Raid contre Amédy Coulibaly dans l'épicerie cacher. J'ai été très marquée. Je me sentais inutile et impuissante. Voilà pourquoi, en août 2015, j'ai postulé au GOLT. »

Depuis les événements du 13 novembre, son service a rapidement grossi : « Nous sommes passés de deux à huit agents. Nous avons aussi un officier de liaison à la DGSI, dans la cellule Allat. » J'affiche une moue sceptique : « Une seule cellule interservices suffit-elle face à l'ampleur de la menace terroriste ? » « Si elle fonctionne bien, et si les services jouent le jeu, oui. » Je reviens à l'attaque : « Ne faudrait-il pas plutôt envisager une réforme plus profonde des services de renseignement, comme les Américains l'ont fait après le 11 septembre 2001 ? Les grands services regardent souvent de haut les "petits" services comme le vôtre. Cela doit forcément nuire à la chaîne du renseignement… » « C'est vrai que la DGSI et la DGSE écrasent un peu tout le reste, reconnaît Louise. Et les services de renseignement ont une culture du repli sur soi et de l'entre-soi. On a progressé avec la création des cellules Allat et Hermes. À nous de montrer que nous pouvons leur apporter un soutien déterminant. Nos pouvoirs administratifs sont étendus. Un douanier peut ouvrir le coffre de votre voiture, perquisitionner chez vous ou dans votre entreprise, prendre la place de votre facteur pour livrer un colis suspect… En plus de ces pouvoirs douaniers, nos agents du GOLT utilisent les techniques récemment légalisées par la loi du renseignement : les interceptions de sécurité (les fameuses écoutes), la sonorisation des locaux privés et professionnels (poses de micros ou de caméras vidéos), les Imsi-catchers, les mouchards dans les voitures… Enfin, nous avons aussi nos 16 000 douaniers qui, dès qu'ils remarquent quelque chose de suspect, nous remontent du renseignement via des fiches de signalement. »

« Quels types de renseignements vous parviennent ? » « Les douaniers saisissent régulièrement des livres prosélytes ou des prospectus de propagande pro-Daech, qu'ils trouvent dans des appartements ou des voitures. Récemment, nous avons saisi dans le coffre d'une voiture une dizaine de téléphones portables. Et dans la boîte à gants, un billet d'avion pour la Syrie. Nous avons relevé un maximum d'informations : la plaque d'immatriculation, le numéro du billet, les numéros de téléphone… Nos renseignements sont précis et factuels, un peu "ras les pâquerettes". Nous ne faisons pas d'analyse globale du phénomène djihadiste comme la DGSI. » « Vous avez d'autres exemples de signaux faibles ? » « Oui, début mars 2016, à Roissy, nous avons saisi un colis contenant 13 passeports syriens, à destination du Moyen-Orient. Des djihadistes pourraient les utiliser pour se glisser parmi les flux de migrants et venir en Europe. »

Elle réfléchit : « Récemment, lors d'un contrôle sur la route, nous avons intercepté des jeunes avec 17 000 euros en liquide sur eux. Ils collectaient des fonds pour construire un lieu de culte à l'étranger. Un dernier exemple : à Roissy, nous avons trouvé un colis contenant un seul téléphone venant d'Afghanistan. À qui appartient-il ? Contient-il un message caché ? Même s'il n'y a pas d'infraction, ce n'est pas anodin. » « Et que faites-vous de ces renseignements ? » « À nous d'enquêter pour en savoir plus. Beaucoup de signalements viennent de Roissy, de l'autoroute vers la Belgique et de l'est de la France. Depuis deux mois et demi, nous avons reçu 450 fiches de signalement. Environ 30 % sont intéressants, et 10 % concernent des personnes fichées "S". J'ai aussi demandé que tout contrôle douanier d'une personne fichée "S" remonte au GOLT. Nous enrichissons ces renseignements, puis nous les transmettons à la DGSI, à la DGSE ou à la DRM, ainsi qu'à nos autorités politiques. La douane a beaucoup d'informations, mais qui sont éparpillées. Mon job est de structurer, de systématiser et de centraliser toute la remontée d'informations sur la lutte antiterro. D'ici 2018, j'aurai douze agents dans mon équipe. Je veux faire monter le GOLT en puissance. »

Je perçois son enthousiasme et sa motivation. Néanmoins, je la pousse à aller plus loin : « Que représente le contrôle douanier parmi les flux de marchandises ? Je crois que c'est assez faible... » « Oui, environ 1 % des marchandises sont contrôlées. Je sais, c'est peu. Nous contrôlons peu, mais mieux, et de manière plus ciblée. Nous surveillons les colis qui transitent par la France via Roissy, en provenance de pays sensibles : Irak, Syrie, Turquie, Mali, Yémen, Mauritanie, Arabie Saoudite... Nous trouvons des faux passeports ou des téléphones portables, qui servent à communiquer de façon non-identifiable. Ces saisies nous permettent d'identifier de nouveaux individus de la sphère terroriste, qui échappent aux radars du renseignement. Un autre de nos défis est de construire un nouveau réseau d'aviseurs pour détecter les trafics multicartes dans la sphère radicalisée. »

« Vous êtes une experte en armes de guerre. D'où viennent les kalachnikovs, les fusils-mitrailleurs et le lance-roquettes tombés entre les mains des frères Kouachi, de Coulibaly et des terroristes du 13 novembre ? » « De Belgique, car là-bas, la réglementation est plus souple qu'en France. La plupart de ces armes viennent des pays de l'Est, et surtout d'ex-Yougoslavie. Elles ont été utilisées pendant la guerre en Bosnie et circulent au marché noir. Elles arrivent en France en pièces détachées dans des colis postaux ou dans des coffres de voitures. Les douanes en ont saisi 800 en 2014, et 1 200 en 2015. » « Combien d'entre elles ont un lien avec des individus radicalisés ? » « Je ne sais pas. On ne se posait pas encore la question. Le lien entre trafic d'armes et radicalisation est notre priorité pour 2016. »

« Pourquoi dans les services, la lutte antiterroriste attire-t-elle tant les femmes ? » « Elle attire autant de femmes que d'hommes. Mais celles qui percent dans ces milieux masculins ont des caractères forts. Elles sont très déterminées. Peut-être sommes-nous plus motivées parce que nous sommes en position de challenger. » « À quels types de stéréotypes êtes-vous confrontée ? » Louise grimace : « Quand j'arrive en salle de réunion, les hommes qui ne me connaissent pas se montrent condescendants. Ils se disent : "Elle est gentille, mais elle ne va pas révolutionner le monde." » « Comment désamorcez-vous ces stéréotypes ? » Elle sursaute, étonnée : « Je ne les désamorce pas ! Au contraire, je les utilise à mon avantage. C'est finalement utile d'être considérée comme un petit être fragile qui ne fera pas de mal. Du coup, les hommes se méfient moins de moi. »

« Vous avez des enfants ? » « Non, je n'ai pas rencontré l'âme sœur masculine. Mais cela ne me pèse pas. Je suis très indépendante. » « J'ai interviewé vos aînées, les pionnières du renseignement douanier, qui sont tombées dans un nid de machos. Aujourd'hui, c'est vous qui avez autorité sur tous ces hommes. Comment le vivez-vous ? » « Les pionnières ont essuyé les plâtres et ouvert les portes à ma génération. Elles ont fait évoluer les mentalités. Et les hommes d'aujourd'hui ne sont pas les machos d'hier. Ils sont plus lisses, plus formatés, plus modernes. En tant que femme, j'espère seulement qu'un jour, nous ne serons plus perçues comme des exceptions. »

CHAPITRE 2

Au cœur des services secrets de Bercy

« La parité ? Je ne vois pas l'intérêt de votre question. »

Bruno Dalles, directeur de Tracfin

Après le renseignement douanier, je m'immisce dans un autre petit service, tout aussi méconnu du grand public, qui travaille également sur les signaux faibles du terrorisme. Son nom ? Tracfin [1]. Une tâche rude m'attend dans cette enclave de Bercy située à Montreuil, en Seine-Saint-Denis. Car ce service, qui dépend aussi du ministère des Finances, incarne le renseignement dans sa version la plus bureaucratique. Comment rendre palpitante la vie de ces espionnes des finances, essentiellement des enquêtrices et des analystes, qui ne réalisent ni planques, ni filatures, ni arrestations musclées ? Derrière leurs ordinateurs, elles jonglent toute la journée avec des tableaux Excel et des colonnes de chiffres, pour détecter des flux d'argent frauduleux, les arnaques au fisc ou à la TVA. Vais-je rencontrer d'ennuyeuses gratte-papiers, des comptables pointilleuses ? Au fil des entretiens, mon radar s'affine sensiblement. Dès les

1. Traitement du renseignement et action contre les circuits financiers clandestins.

premières minutes, je sens désormais si telle espionne a de l'étoffe ou pas, si elle a le sens du récit, le goût de l'anecdote, un talent pour narrer sa propre histoire avec humour ou autodérision. Si elle est capable de m'intriguer, de me surprendre, de me tenir en haleine. Je devine assez vite quelles espionnes j'épinglerai à mon tableau de chasse. Et sans état d'âme ; les autres, trop fades, trop lisses, trop technocrates ou trop langue de bois, passeront à la trappe et retourneront dans les limbes des services secrets.

Après quinze minutes de marche sous un crachin glacial, je parviens devant une haute façade anthracite ornée d'un drapeau tricolore. Là encore, à ma grande surprise, je ne vois aucun dispositif sécuritaire. Je décline mon identité à l'hôtesse d'accueil et grimpe au cinquième étage. Lorsque les portes de l'ascenseur s'ouvrent, je tombe néanmoins sur un tube sphérique à rayons X gardé par un agent de sécurité. Une fois scannée, identifiée, contrôlée, je pénètre dans un couloir feutré aux murs de bois blond, tapissé de moquette épaisse.

Créée il y a vingt-cinq ans, cette cellule d'enquêteurs lutte contre les escrocs en col blanc qui ne braquent aucun fourgon blindé, ne forcent pas de coffres-forts et n'utilisent pas de gros calibres. Armés de leurs téléphones et de leurs ordinateurs, ces experts de l'arnaque financière créent des sociétés écrans, élaborent des montages bancaires complexes, ouvrent des comptes offshore dans des paradis fiscaux, pour frauder le fisc, blanchir de l'argent sale et, parfois, financer le terrorisme. Selon un rapport de la Commission européenne de février 2014, la corruption coûterait 120 milliards d'euros à l'Europe, et la fraude fiscale en France jusqu'à 80 milliards d'euros à l'État.

Comment les agents de Tracfin repèrent-ils ces voyous de la finance ? Chaque année, des banquiers, des notaires, des assureurs ou des organismes de crédit qui soupçonnent des malversations, leur envoient environ 40 000 déclarations d'opérations financières douteuses. Tracfin trie, classe, priorise et mène l'enquête. Avec un pouvoir intrusif important : ses agents s'infiltrent dans nos comptes bancaires, épluchent nos déclarations d'impôts, scannent notre patrimoine. Une fois les infractions avérées, cette cellule de renseignement financier transmet près de 500 dossiers par an au procureur de la République, dont une part grandissante concerne des activités terroristes.

L'argent, les terroristes en ont besoin pour acheter leurs armes, louer des voitures, se cacher dans des chambres d'hôtel et financer les attentats. Tracfin peut repérer les réseaux terroristes via leurs paiements et leurs transferts d'argent. En 2015, le ministère des Finances a décidé de frapper ce nerf de la guerre, en favorisant la coopération de sa cellule de renseignement avec les autres services. Depuis 2015, Tracfin dispose d'un agent de liaison à la DGSI, au sein de la cellule Allat. Et le Plan Michel Sapin de lutte contre le financement du terrorisme (mars et novembre 2015) renforce davantage ses pouvoirs. Dix agents supplémentaires, dédiés à la lutte antiterroriste, seront recrutés d'ici trois ans. Et depuis début 2016, Tracfin peut accéder au « FPR » (le fichier des personnes recherchées, environ 400 000 personnes), qui contient notamment les fameuses « Fiches S », ciblant les personnes pouvant porter atteinte à la sécurité de l'État (environ 20 000 personnes, dont 10 500 fichées pour leur appartenance à la mouvance islamiste). Les services secrets de Bercy pourront ainsi suivre en temps réel, non seulement les déplacements des individus suspects, mais aussi leurs mouvements financiers. Tracfin a également le pouvoir de geler les avoirs des terroristes, leurs biens immobiliers et leurs prestations sociales.

Au fur et à mesure que mon enquête avance, de nouvelles questions surgissent. Combien coûte un attentat comme celui de *Charlie Hebdo* ou du 13 novembre ? Bruno Dalles, le directeur de Tracfin, avance deux chiffres : « On estime à 500 000 dollars le coût des attentats du 11 septembre 2001, et à 30 000 euros ceux du 13 novembre. Mais ces chiffres sont invérifiables. »

Près de 118 agents, dont la moitié de femmes, travaillent dans ces bureaux fermés et silencieux. Bonne surprise : si Tracfin est le plus petit service de la communauté du renseignement, il est le plus paritaire, avec 48 % de femmes. Paradoxalement, je découvre que son directeur, Bruno Dalles, ne porte aucun intérêt à ce débat : « La parité ? Je ne vois pas l'intérêt de votre question. Dans le renseignement, nous avons largement dépassé les stéréotypes de genre qui voudraient que les femmes soient cantonnées à des fonctions administratives. Tandis que les hommes garderaient l'opérationnel et le stratégique. » Je réplique : « Pourtant, c'est exactement ce que reflètent les services. Tracfin est le plus "administratif" et le moins opérationnel des services. Et c'est là que les femmes y sont le plus nombreuses. » Il a eu l'honnêteté de le reconnaître. Je persiste : « Pour vous, la parité n'est-elle pas un facteur de richesse, voire de performance et d'efficacité ? » « Non, je ne regarde que la compétence, pas le genre. Entre deux candidats à compétences égales, entre un homme et une femme, je ne choisirai pas la femme. Ce ne serait pas lui rendre service. Je continuerai à chercher pour recruter le meilleur des deux. » Certes, mais il omet le phénomène de la cooptation masculine, qui domine aujourd'hui dans le processus de recrutement. Combien d'hommes incompétents ont « grillé » la politesse à des femmes compétentes ? J'ai une pile de témoignages sur ce sujet. En écoutant le directeur de Tracfin, je mesure à quel point les hommes ne sont pas prêts à lâcher le pouvoir.

En attendant ma première candidate, je m'installe dans une salle de réunion impersonnelle, cette fois-ci sans fenêtre. Je positionne une chaise vide bien en face de moi, pour avoir ma cible dans mon champ de vision. Malgré ma morosité, je me surprends à espérer. Que me réservent les espionnes de Bercy ? Je ne vais pas tarder à le savoir. La porte s'ouvre d'un coup sec.

Anna

J'étouffe un bâillement. À cet instant, je l'avoue sans peine : mon niveau de désirabilité pour cette nouvelle candidate est proche de zéro. Je me résigne à rencontrer une bureaucrate sans saveur qui n'a jamais posé un orteil sur le terrain, aussi fade et grise que ces murs sans âme. Une analyste financière plongée dans des normes internationales, des typographies et des rapports annuels. Ici, pas de filature à hauts risques, pas d'écoutes palpitantes, pas d'identité fictive, pas de légende, pas d'adrénaline. Anna, enquêtrice à Tracfin, ne quitte jamais son bureau, maniant des bases de données complexes et incompréhensibles pour les non-initiés. Rien de très excitant pour moi. Cette espionne des chiffres a donc peu de chance de figurer dans ma short-list...

En la voyant, je révise immédiatement mes a priori. Je me redresse sur mon siège et sors de ma léthargie. Grande, mince, blondeur hitchcockienne, tout entière vêtue de noir – col roulé, jean-slim et boots en cuir sans talons – elle ressemble à l'héroïne venue du froid d'un polar scandinave. C'est déjà un bon début. De toutes les femmes que j'ai pu approcher jusqu'à présent, c'est elle qui rejoint le plus le mythe de l'espionne – du moins en apparence. J'y vois un signe prometteur. Je le lui fais d'emblée remarquer, en plaisantant pour la mettre en confiance et détendre l'atmosphère : « Vous avez un vrai look d'espionne ! » Elle hausse les sourcils et me renvoie du tac au tac : « Ce n'est pas volontaire. Mais vous aussi, vous êtes en noir ! » Très juste. Outre sa plastique de James Bond girl, elle a le sens de la répartie. Je la réhabilite illico dans mon panel.

Elle s'assied devant moi. Derrière sa voix grave, qui emplit toute la pièce, je sens une personnalité affirmée. Cette espionne des chiffres ne s'en laisse pas compter, si j'ose dire. Réfléchie, dense, prudente, elle me fait penser à Vesper Lynn, la James Bond girl de *Casino Royale*, le grand amour de Daniel Craig, et aussi grande argentière gérant les fonds spéciaux des services secrets britanniques. À 36 ans, habilitée « secret défense », Anna est enquêtrice dans la Division de lutte contre le financement du terrorisme. « Depuis les attentats du 7 janvier, c'est devenu la priorité de notre service, m'explique-t-elle. Notre équipe a été renforcée et le sera encore dans les prochaines années, avec dix nouveaux agents d'ici trois ans. Notre tâche est de détecter, surveiller et agir. »

« Comment détectez-vous les individus dangereux en restant derrière votre ordinateur ? » « Lorsqu'un djihadiste s'apprête à partir dans la zone irako-syrienne, il achète son billet d'avion, vide son compte en banque pour récupérer un maximum d'argent liquide. Un retrait inhabituel sur le compte d'une personne fichée “S” peut signifier qu'elle s'apprête à acheter des armes ou une ceinture d'explosifs pour commettre un attentat sur le sol français. Aujourd'hui, les djihadistes commencent à se méfier car ils ont compris que des mouvements suspects d'argent sur leurs comptes attirent l'attention des services secrets. Au moment du départ en zone de guerre, au lieu de vider leurs comptes, ils laissent un peu d'argent et confient leur carte bleue à un proche, pour déjouer les soupçons. Ils font preuve d'une redoutable capacité d'adaptation. »

« D'après vous, combien coûte un attentat ? » « Tout dépend de son ampleur, explique Anna. Parfois, il suffit d'une poignée de milliers d'euros. Sur Internet, le prix d'une kalachnikov varie entre 500 et 2 000 euros. Rajoutez des explosifs sommaires, une location de voiture, une cache et des téléphones portables. Les terroristes sont dans le micro-financement. Ils utilisent aussi le financement alternatif avec des cartes prépayées et des transferts d'argent par des sociétés comme Western Union. » En décembre 2015, Amédy Coulibaly, avait contracté un prêt de 6 000 euros auprès de la société Cofidis, spécialisée dans les crédits à la consommation, pour financer l'attaque de l'Hyper Cacher.

« Concrètement, comment travaillez-vous ? » « Je n'ai pas le droit de m'autosaisir, précise-t-elle. Je mène des enquêtes très intrusives autour d'une personne sur lesquelles pèse une déclaration de soupçon. Je peux avoir accès à votre déclaration de revenus, à celle de vos parents, à votre patrimoine, à votre permis de conduire, à votre carte grise, à votre compte bancaire, à vos comptes d'assurances vie. Je peux même poser des questions à l'étranger pour savoir si vous êtes titulaire de comptes. J'entre dans la vie des gens. Néanmoins, mon travail est très encadré par le code monétaire et financier. Il y a une base légale. Je n'ai pas le droit d'espionner les relevés bancaires de mon voisin. »

« Comment les auteurs du 13 novembre ont-ils financé leurs attaques ? » Anna se rétracte aussitôt et secoue la tête : « Je ne peux pas vous parler de mes enquêtes en cours. » Elle croise les bras, pour bien me signifier qu'elle n'en dira pas davantage. Je ravale ma frustration et change de stratégie. Surtout ne pas l'attaquer bille en tête. Je contourne ses défenses en l'interrogeant sur son enfance. « Où êtes-vous née ? » « En Auvergne. Mais je n'y ai jamais vécu. Je suis l'aînée et la seule fille dans ma famille, je dirigeais mes frères. Cela développe un sens naturel du leadership. Mon père est géographe. Il fait parler la terre, et moi les chiffres. Dans mon travail comme dans la recherche, il faut un esprit logique, rationnel, curieux, organisé et méthodique. »

En évoquant son enfance, Anna se détend visiblement. Je reviens à la charge sur le terrorisme. « Comment avez-vous vécu les attentats du 7 janvier et du 13 novembre ? » « J'étais sur le pont, au bureau. Mais à Tracfin, nous ne sommes pas en première ligne comme la DGSI et la DGSE. J'ai participé aux enquêtes d'environnement financier des terroristes. » « Quelles nouvelles tendances voyez-vous émerger en matière de financement du terrorisme ? » « Les modes opératoires changent et se modernisent, c'est vrai, reconnaît-elle. Les terroristes utilisent de plus en plus les cartes prépayées, sur le modèle des cartes téléphoniques. Comme elles dispensent de fournir une pièce d'identité, elles sont quasiment indétectables. On peut retirer jusqu'à 2 500 euros. Elles ont clairement joué un rôle dans la préparation des attentats du 13 novembre. » Le commando d'Abaaoud a effectivement utilisé ces cartes qui permettent de garder l'anonymat pour réserver des chambres d'hôtel de banlieue parisienne la nuit précédant les attentats. Cet outil discret, pas tracé, remplace de plus en plus le cash dans l'économie souterraine et dans la criminalité organisée. Au printemps 2016, Bercy tente d'encadrer plus fortement l'utilisation des cartes prépayées et a renforcé le dispositif de gel des avoirs des terroristes.

« Voyez-vous d'autres nouveautés ? » « Les terroristes utilisent aussi le *crowdfunding* (financement participatif) pour lever des fonds sur les réseaux sociaux, souligne Anna. Ils lancent des appels à des dons sur Facebook ou Twitter. Soit de manière individuelle, soit par le biais d'organismes caritatifs. En novembre 2014, l'association humanitaire française "Perle d'espoir" a été condamnée car une partie de leurs fonds a servi à financer des activités djihadistes. La presse a relayé l'affaire. » Cette association a lancé des appels aux dons via les réseaux sociaux pour venir en aide aux enfants syriens et palestiniens. En réalité, l'un des dirigeants, âgé de 22 ans, a remis d'importantes sommes d'argent à des groupes islamistes avant de partir combattre en Syrie.

« Confrontée à ces nouveaux modes opératoires, comment envisagez-vous l'avenir ? » « Je suis angoissée pour mes enfants, âgés de 9 mois et 4 ans, avoue-t-elle. Entre mes journées à travailler sur le terrorisme et l'actualité des attentats, finalement, je ne décroche jamais. J'en deviens un peu pessimiste. » Son regard se trouble un instant, mais elle reprend vite le dessus et conclut d'un sourire bravache : « Je m'oblige à être optimiste malgré tout. »

Marie

Dès qu'Anna s'éclipse, une nouvelle espionne entre dans la pièce dans des effluves de patchouli. Je serre la main d'une quinquagénaire BCBG, qui ressemble à un mix entre Hillary Clinton et « M », la patronne du MI6 dans James Bond incarnée par Judi Dench. Plus âgée qu'Anna, Marie transpire l'autorité, l'assurance, le self-control. Je flaire d'emblée l'attitude d'une femme de pouvoir. Tout semble structuré en elle : ses cheveux blonds coupés courts, sa frange effilée au millimètre près, sa chemise blanche sans faux pli, et jusqu'à son sourire aux dents parfaitement alignées.

J'ai vu juste : chez Tracfin, Marie occupe un poste élevé dans la hiérarchie. Elle s'empresse de me le signaler, signe que le statutaire a de l'importance pour elle : « Je suis adjointe de la chef du DARI, le département de l'analyse, du renseignement et de l'information, m'explique-t-elle. Je supervise environ une quarantaine d'agents répartis en quatre divisions. » Surprise, je m'exclame : « Vous êtes deux femmes à la tête d'un département dédié au renseignement ? » « Oui. Et dans mon service, nous avons même une légère majorité de femmes. Le département des enquêtes, en revanche, est plus masculin. »

Marie ne semble pas du genre à se laisser déstabiliser. Parfait. Je la regarde droit dans les yeux et entre dans le vif du sujet : « Comment avez-vous vécu les attentats du 7 janvier et du 13 novembre ? » Elle soutient mon regard sans sourciller : « Notre premier réflexe a été d'épauler du mieux possible la DGSI, qui est en première ligne. Et notre deuxième réflexe a été de ressentir un peu de culpabilité... » Je hausse les sourcils. Mon attention monte d'un cran. Elle hésite, réfléchit, puis se rétracte : « Non, c'est un mot trop fort. Comme on ne va pas sur le terrain, je ne me suis pas dit : "On aurait dû le voir." J'ai plutôt pensé : "J'espère que je n'ai pas sous-estimé la gravité d'un renseignement qu'une banque ou une assurance m'aurait transmis." C'est une peur que nous avons chaque jour. »

J'enchaîne les questions sans temps mort. « Croyez-vous à un futur 11 septembre européen dans les années à venir ? Des attaques simultanées, le même jour dans plusieurs pays, comme vient de le déclarer à l'AFP un responsable de la lutte antiterroriste ? » Marie lève les yeux au plafond : « Il ne faut pas sombrer dans le catastrophisme ou la peur du cataclysme. Nous sommes très bien protégés en France. Je n'ai pas de crainte d'un événement de type "bombe à la Tour Eiffel". » Sa réponse me surprend beaucoup. Pour avoir interviewé plusieurs experts du renseignement, je la trouve bien sûre d'elle et ne partage pas du tout son optimisme. « S'il existe ce genre de projets, ils seront détectés, affirme-t-elle. L'état d'urgence a ceci de bénéfique que l'on trouve de plus en plus de caches d'armes. Les risques de gros attentats s'amenuisent de jour en jour. En revanche, comme nous ne pouvons surveiller tout le monde, nous ne sommes pas à l'abri d'actes individuels, et pas forcément à Paris. Ce type d'attaques, hélas, je les crains fortement. »

« Vous aurez bientôt accès aux fameuses fiches "S" de la DGSI. En quoi cela va-t-il modifier votre travail ? » « Je ne les ai pas encore vues. Nous allons matcher ces fiches avec notre base, pour voir si certaines personnes fichées "S" sont déjà connues de nos services. Nous sensibilisons aussi nos déclarants, comme les banques ou les organismes de crédit, sur les flux qui viennent de la zone turco-syrienne. Je ne vous dévoile pas un immense secret en vous disant que ces flux sont particulièrement regardés. Nous allons aussi sensibiliser nos déclarants sur cette liste de personnes surveillées par la DGSI. Si une personne fichée "S" vend sa maison pour partir en Syrie, la banque nous alertera. Nous pourrons contacter le Trésor pour geler les avoirs de ce djihadiste. Cette décision se prend par arrêté ministériel. Mais nous devons agir dans les 24 heures. »

« Et les cartes prépayées, utilisées par les auteurs des attentats du 7 janvier et du 13 novembre ? » « C'est une zone à risques, concède-t-elle. Ces cartes favorisent l'anonymat. Du coup, on perd la trace des terroristes. Pour lutter contre le financement du terrorisme, il faut garder une totale traçabilité des flux. »

Je marque un temps d'arrêt dans le feu de mes questions. Pour l'instant, Marie n'en élude aucune. Pour mieux cerner sa personnalité, j'essaie d'en savoir davantage sur son parcours. Est-elle une grande bourgeoise du 16e ? Ou issue d'une famille de notables de province ? Je découvre avec stupeur qu'elle est née en Lorraine, dans le bassin sidérurgique sinistré de Moyeuvre-Grande. Fille d'un ouvrier d'Usinor reconverti en épicier, Marie évoque une enfance plutôt solitaire et désargentée : « Comme mes parents travaillaient beaucoup, avec mon frère aîné, nous étions souvent livrés à nous-mêmes. » À la maison, l'éducation est très égalitaire, dégagée des stéréotypes filles/garçons. « Mon frère faisait la vaisselle et moi, je bricolais avec mon père. Et inversement. Mes parents ont eu l'intelligence de ne pas nous assigner à des rôles préétablis. » « Dans quel univers vous projetiez-vous ? » « Pas dans le renseignement ! Je rêvais de devenir chanteuse de rock, comme Kate Bush, Pat Benatar ou Blondie. »

Je lève le nez de mon carnet de notes et fixe Marie avec étonnement. « Vous êtes ma première espionne rockeuse ! » Elle s'esclaffe : « Ici, je suis assez atypique, concède-t-elle. Comme fond d'écran de mon ordinateur, j'ai mis une photo d'Iggy Pop torse nu. Ce n'est pas vraiment dans les codes de la maison... Adolescente, j'ai appris par cœur les chansons de grandes icônes féminines du rock. J'enchaînais les chorégraphies dans ma chambre. Hélas, comme je chantais trop mal, j'ai dû abandonner l'idée de fonder un groupe pour suivre des études de droit à Metz. » Elle entre à la direction générale des finances publiques. Du rock aux impôts ? C'est plutôt original !

Mais Marie ne supporte pas l'idée de s'ennuyer. Un jour, elle tombe sur une annonce publiée par Tracfin en 2012. « J'ai été instinctivement attirée. J'avais l'impression que l'annonce parlait de moi. En arrivant dans le renseignement, j'ai compris que je ne m'étais pas trompée. Ici, quand je traque la fraude, j'en vois directement les résultats. Les trafiquants sont emprisonnés et les réseaux de blanchiment d'argent sont fermés. J'ai la sensation d'être utile. C'est gratifiant et valorisant. » Elle éclate de rire : « Ce que je vous raconte est extrêmement égoïste, au fond. Travailler dans le renseignement, ça fait chic ! Quand j'en parle autour de moi – rarement, je vous rassure – mes proches ont des étoiles dans les yeux. C'est très amusant à voir. »

« Comment travaillez-vous au quotidien ? » « Nous recevons environ 40 000 déclarations de soupçons chaque année, que nous lisons chacune humainement pour déterminer le traitement le plus adapté. Même si nous ne sortons pas de nos bureaux, nous vivons des moments de grande intensité. Par exemple, comme la population vieillit, les cas d'abus de faiblesse sur des personnes âgées augmentent. Nous sommes très vigilants et réactifs, car il arrive que ces personnes âgées soient séquestrées ou menacées. » Elle cite l'exemple d'un guichetier de banque qui, à l'été 2013, voit arriver un vieil homme accompagné de son gendre. Il venait de vendre un bien et voulait transférer les fonds sur le compte de son gendre. « Le banquier, affolé, nous a envoyé une déclaration de soupçon, raconte Marie. Nous avons ouvert une enquête et découvert que le gendre était connu des services de police et avait fait l'objet de plusieurs plaintes. En réalité, le vieil homme qui souffrait d'un début d'Alzheimer, était séquestré et autorisé à sortir uniquement pour signer des papiers à la banque. Le gendre a été arrêté et mis en examen. Quand il y a péril sur la personne, c'est souvent une question d'heures. »

« Quels autres types d'infractions sont en augmentation ? »

« Les faux ordres de virements, répond-elle sans hésiter. On l'appelle la fraude du président. Un fraudeur se fait passer pour le PDG d'une entreprise et appelle le comptable pour transférer des fonds. "Virez 1 million d'euros sur tel compte, sinon vous êtes viré." Quand le virement est réalisé, nous avons cinq jours pour bloquer le transfert de fonds, et surtout, avant qu'ils ne partent à l'étranger. »

« Qui sont les grands blanchisseurs d'argent actuellement ? Les oligarques russes ? Les mafias napolitaines ? Les barons de la drogue d'Amérique du Sud ? » Elle rit devant mon avalanche de questions : « Oui, bien sûr, mais on fantasme aussi beaucoup là-dessus. En France, le blanchiment concerne surtout les PME et les TPE, souvent dans l'immobilier, le BTP, la restauration, voire les vignobles bordelais. Les groupes criminels organisés recherchent en permanence de nouveaux secteurs économiques, liés, notamment, à la hausse du commerce en ligne. »

Le quotidien de Marie se compose de fraudes fiscales, d'escroqueries aux faux sites Internet, de dessous-de-table lors de transactions immobilières, de recours à des sociétés écrans ou à des sous-traitants en cascade... Elle doit aussi démêler des montages financiers de plus en plus complexes, mis en place par la criminalité organisée pour blanchir de l'argent sale. « Tracfin enquête sur toute infraction passible d'au moins un an de prison ou participant au financement du terrorisme », explique-t-elle.

« Vous travaillez depuis des années sur les pires criminels et terroristes de la planète. Ressentez-vous une certaine fascination pour le mal ? » « Aucune ! s'exclame-t-elle. En revanche, j'essaie de me mettre à leur place pour imaginer le meilleur moyen de blanchir de l'argent. Suisse ? Luxembourg ? Panama ? Comptes offshore dans des pays peu regardants sur la fiscalité ? Je bâtis des scénarios. » Son visage se rembrunit sous le coup d'une colère froide. « Plus qu'une fascination pour le mal, je m'interroge sur la crédulité des victimes. Je me demande comment les escrocs parviennent à les embobiner en leur faisant miroiter un taux d'intérêt exorbitant et irréaliste à 18 %. C'est triste, car ces escrocs profitent de la misère humaine. Hélas, on croit davantage à ce genre de boniment en période de crise. »

« Que pensez-vous du mythe de l'espionne ? » « Je m'en tamponne ! Cela me fait doucement rigoler. On aime rabaisser les espionnes à des Mata Hari, à des femmes qui utilisent davantage leurs charmes que leur cerveau. C'est très mal connaître notre univers. »

« Pourquoi, d'après vous, les femmes agents secrets sont-elles plus invisibles que les hommes ? » « Parce qu'être invisible, dans notre univers du renseignement, c'est une force, un atout. Personne ne se méfie de nous. Vous savez, beaucoup d'hommes aiment parler de leur métier, car ils n'existent bien souvent qu'à travers leur vie professionnelle. J'ai le sentiment que les femmes ont moins besoin de parler de leur job car elles ne se définissent pas uniquement par rapport à leur métier. Je suis espionne, mais aussi mère de famille, féministe, passionnée de théâtre, de rock, d'opéra. Le renseignement reflète notre société, qui est encore très misogyne. Je revendique l'égalité tout en assumant ma féminité. Pour rien au monde je ne singerais les hommes, ni au travail, ni dans ma vie privée. Je suis très consommatrice, et alors ? J'aime faire les soldes, le shopping, j'ai dix sacs et trente paires de chaussures, et alors ? La vie serait triste sans ces plaisirs féminins. »

CHAPITRE 3

Avec les nouveaux « RG »

« Dans ma carrière, mes collègues m'ont inventé des tas d'amants. Je vais vous donner un scoop : les agents secrets sont des commères comme les autres. »

Isabelle, 53 ans

Je quitte la périphérie du renseignement pour m'approcher un peu plus de mon cœur de cible. Aujourd'hui, je plonge dans les arcanes du renseignement policier, dont le centre névralgique se situe place Beauvau, à Paris. C'est ici, au ministère de l'Intérieur, que travaille un service discret et très spécial. Au départ, son nom ne me disait rien : le SCRT. Quand j'ai compris que cette maison descendait directement des mythiques « RG », les Renseignements généraux, qui ont véhiculé tant de fantasmes, souvent soupçonnés de manipulation politique, qui ont alterné coups d'éclats et coups bas, mon attention s'est accrue, et mes yeux se sont plissés. Les RG ont été démantelés par Nicolas Sarkozy en 2008, à la suite de l'affaire Clearstream[1], au profit de la « maison »

1. Il a fait savoir qu'il voulait mettre au pas ces « officines » qui, selon lui, ont « pris pour cible » sa famille dans l'affaire Clearstream (source *L'Express*).

rivale, la DST[1] (devenue l'actuelle et puissante DGSI). Sous le coup de réformes en rafales, les RG ont été transformés en une Sous-Direction de l'information générale (SDIG), vite moribonde, puis en SCRT, créée en 2014. Même s'il ne fait partie « que » du deuxième cercle de la Communauté française du renseignement, ce service se reconstruit peu à peu et tente d'exister sur l'échiquier du renseignement, dominé par la DGSE et la DGSI. Sa force ? Son maillage territorial, tissé par 2 400 flics de l'ombre qui quadrillent toute la France, au plus près des citoyens, et fournissent du renseignement de proximité. Dans ces « RG » version 2016, j'ai rendez-vous avec trois femmes qui scrutent, guettent, analysent, dissèquent et anticipent les périls de demain au plus près de la population.

Le rôle du SCRT ? Surveiller les mouvements sociaux, les violences urbaines et les mouvances ultras de gauche et de droite. Depuis août 2015, le service a intégré la prévention du terrorisme et de la radicalisation parmi ses missions prioritaires. Dans la lutte antiterroriste, le SCRT représente une sorte de base arrière de la DGSI. Un tiers des effectifs est mobilisé sur ce sujet. Comme dans le renseignement douanier, je découvre à nouveau une femme aux avant-postes de la lutte antiterro : Isabelle, une commissaire de 53 ans, dirige la division D3, qui s'occupe des dérives urbaines et des replis identitaires. Cette unité centralise des dizaines de notes venues de toute la France. Prêches virulents, attitudes inhabituelles de convertis, regroupements suspects de radicaux : à Paris comme en province, la D3 agit en sous-marin pour détecter les signaux « faibles », ou « de basse intensité » du terrorisme.

« Le SCRT surveille typiquement des profils à la Amédy Coulibaly, m'explique un expert du renseignement. Sa mission ? Quand un délinquant de droit commun achète une caméra GoPro et des gilets chez Décathlon, retire 3 000 euros cash et compulse des sites djihadistes, le SCRT peut le repérer. Aux antipodes des logistiques lourdes et coûteuses type

1. Direction de la surveillance du territoire.

"11 septembre 2001", ce service surveille ce qu'on appelle le djihad du pauvre, ou djihad *low cost.* »

Le SCRT suit ainsi de près plus de 2 600 personnes signalées comme radicalisées à travers toute la France, pour en évaluer la dangerosité. Des velléitaires au djihad, radicalisés dans le verbe, qui tiennent un discours de haine, mais qui ne sont pas susceptibles de basculer dans l'action violente. Selon le ministère de l'Intérieur, on recensait plus de 4 300 signalements effectués depuis la création du numéro vert antidjihad. Quarante pour cent de ces signalements concernent des femmes, et 50 % des personnes récemment converties. La majorité a moins de 26 ans. Le service surveille ainsi ce que l'on appelle le « bas du spectre », laissant à la DGSI le « haut du spectre », les individus les plus dangereux. Ces « grandes oreilles » surveillent aussi les 2 500 mosquées et salles de prière en France, de plus en noyautées par les salafistes. Les 68 000 policiers de la Direction centrale de la sécurité publique, à laquelle le SCRT est adossé, sont autant de capteurs et de sources de renseignements.

Les méthodes de ces nouveaux RG ? Des moyens pointus d'interception, de géolocalisation et de sonorisation (poses de micros ou de caméras au domicile des cibles…), des planques dans les appartements, du camouflage militaire en zone rurale, des micro-caméras espions, des appareils à faible luminosité pour agir de nuit… Une quarantaine d'agents de la DNRA[1], le bras armé du SCRT, pratiquent aussi l'infiltration dans des lieux de culte radicalisés.

Dans ce service en reconstruction, les femmes s'imposent dans la hiérarchie. Et sur trois adjoints, je compte deux femmes dans la garde rapprochée du directeur du SCRT Jérôme Léonnet. Elles travaillent aussi sur le terrain, réalisent des planques devant des mosquées radicalisées de région parisienne. Enfin, parmi les six postes de chef zonal en province, deux sont occupés par des femmes.

1. Division nationale de la recherche et de l'appui.

Je pénètre sous la porte cochère du ministère de l'Intérieur, rue des Saussaies, et me plie aux désormais habituelles vérifications de sécurité. J'emboîte le pas d'une secrétaire dans un dédale de couloirs haussmanniens et de cours intérieures en chantier, jusqu'au bureau de ma première espionne des nouveaux RG. Je toque à sa porte.

Christine

Des loups, partout, sur chaque mur, me montrent leurs crocs d'ivoire, aiguisés comme des scalpels. Je souris intérieurement. Parfait, je tiens une bonne accroche pour le portrait de mon espionne. En dépit de ces affiches menaçantes, j'ai l'impression de pénétrer dans une tanière plutôt accueillante. Christine, 50 ans, adjointe du chef du SCRT, vous enveloppe dans sa rondeur joviale. En la voyant, je me dis : « Facile ! » Je l'observe du coin de l'œil déployer ses sourires, son affabilité, sa prévenance. Elle dégage une vraie gentillesse, que je sens sincère. Elle m'offre une tisane au miel dans un mug siglé du GAO – orné d'une tête de loup, forcément – le Groupe d'action opérationnel de la DGSI. Et là, j'ignore pourquoi, mais je tique. Je capte d'instinct le double message inconscient que m'envoie Christine : douceur du pelage, mais crocs pointus. Je devine que cette commissaire de police expérimentée, entrée aux RG en 2002, n'acceptera pas si aisément de tomber le masque devant moi.

Je démarre sur l'actu récente : « Comment avez-vous vécu les attentats de Bruxelles, perpétrés il y a deux jours, le 22 mars 2016 ? » « Je ne suis pas surprise par ces nouvelles attaques, répond Christine. Nous savons que de nouveaux attentats se préparent en France et en Europe. L'arrestation de Salah Abdeslam prouve que les enquêteurs ont fait du bon travail. Il y a une solidarité accrue entre les services de renseignements. » Je l'écoute me dérouler un discours policé, sans surprise, corporatiste, assez attendu, finalement, chez une fille et petite-fille de policier. C'est logique : la louve défend son clan.

« Pensez-vous que la fusion de la DST et des RG de 2008 par Nicolas Sarkozy a désorganisé le renseignement intérieur ? » Sous le coup de la lassitude, ses épaules s'affaissent de façon perceptible. Elle a dû souvent entendre cette question. Mais elle n'élude pas la réponse : « Les RG étaient bien implantés, réactifs, avec une bonne connaissance de nos thématiques. Mais il y avait un manque de communication avec la DST. Les deux maisons devaient évoluer. La fusion nous a permis de nous adosser à une grosse maison de la police nationale : la Direction centrale de la sécurité publique. Cette direction réalise une interpellation toutes les 13 secondes, et compte 68 000 effectifs, qui sont, pour nous, autant de capteurs implantés sur tout le territoire. Au SCRT, notre chaîne part du terrain. Notre travail est complémentaire à celui de la police et des gendarmes. » « D'une certaine manière, vous recréez les RG ? » « Non, nous essayons de créer un service de renseignement moderne, qui accepte de travailler avec les autres services. »

« Pourquoi avez-vous choisi le renseignement ? » « Je suis la dernière de cinq filles. Mon père dirigeait une compagnie de CRS. Il était à Orly le jour de l'attentat palestinien de la compagnie El Al, en 1978, où deux policiers et trois terroristes ont été tués. Pendant un après-midi, je ne savais pas s'il était vivant ou mort. Heureusement, il n'a pas été blessé. J'ai repris son flambeau. Avec mon père, j'ai une complicité forte, il y a une transmission forte. J'ai décidé d'entrer moi aussi dans la police, puis dans le renseignement, pour essayer de prévoir ce genre d'attentats, pour anticiper ces attaques. »

« Qu'est-ce qui vous a le plus marquée dans votre carrière aux RG ? » « À mes débuts, mon père m'a avertie. Il m'a dit que ce n'était pas facile pour une femme de travailler dans la police. Il avait raison. J'ai connu les coups bas, les rumeurs, le machisme, l'absence de reconnaissance et la difficulté de s'imposer en tant que femme. C'est un parcours semé d'embûches. Quand j'étais jeune commissaire, on m'appelait "mademoiselle". Puis ce fut "madame", ensuite "patron". Là, j'ai su que mes équipes m'avaient intégrée et reconnue. » « Et sur le terrain, avez-vous vécu des événements forts et intenses ? » Christine hausse les épaules, comme si elle évoquait un détail sans importance : « Oh, je me suis fait braquer plusieurs fois, et un forcené m'a collé un couteau sous la gorge. Rien que de très banal, ici. » Banal ? Je lève un sourcil circonspect.

« Et dans le renseignement ? Est-ce aussi difficile d'être une femme ? » « Pour survivre dans ce milieu, il faut être passionnée. À côté, plus rien n'existe. » « Dans votre service, la numéro 1 de la lutte antiterro est une femme, comme à la DGSI et dans le renseignement douanier. Comment l'expliquez-vous ? Pensez-vous que, pour s'affirmer, elles prennent plus de risques dans ce domaine très exposé actuellement ? » « Il est vrai que les femmes sont plus déterminées, car elles doivent faire leurs preuves. Je le vois dans mes équipes. Nous surinvestissons affectivement notre travail, quitte à sacrifier notre vie personnelle. Il y a quelques mois, par exemple, j'ai frôlé le *burn-out*. Je n'ai pas su m'écouter, je répondais à toutes les sollicitations, je ne prenais pas assez de congés. Et ici, le travail s'est accru. »

« Vous êtes-vous forgé une carapace ? » « Oui, bien sûr. On est obligé de mettre de la distance entre soi et sa fonction. Je rencontre parfois des gens qui ont envie de gratter pour voir ce qu'il y a dessous… » Je capte le message qu'elle m'adresse, l'air de rien : « Comme moi, vous voulez dire… » Elle sourit : « Oui, comme vous. Quand vous portez une carapace, ou une armure, vous risquez de vous isoler des autres. Ici, j'ai la réputation d'être dure et exigeante. » Je nuance son jugement : « Vous me semblez quand même sensible… » « Oui, mais je ne suis pas là pour vous le montrer. » En dépit de ses airs bravaches, je sens chez Christine la femme meurtrie, la louve blessée, mais toujours combative. Elle finit par m'avouer : « Je n'ai pas de mari, pas d'enfants, mais une vie professionnelle riche. » « Avez-vous des regrets ? » « Oui, bien sûr. Je regrette de ne pas avoir construit ma vie personnelle. Mais ici, au SCRT, j'ai trouvé ma fille de cœur. Je n'ai pas de famille, mais j'ai créé ma meute. »

Isabelle

« Vous venez pour un poste "radic" ? » De retour dans le hall du ministère de l'Intérieur, je regarde sans comprendre l'hôtesse qui s'adresse ainsi à moi. Perplexe, je m'interroge. À force de fréquenter des espionnes, ai-je fini par leur ressembler ? « Euh... non. Je suis journaliste et j'ai rendez-vous avec la chef de la division D3, qui s'occupe des dérives urbaines et des replis identitaires. » L'hôtesse blêmit : « Ah, pardon ! » Et m'indique le chemin. Je lui emboîte le pas jusqu'au bureau d'Isabelle. Une mince rouquine aux yeux verts, au teint d'opale rehaussé par un col roulé noir, me tend la main. Je lui lance : « Vous recrutez ? L'hôtesse m'a prise pour une candidate... » Isabelle soupire, un peu lasse : « Oui, nous attendons des renforts. »

Aux nouveaux RG, cette commissaire de 53 ans dirige la D3, une division stratégique qui surveille l'islam radical en France. Ses 25 analystes trient et synthétisent des centaines d'informations pour mieux comprendre le phénomène de la radicalisation en France. Autour de son bureau, des piles de dossiers colorés estampillés « confidentiel » s'étalent à même le sol, sur la moquette grise, tout le long de la fenêtre. Sur un mur, je remarque une affiche sépia : « Police nationale : un métier d'hommes ». Isabelle suit mon regard : « On m'a posé une seule fois la question : "Pourquoi une femme veut-elle entrer dans la police ?" C'était à l'oral du concours de l'École de police, en 1983. J'ai répondu : "Si mon père avait été pilote de ligne, j'aurais voulu être hôtesse de l'air. Or mon père était gardien de la paix." » Derrière sa voix légèrement voilée, Isabelle a du tempérament. À ce stade de mon enquête, ce trait de caractère ne m'étonne plus : c'est le dénominateur commun de toutes mes espionnes.

« Avez-vous lu l'article de *Libé*, hier ? Il explique que les services secrets français sont débordés, et littéralement saturés face à la menace terroriste. Ils croulent sous les nombreux signalements de radicalisation qui leur parviennent. Est-ce votre cas, à la D3 ? » Isabelle acquiesce : « En effet, nos journées ne sont pas assez longues. En période d'attentats, il y a un affolement tel que, dès que je tourne les talons, je reçois 500 mails en deux heures. Ils arrivent de l'UCLAT[1], du SDAT[2], de la DGSI, de ma hiérarchie, du ministère… Beaucoup de mails viennent de boîtes fonctionnelles et polluent nos ordinateurs. »

« Comment avez-vous vécu les attentats de *Charlie Hebdo* ? » Elle grimace : « C'est là que l'inflation des mails, des sms et des coups de fils a commencé. Le 7 janvier, j'étais en attente des premiers éléments d'enquête et des identités des terroristes. À partir des noms, on a fouillé dans nos archives, notamment dans le Fichier des personnes recherchées (FPR) de la police. On a retrouvé le nom de Coulibaly, et son passé de délinquant multirécidiviste dans l'Essonne est ressorti. On a aussi regardé dans le Fichier de prévention des atteintes à la sécurité publique (FPASP) et dans nos fichiers internes. Ensuite, on a balancé les infos telles quelles à la DGSI, à l'UCLAT et à la police judiciaire. On arrose large. Parfois sans même les avoir lues ! Quand les individus sont en fuite et dangereux, nous n'avons pas le temps de faire d'analyse. » « Vous connaissiez vous-même les noms de Coulibaly et des frères Kouachi ? » « Non. »

« Et le 13 novembre ? » « J'étais chez moi. Ma fille regardait le match de foot. Vers 21 h 30, elle me dit : "Maman, un pétard a explosé près du stade !" Quelques minutes plus tard, elle rajoute : "Il y a des trucs bizarres dans les bars…" J'ai compris qu'il se passait quelque chose. J'ai appelé mon autre fille, étudiante sur Paris, pour vérifier qu'elle était en sécurité. J'ai bien verrouillé pour ne pas être embêtée par des problèmes personnels. Ensuite, j'ai contacté mon adjoint, qui est officier de liaison à la cellule Allat de la DGSI. Il a foncé au bureau pour éplucher nos fichiers. J'étais aussi en lien avec mon chef, Jérôme Léonnet. Le samedi matin, j'ai débarqué au bureau à 7 heures. Avec l'état d'urgence, nous avons cherché dans nos fichiers des individus suspects à assigner à résidence ou à perquisitionner,

1. Unité de coordination de la lutte antiterroriste, NDLR.
2. Sous-Direction antiterroriste.

pour les empêcher de nuire et éviter le sur-attentat. Quand on a des doutes sur une personne, il vaut mieux crever l'abcès tout de suite. Et nous avons effectivement découvert de nombreuses caches d'armes. »

« Quels terroristes avez-vous retrouvé dans vos fichiers ? » « De mémoire, je dirais Abelhamid Abaaoud et Foued Mohamed-Aggad, le troisième kamikaze du Bataclan. La différence entre la DGSI et nous, c'est la bascule dans la violence, et le soutien logistique ou intellectuel au terrorisme. » « Comment travaillez-vous avec la DGSI ? » « Tous les jours, nos dossiers sur des individus radicalisés passent à la DGSI, quand on les soupçonne d'action violente. En retour, la DGSI nous en renvoie quand le niveau de suspicion baisse sur certains individus. »

« Combien de cibles suivez-vous ? » « Nous surveillons entre 2 000 et 3 000 individus radicalisés. » « Quel est leur profil ? » « Ils sont souvent très jeunes. On évalue tous les signalements qui nous arrivent. En période d'attentats, il y a toujours un pic. Les familles s'inquiètent, mais il y a beaucoup d'amalgames. Aujourd'hui, le djihad est devenu une mode contestataire dans les cités. Un ado en crise qui veut embêter ses parents dira qu'il veut partir se battre en Syrie. Nous devons distinguer entre les simples fugues, les décrochages scolaires et les départs en Syrie. Le fichier FSCRP[1] contient environ 13 000 noms que l'on se répartit entre le SCRT, la DRPP[2], les gendarmes et la DGSI. » Réévalué chaque semaine, ce fichier reflète l'évolution de la radicalisation en prison, dans les salles de sport ou au sein des entreprises.

« Qu'est-ce qui vous met la puce à l'oreille ? » « Ce qui nous inquiète, c'est la rupture sociale et institutionnelle. Quand ces jeunes se radicalisent, à défaut de faire leur *hijra*[3], ils vivent ici,

1. Fichier de traitement des signalés pour la prévention et la radicalisation à caractère terroriste, NDLR.

2. Direction du renseignement de la préfecture de police de Paris, NDLR.

3. Émigration en terre islamique, NDLR.

en France, mais en marge, dans un repli identitaire et religieux. Ils ne suivent plus les normes de la République mais celles de la religion. Ils ne veulent pas forcément détruire l'État, mais ils ne reconnaissent plus son autorité. » « D'où viennent ces signalements ? » « Des enseignants, des gendarmes, des chefs d'entreprise, des parents, du personnel hospitalier, quand, par exemple, un patient refuse d'être soigné par une femme médecin. »

« Et les mosquées radicalisées ? Combien en surveillez-vous, sur les 2 500 mosquées recensées en France ? » « Nous en suivons une centaine environ. Elles diffusent le salafisme ou le *tabligh*. Nous gardons à l'œil ces mosquées qui diffusent un islam rigoriste, incompatible avec les valeurs de la République. Si le discours religieux radical est autorisé en France, en revanche, elles n'ont pas le droit de lancer d'appel au djihad. C'est strictement interdit. Il n'y a donc pas de mosquées terroristes en France. Les terroristes du 7 janvier et du 13 novembre ne fréquentaient pas de mosquées. » Reste que le salafisme progresse fortement en France. Fréquentées par environ 15 000 à 20 000 fidèles, le nombre de mosquées salafistes sur le sol français aurait doublé en cinq ans. Je précise : « Le salafisme est quand même l'antichambre du djihadisme français... » « Oui, bien sûr. Le salafisme est un vecteur de communautarisme puissant. Ce phénomène de radicalisation massive cristallise plusieurs éléments : la haine des jeunes des quartiers envers l'État liée à la crise économique, la crise identitaire, le mal-être de la jeunesse, le besoin de spiritualité et la crise culturelle de notre société de consommation... C'est un problème global. »

« Vous travaillez sur le terrorisme depuis longtemps ? » « J'ai démarré en 1983 aux RGPP[1], au moment de la vague d'attentats en 1985. Des bombes explosaient quasiment tous les jours dans la capitale. L'une d'elles a même éclaté sous nos pieds, à la préfecture de police de Paris. Cet esprit "terro" m'intriguait. Après le concours de commissaire de police, j'ai intégré la DST. Je voulais entrer dans la section antiterro. Un jour,

1. Révision générale des politiques publiques.

une place s'est libérée. Les collègues de ce service ont voulu me faire venir. Et devinez pour quelle raison ? Ils ont calculé très cyniquement que ma présence ne ferait pas d'ombre à leur avancement. Ils m'ont précisé aussi que le chef du service était misogyne. Pour en avoir le cœur net, j'ai décidé d'aller lui parler. Il m'a dit : "À priori, je ne veux pas de femmes, car j'ai eu une mauvaise expérience dans le service avec l'une d'elles. Mais je ne suis pas complètement fermé. Vas-y, postule." Pour le rassurer, je lui ai servi le discours habituel : "J'ai 28 ans, mais je suis célibataire et, je vous rassure : je ne veux pas d'enfants." Quelques semaines plus tard, le préfet m'appelle pour me dire : "Cela m'amuse beaucoup de nommer une femme dans ce panier d'hommes". »

« Et comment avez-vous été accueillie dans le service ? » « Le premier jour, mon chef me tend une liasse de documents. "Rédige-moi une note sur l'état de la menace terroriste. C'est à rendre dans deux jours." J'ai lu les notes : je ne comprenais pas un mot sur deux. Elles étaient truffées de noms d'organisations palestiniennes à rallonge, que je ne connaissais pas. Je me suis dit : "Ça sent le test !" J'ai passé mon week-end dessus. Et finalement, mon chef, tout misogyne qu'il était, a apprécié mon travail. En revanche, je ne me suis pas gênée : je lui ai fait une grossesse dans la foulée. Et devinez quoi ? À plusieurs reprises, quand je suis venue avec mon bébé au bureau, j'ai surpris mon chef en train de balader le landau de ma fille dans les couloirs. »

« Sur quels dossiers avez-vous travaillé ? » « C'était le début des années 1990. Il y avait du terrorisme irlandais, palestinien, et la situation commençait à chauffer en Algérie. Mon chef a créé une section pour suivre le GIA[1] et le FIS[2]. Bien qu'enceinte, j'ai postulé, en me disant que ce serait plutôt calme. Le lendemain de mon retour de congé maternité, le 24 octobre 1993, un couple de Français a été enlevé en Algérie, les Thévenot. J'ai songé : "Mince, dans quoi me suis-je fourrée ?" J'ai enchaîné

1. Groupe islamiste armé, NDLR.
2. Front islamique du salut, NDLR.

avec le détournement de l'Airbus Alger-Paris en décembre 1994 par quatre terroristes islamistes algériens, les huit attentats à la bombe dans Paris en 1995, dont celui de Saint-Michel... Bref, je n'ai pas arrêté. C'était tout sauf "calme". »

« Et ensuite ? » « En 1998, à la naissance de mon deuxième enfant, je me suis mise en disponibilité. J'ai arrêté de travailler pendant dix ans pour élever mes enfants. Toutes ces années où j'ai bossé d'arrache-pied, ma fille aînée a souffert. Pour pouvoir aller au bureau, je me souviens l'avoir gavée d'aspirine et d'antibiotiques pour faire tomber la fièvre, en espérant que la crèche ne me la refuse pas. C'était très acrobatique. Et quand je la sortais de la crèche, je la mettais dans les bras d'une baby-sitter. Elle pleurait beaucoup, elle était en manque de maman. » Elle réfléchit : « Cela dit, à 23 ans, elle est toujours très "maman". »

« Et votre retour ? » « J'ai fait dix-huit mois en commissariat, avant de revenir au renseignement. J'ai intégré le SDIG en 2009, dans le Pas-de-Calais. À l'automne 2012, après l'affaire Merah, le SDIG a été chargé du suivi de l'islam radical. Mon chef m'a proposé le poste que j'occupe aujourd'hui. J'ai pris la section le 1er mars 2013. » « C'était l'année des grands départs de djihadistes en Syrie... » « Oui. C'est simple : à chaque fois que je prends un poste antiterro, ça explose. »

« Qu'est-ce qui vous inquiète le plus aujourd'hui dans ce terrorisme version 2016 ? » « Il existe un énorme réservoir de terroristes en Irak et en Syrie, qui peuvent s'infiltrer en Europe parmi les flux de migrants. Comme un médecin qui soigne une épidémie, je cherche à comprendre. J'ai toute la misère sociale qui s'étale sur mon bureau. Pourquoi notre jeunesse est-elle devenue si influençable ? La copine de ma fille a 16 ans, et sa mère l'élève seule. Elle présente tous les signes de la radicalisation, hormis le côté religieux : rejet de la famille, repli sur elle-même, anorexie, scarifications, fréquentations douteuses... Elle a le profil des jeunes dont s'occupe Dounia Bouzar, typique des candidats au départ. » « Et les mères ? Quel rôle jouent-elles ? » « Ce sont elles qui, majoritairement, nous envoient les signalements. Les pères sont souvent absents. Pour moi, la solution viendra des mères et des femmes. Ce sont elles qu'il faut aider en priorité. »

« Et vous, en quoi la maternité a changé votre rapport au travail ? » Isabelle tressaille. « Elle a changé mon rapport à la vie ! Quand j'ai eu ma fille entre les mains, je lui ai dit : "Tu sors de mon corps, et tu n'es pas moi. Et ta vie dépend de moi." Avoir cette responsabilité de donner la vie, de la faire grandir, de la supporter, de la respecter, cela transforme votre rapport au monde et votre façon de raisonner. Depuis mes maternités, dans mon travail de renseignement, je suis plus "psy", je raisonne moins dans l'abstrait, je suis moins guerrière, j'aborde les problèmes de façon plus personnelle. » Isabelle sort un gros agenda noir de son sac à main. « Regardez, me dit-elle. Dans mon planning de la semaine, figurent aussi bien les réunions à la DGSE que les livraisons La Redoute de ma fille, ou l'achat des croquettes pour mon chien. Je suis aussi devenue très multitâches : je travaille beaucoup plus vite et de façon plus efficace qu'auparavant. »

« Avez-vous souffert du machisme dans le renseignement ? » Isabelle lève les yeux au plafond : « Ce sont surtout les rumeurs qui m'ont agacée ! Dans le renseignement, une femme ne peut vivre seule, par exemple. Depuis que j'ai divorcé, mes collègues masculins m'ont inventé des tas d'amants. Je vais vous donner un scoop : les agents secrets sont des commères comme les autres. »

Camillia

À la fin de l'entretien, Isabelle me met sur la piste de Camillia, qui travaille dans son équipe. Dès que j'ai entendu parler d'elle, je l'ai guettée, pistée, épiée. Cette troisième et dernière espionne des ex-RG doit absolument tomber dans mon escarcelle. C'est simple : il me la faut. Le SCRT a d'abord refusé, avant de céder à mes demandes insistantes. Pour l'instant, les femmes que j'ai rencontrées affichent des profils classiques : les services recrutent en majorité des diplômées issues de milieux aisés. Camillia, franco-marocaine de 37 ans, est une des rares jeunes femmes d'origine maghrébine à travailler sur le terrain en Seine-Saint-Denis. Gardien de la paix au départ, cette fille des cités devenue espionne détonne dans l'univers du renseignement. Face à la menace terroriste, les services secrets ont besoin d'agents qui passent inaperçus dans les quartiers sensibles. Camillia a le profil parfait pour ce job : elle a du bagou, de la débrouillardise et une double culture qui lui permettent de se fondre totalement aussi bien au marché de Clichy-sous-Bois qu'à la mosquée de Mantes-la-Jolie. Elle apporte un peu de diversité dans l'univers monochrome du renseignement. « En planque ou en filature, je passe inaperçue dans le "9-3", me confirme-t-elle. Facile, c'est chez moi. J'ai grandi dans une cité du département. » Son quotidien ? « Je filoche des prêcheurs salafistes et toutes sortes de radicalisés. Mais ce n'est pas la longueur de la barbe ou du pantalon retroussé qui indique la dangerosité d'un individu. Je me méfie des plus discrets : les takfiristes, qui utilisent la dissimulation pour mieux frapper. Ils peuvent boire du vin, mener une vie normale de père de famille et, le lendemain, sortir une kalachnikov. » Je regarde Camillia avec une curiosité grandissante. J'ai écouté mon intuition, et je ne le regrette pas. Le SCRT a déniché une perle. Et moi aussi.

Pour discuter en toute tranquillité, nous tirons deux chaises dans un bureau vide du ministère. En l'observant, je me dis que Camillia pourrait inspirer des scénaristes : musulmane, policière, espionne, experte de l'islam radical, mère divorcée, elle incarnerait une héroïne de série télé plongée au cœur de la lutte antiterro, bien plus complexe et plus moderne que Julie Lescaut. Avec ses boucles brunes en cascade, ses yeux d'onyx soulignés d'eye-liner et son rire contagieux, à la voir, on ne devine pas la dangerosité de ses missions. Je constate aussi qu'elle a la parole facile. Parfait, j'entre dans le vif du sujet.

« Comment avez-vous vécu les attentats du 13 novembre ? » Son regard se durcit : « J'étais très en colère. Ces terroristes utilisent ma religion pour attaquer ma patrie ! Avec ma double culture, j'étais deux fois plus meurtrie que mes collègues. Je ne laisserai pas ces fous de Dieu agir en toute impunité. Le soir du 13 novembre, j'ai immédiatement téléphoné à ma chef pour revenir travailler. Je suis le modèle d'une Française musulmane qui aime la République, la France, la liberté, et je la défends le mieux possible. » J'écoute Camillia avec attention et jubilation. En parlant, elle semble vibrer de tout son corps. J'adore ce genre d'espionnes enflammées et combatives, aux convictions fortes, parce qu'elles ôtent leur masque sans hésiter.

Qui est vraiment Camillia ? Derrière l'espionne, j'ai besoin de mieux cerner la femme. « Pourquoi avez-vous choisi le renseignement ? » « Ce n'est pas un choix, je suis tombée dedans par hasard, m'explique-t-elle. Après mon BEP, j'ai enchaîné des petits boulots. Je ne voulais pas rentrer chez mes parents pour faire le ménage et la cuisine. Un jour, j'ai pris ma voiture et je suis entrée dans le commissariat de Rosny-sous-Bois. J'ai demandé à l'agent d'accueil : "Qu'est-ce que la police propose comme jobs ?" Il m'a tendu un dossier d'ADS, pour "adjoint de sécurité". Quand mon père l'a appris, il a hurlé : "C'est un métier d'homme !" Heureusement, ma mère a réussi à le convaincre. J'ai intégré l'école d'ADS. À la sortie, j'ai été affectée directement aux RG, à Bobigny, dans le groupe de surveillance des étrangers et des minorités. Mon profil les intéressait. C'était juste avant le 11 septembre 2001. »

Quand elle voit, sur sa télé, les tours du World Trade Center s'effondrer à New York, Camillia prend conscience de la gravité de sa mission. « Ma motivation sur le terrain a redoublé. Et dans les situations difficiles, je m'en sortais bien. » « Vous avez des exemples en tête ? » « Après la Concorde civile en Algérie, en 1999, beaucoup de terroristes du GIA sont venus en France en usurpant le statut de demandeurs d'asile politique. Alors que les tueurs, c'étaient eux. Afin de les tenir à l'œil, la Centrale nous envoyait des commandes pour prendre en chasse telle ou telle cible. Quand j'enquêtais sur un individu, il fallait le "loger", c'est-à-dire trouver son adresse, le photographier et le filocher pour repérer son réseau et ses contacts. Un jour, à Paris, près du métro Stalingrad, je surveillais trois mecs du GIA. Un de mes collègues est sorti de la voiture pour les prendre en photo. Mais les gars l'ont remarqué et ils se sont approchés de lui en le menaçant. Face à ces tueurs, j'ai gardé mon sang-froid. J'ai appuyé sur l'accélérateur et exfiltré mon collègue in extremis. »

« Vous avez d'autres souvenirs forts ? » « Oui, j'étais au Stade de France pendant le fameux match France-Algérie, en octobre 2001, qui a dégénéré. J'ai senti dès le départ que ça allait mal tourner. Les jeunes s'énervaient dans les tribunes. J'avais mon brassard police : avec les jeunes, je l'enlevais, et avec les policiers, je le remettais, pour éviter d'être caillassée ou matraquée. J'ai immédiatement prévenu mes collègues : "Attention les gars, ça va péter !" Ma double culture et ma connaissance de la banlieue m'ont souvent permis d'anticiper des événements, de mieux comprendre des ambiances, de sentir des choses que mes collègues ne percevaient pas. »

Elle travaille depuis six ans aux RG lorsque, en 2008, les RG et la DST fusionnent. Camillia intègre la nouvelle structure : la DCRI[1]. « J'ai quitté le terrain pour travailler dans le service des écoutes téléphoniques. Ainsi, je pouvais mieux gérer ma vie de famille. Comme je parle arabe, je traduisais le contenu des écoutes. Avec mon casque sur les oreilles, je pénétrais dans l'intimité des djihadistes. C'était très troublant. J'écoutais leurs conversations familiales, je connaissais jusqu'aux recettes de gâteaux de leurs mères ! » Saisie par le récit de Camillia, j'ouvre moi aussi grand les oreilles, avide d'en savoir plus : « Et qu'avez-vous entendu ? » « Comme ils se savaient écoutés, leurs conversations étaient très difficiles à décrypter. Je devais capter des nuances parfois subtiles. J'écoutais en faisant un travail d'enquête. Ensuite, je rédigeais des notes. » « Qu'est-ce qui vous a le plus frappée ? » Camillia hésite, mais lâche le morceau : « L'hypocrisie et la perversité des intégristes. Un jour, j'écoutais un imam qui se disait exemplaire, un gars de 30 ans qui prêchait la bonne

1. Direction centrale du renseignement intérieur.

parole dans les cités. C'était un salafiste pur et dur, dont la femme était "burquadée" et cloîtrée à la maison. Au téléphone, j'ai entendu cet imam intégriste en train de parler... avec son amant ! Il lui a dit : "Je te laisse, mon chéri, je vais rejoindre ma "hallal". » C'est-à-dire sa femme officielle. Derrière leurs barbes de bons musulmans, certains prédicateurs salafistes sont de grands détraqués sexuels, ils collectionnent les amants ou les maîtresses. J'ai écouté des imams qui se payaient les services de prostitués hommes et femmes. Un jour, un salafiste a envoyé par MMS la photo de son sexe en érection. J'étais profondément dégoûtée. »

Estomaquée, je la relance : « Vous avez écouté des terroristes ? » « Oui, bien sûr. Des mecs comme Djamel Beghal, le mentor des frères Kouachi et d'Amédy Coulibaly. Ou Ali Yacher, l'ex-imam d'Argenteuil assigné à résidence, l'un des propagandistes de la doctrine salafiste en Ile-de-France. Il a incité nombre de jeunes à partir au djihad. Je l'ai même filoché au marché de Clichy-sous-Bois. » « Vous avez aussi écouté des takfiris ? Comment se dissimulent-ils ? » « Ils utilisaient des codes, avec des mots arabes à double sens. Par exemple, ils parlaient souvent entre eux des "muets". Très vite, j'ai compris qu'il ne s'agissait pas de personnes, mais d'armes, de silencieux. » « Et vous, comment avez-vous vécu cette période ? » « J'entrais dans leur vie de famille, pour connaître leurs voix, leur intimité, leurs secrets, leurs travers les plus malsains. J'étais très déstabilisée. »

« Vous disiez que votre double culture était un atout. Pourquoi ? » « Par exemple j'incitais mes collègues du service à écouter les mères, car dans la culture méditerranéenne, le lien mère-fils est très fort. Le pire des djihadistes appellera toujours sa mère. Un jour, j'ai hérité d'un dossier dont personne ne voulait. Un délinquant de droit commun qui vivait à Dubaï et téléphonait à sa copine dans le 9-3. Mon expérience du 9-3 m'a permis de recouper des infos bénignes, de reconstituer son histoire. J'ai remonté la piste jusqu'à son frère basé à Oran. En réalité, le frère de cet individu finançait Aqmi[1] avec l'argent des braquages. Grâce à mes écoutes, le délinquant a été interpellé et judiciarisé ».

« J'imagine qu'à un moment donné, vous avez saturé de toute cette noirceur ? » « Ah oui ! Au bout de deux ans, je n'en pouvais plus. Quand je rentrais chez moi, j'avais des migraines. J'essayais d'effacer tout cela de ma tête. Mais je n'y arrivais plus. Cela me polluait trop. Tout ce qui touchait à l'islam m'agaçait. J'ai alors demandé à basculer dans un autre service, le SDIG. Je travaillais sur l'économie souterraine et les armes. Par exemple, je surveillais des motards violents, comme les Hell's Angels, ou j'enquêtais sur les go-fast. À ce moment-là, ma vie est devenue compliquée. Ma chef de l'époque, une carriériste qui n'aimait pas travailler avec des femmes, m'a mis des bâtons dans les roues. Mais j'ai un fort tempérament : quand on me cherche, on me trouve. Du coup, elle m'a virée. En un mois, j'ai divorcé et perdu mon job. Et en 2012, je suis arrivée ici, au SCRT. »

« Cela ne vous gêne pas de retravailler sur l'islam radical ? » « Non. La plupart des services de renseignements manquent de culture musulmane. Ici, mon expérience et mon analyse apportent un vrai "plus". Mes collègues de Lozère ou de Dordogne n'y connaissent rien en radicalisation. Alors je les briefe par téléphone. Je peux aussi anticiper les réactions de la communauté musulmane de France. Ma chef m'interroge souvent pour avoir mon ressenti en tant que musulmane. Par exemple, après les attentats de *Charlie Hebdo*, je lui ai dit : "Attention, les musulmans dénoncent les attentats, mais tous ne sont pas Charlie !" Je ressens les choses avec mes tripes, car je fais partie de cette communauté. Et je les analyse rationnellement. Je peux comprendre ses réactions, les prévoir, sans parti pris, sans adhérer à l'une ou à l'autre cause. » « Est-ce que vous vous sentez parfois tiraillée ? » « Non, jamais. C'est très clair dans mon esprit. J'aime mon pays, la France, et j'aime ma

1. Al-Qaida au Maghreb islamique.

religion. Les terroristes ne font pas partie de mon monde. Ce sont des fous de Dieu. Je pense souvent à ces policiers au Maroc, en Algérie ou en Tunisie, qui combattent les djihadistes en tant que musulmans. Après les attentats de *Charlie Hebdo*, j'étais très remontée. Quand l'un des frères Kouachi a crié : “J'ai vengé le Prophète”, j'étais furieuse ! J'ai songé : “Mais qu'est-ce que cet abruti connaît de la vie du Prophète ?” »

« Comment analysez-vous l'évolution du terrorisme depuis 2001 ? » « À l'époque, le GIA et Al-Qaida ciblaient les victimes. Aujourd'hui, l'État islamique appelle tous les musulmans à tuer tous les mécréants, avec une kalachnikov, une arme blanche ou même une voiture. Mon voisin peut devenir un terroriste. Le danger, c'est l'amalgame. Or on panique dès qu'une jeune fille veut mettre le voile. Récemment, l'une d'elles a été invectivée par ses camarades. Le directeur l'a expulsée. Aujourd'hui, elle est déscolarisée. Alors qu'au départ, c'est elle la victime ! Ne nous trompons pas de cible. N'oublions pas que tous les gamins des cités ne sont pas des terroristes en puissance. Dire cela serait faire le jeu de Daech. De par ma fonction, je tente de calmer les esprits. Je comprends le sentiment de panique. Mais je vois aussi un danger : les musulmans modérés comme moi deviennent la cible des extrémismes. Si l'on continue dans l'invective, la discrimination, la stigmatisation et l'amalgame, c'est Daech qui nous dira merci. »

« Que manque-t-il aujourd'hui pour rendre le renseignement français plus performant dans la lutte antiterro, d'après vous ? » « Il faut recruter davantage d'arabisants, c'est évident. Aux RG, dans mon groupe, nous étions six de culture arabo-musulmane. Le patron des RG qui nous a recrutés à l'époque avait conscience de notre apport. Aujourd'hui, au SCRT, je suis la seule arabisante à la cellule radicalisation. Ce n'est pas suffisant. J'explique à mes collègues les différences entre un wahabite, un salafiste, un takfiriste ou un tabligh. Les courants rigoristes et ultra-orthodoxes de l'islam ont chacun leurs particularités. Pour mieux combattre ces phénomènes sectaires, il faut connaître leurs codes, leurs logiques, leurs rivalités. » Je ne cache pas ma surprise : « Pourquoi ne recrute-t-on pas davantage d'agents arabisants comme vous, à votre avis ? » Camillia hésite à nouveau : « Je ne sais pas si je devrais vous le dire... Il existe une certaine suspicion dans les services. En 2014, plusieurs collègues arabisants de la DGSI ont été mis à pied, très injustement à mon humble avis, pour soupçon de radicalisation. Or, je les connais bien, j'ai travaillé avec eux. Ils sont très fiables. Certains travaillaient depuis plus de dix ans avec les services. Nous avons besoin d'eux. Souvent, après une perquis', mes collègues m'appellent et m'envoient des photos de livres ou de prospectus pour que je les décrypte. Sur un carton de livres en arabe, récemment, j'ai vu le sceau de Daech. Je cherche ce genre de détails. »

« Et les femmes ? Comment expliquez-vous leur engouement pour l'EI ? » « On les sous-estime. Elles sont souvent les plus virulentes, les plus fermées. Elles se créent un monde artificiel. Dans nos cibles, on croise souvent des profils du type Hayat Boumedienne, l'épouse d'Amédy Coulibaly. Elles idéalisent le prince charmant, l'homme qui va les protéger, les aimer, les entretenir, leur donner une vie de "princesse". Elles portent le voile pour rester des "diamants purs". Quelles conneries... Et quelle naïveté ! » « Qu'est-ce qui vous inquiète le plus ? » « Les convertis. Pour moi, ils sont les plus dangereux. Il est tellement facile d'endoctriner des ados, et encore plus des jeunes en difficulté. Ces convertis sont souvent des enfants de divorcés, ils ont été victimes d'incestes, de l'alcoolisme des parents, de maltraitance, etc. Autant de méfaits que l'islam proscrit. L'islam leur apporte un cadre et des limites qu'ils n'ont jamais eus dans leur vie. Ils s'y raccrochent. J'ai remarqué que les sites réalisés par des convertis avaient un impact énorme chez les jeunes. Il faut les surveiller de près. »

Une question me taraude : « Camillia, quel est le fond du problème, d'après vous ? Y a-t-il un lien avec la colonisation ? » Elle sursaute devant l'évidence que j'énonce : « Bien sûr ! Quand j'ai démarré aux RG, en 2001, j'ai rencontré un ancien du service. Il m'a emmenée à Clichy-sous-Bois pour me montrer les barres d'immeubles délabrées. La situation va exploser, m'a-t-il expliqué, parce que l'État français a volontairement parqué les familles issues des anciennes colonies dans des cités. Les autorités ne voulaient pas qu'elles se mélangent à la société française, que les petits Mohamed fréquentent les mêmes écoles que les petits Nicolas. Je me souviens précisément de ses mots : "On a créé une bombe à retardement." C'est dans cette même cité que les émeutes ont éclaté en 2005. »

Je tressaille. Les mots de Camillia font écho à mon histoire personnelle. J'hésite un instant. Est-ce le lieu, et le moment, d'en parler ? Je ne peux pas m'en empêcher : « Ce que vous dites correspond à la manière dont les harkis ont été "accueillis" en France. Moi-même, je suis née dans un camp de harkis dans le sud de la France. Alors que les familles pieds-noires, pourtant bien plus nombreuses, étaient logées dans des HLM, les harkis ont été relégués dans des camps insalubres à boueux. Pour les autorités, déjà à l'époque, il n'était pas question de mélanger les harkis avec le reste de la population française. Pour moi, la ghettoïsation des familles immigrées s'inscrit dans la même logique : la peur de l'autre, de l'étranger, de l'Arabe. Dans l'inconscient néocolonial, au fond, on reproche à l'autre de ne pas vouloir s'intégrer, tout en faisant obstacle à son intégration. C'est ainsi que la politique de la ville fonctionne depuis trente ans, de façon irresponsable, excluante et ségrégationniste. Cette logique schizophrène, alliée à la crise économique et à la contagion d'un islamisme venu du Moyen-Orient, a produit des "monstres" dans la société : les terroristes. »

Camillia m'écoute attentivement : « Savez-vous qu'il y a des enfants de harkis radicalisés dans le sud de la France ? Le retour du refoulé colonial a créé chez cette jeunesse des quartiers un problème identitaire colossal. » Je hoche la tête : « Je pense souvent à la phrase du chercheur Gilles Kepel : "Notre refoulé colonial a enfanté des Mérah, Kouachi et Coulibaly" (France Inter, 15 décembre 2015). Comme l'explique aussi l'historien

Benjamin Stora[1], comment des mémoires douloureuses, sont-elles devenues, à la génération suivante, des mémoires dangereuses attirées par les extrémismes ?" Un passé qui ne passe pas agit comme de la radioactivité et se transforme en cancer. »

Camillia acquiesce : « Je suis d'accord avec vous. » Je reprends le fil de mes questions : « Vous ne m'avez pas répondu sur l'évolution du terrorisme… » « C'est vrai. J'ai commencé par Aqmi et le GIA en 2001. J'ai ensuite surveillé les mecs qui rentraient d'Afghanistan. Aujourd'hui, le djihadisme n'a plus du tout le même visage. C'est un mal qui vient de l'intérieur, de notre société. Une partie de la jeunesse, avec une identité en souffrance, se révolte à sa manière. »

« Vous êtes aussi une mère. Comment gérez-vous l'impact de votre travail sur votre vie de famille ? » « Après le 13 novembre, mon fils de 5 ans a eu peur pour moi. Toutes les nuits, il voulait dormir dans mon lit. Il sait que je suis policier. Et avec les événements, j'étais très absente de la maison. Il ne comprenait pas que ses copains, à l'école, dénigrent l'islam et le jugent mauvais. Quand je suis rentrée, il m'a dit : "Maman, tu chassais les méchants ?" « Je lui ai fait un gros câlin et je lui ai répondu : "Oui. Maman est musulmane et combat les terroristes." D'un coup, cette phrase l'a apaisé. Il m'a alors regardée avec une immense fierté. »

1. Benjamin Stora, Alexis Jenni, *Les Mémoires dangereuses*, Paris, Albin Michel, 2015.

CHAPITRE 4

Au cœur de la DGSI

« J'ai entendu des phrases du genre :
"On était mieux sans les femmes." »

Romane, 44 ans

Enfin ! Il m'a fallu patienter six mois pour pouvoir pénétrer dans le plus secret des services secrets, celui qui suscite actuellement le plus de passions et d'interrogations : la DGSI. J'ai tout entendu sur ce FBI à la française, placé sous la houlette du ministère de l'Intérieur. On le dit verrouillé, opaque, mystérieux, parano, autocentré, tourmenté, bousculé par des réformes à répétition. Héritière de l'ancienne DST, historiquement chargée du contre-espionnage, cette maison a fusionné avec les ex-RG en 2008, pour devenir la DCRI, avant d'être rebaptisée DGSI en avril 2014. Sous la double pression des politiques et des médias, ce service tente de s'adapter à de nouveaux enjeux : la contre-ingérence économique et, surtout, la menace terroriste. Depuis que j'ai démarré mon enquête, pas une semaine ne passe sans qu'un article n'étrille ou n'évoque la DGSI, systématiquement pointée du doigt après chaque attentat. Par principe, la Grande Muette de la communauté du renseignement n'infirme ni ne confirme jamais. Sa devise ? « *Never explain, never complain*[1] ». Tout aussi taiseux qu'influent, son directeur général, Patrick Calvar, n'accorde jamais d'interview. Et impossible de consulter l'organigramme du service, classé « secret défense ». Avec la vague d'attentats de l'année 2015, la DGSI affronte une menace diffuse et complexe d'une ampleur inédite sur le territoire national. Son défi ? Surveiller la sphère djihadiste en France, une nébuleuse en expansion de plus de 3 000 individus radicalisés et dangereux, et les intercepter avant qu'ils ne passent à l'action violente. La moitié des 3 200 agents de la DGSI sont mobilisés sur cet enjeu. Avec des échecs, comme les attentats du 7 janvier et du 13 novembre 2015, perpétrés par certains terroristes connus du service. Mais aussi des succès, telle l'interpellation de Reda Kriket, arrêté le 24 mars 2016 dans sa planque d'Argenteuil (Val-d'Oise), avec un véritable arsenal de guerre – kalachnikovs, armes de poing, explosifs... – alors qu'il s'apprêtait à commettre un attentat imminent.

Ce matin de décembre 2015, je me lève aux aurores pour ne pas risquer d'être en retard à ces rendez-vous cruciaux dans mon enquête. On ne pénètre pas dans cette enceinte ultrasécurisée de Levallois-Perret, dans les Hauts-de-Seine, où se joue le cœur de la lutte antiterroriste en France, sans un mélange d'appréhension et d'excitation. Je longe d'abord une longue palissade opaque, doublée d'une ligne de barrières Vauban, et gardée par des policiers en gilets pare-balles, armés de fusils d'assaut. Je débouche sur une guérite anthracite siglée « Ministère de l'Intérieur » en grandes lettres noires, protégée par deux hauts tourniquets de sécurité que l'on surnomme des « hachoirs ». Je sonne à l'interphone, en observant du coin de l'œil les agents qui apposent leur badge et leur index sur un boîtier de reconnaissance biométrique. Je décline mon identité, la raison de ma venue, le nom de mon contact à la DGSI. Je glisse ensuite dans une fente mon passeport et ma carte de presse. Au bout de dix minutes de contrôles et de vérifications, je peux enfin pousser à

1. « Ne jamais se justifier, ne jamais se plaindre. »

mon tour les grilles des hachoirs. J'entre dans la guérite. Je dépose mon sac dans une machine à rayons X tandis qu'un policier me passe au détecteur de métaux.

Étrange hasard du calendrier. Mon immersion avec une dizaine de femmes de la DGSI tombe pile un mois après les attentats de l'Est parisien, du Stade de France et du Bataclan. J'emboîte le pas d'une hôtesse qui me conduit dans l'enceinte de la DGSI, composée de hauts bâtiments blancs aux vitres opaques.

Première surprise : ce service réputé fermé se révèle le plus ouvert aux femmes. Elles représentent 30 % des effectifs, soit un agent de la DGSI sur trois, sur 3 300 personnes. Deuxième surprise : elles occupent des postes clés à la direction. Au sommet de la hiérarchie, j'ai repéré une chef d'état-major, une sous-directrice chargée du contre-espionnage – la mission historique du service – et surtout, une sous-directrice chargée de la lutte contre le terrorisme et les extrémismes violents. Les hautes autorités de la DGSI me le confirment : « Il n'y a pas d'autre service de renseignement en France avec une telle proportion de femmes à des postes à responsabilité. La mixité est un apport fort. Pour rester performant, le monde du renseignement doit suivre l'évolution de la société. Les femmes montent en puissance parce qu'elles travaillent mieux à l'école, elles sont plus diplômées et elles en veulent plus. À la DGSI, on le sent dans l'énergie et la volonté de nos jeunes femmes commissaires. »

Derrière ces murs, près d'un millier de femmes travaillent donc pour la sûreté de la nation. Policières à 75 %, elles sont de tous grades : il y a 23 % de gradées et de gardiens de la paix, 18 % d'officiers et 3 % de commissaires. Là encore, comme dans les autres services, il n'y a aucune femme dans les cinq postes de directeurs. En revanche, elles sont présentes dans les hauts potentiels : elles représentent 30 % des postes de sous-directeurs et de directeurs zonaux (l'équivalent d'un niveau N-2). Dans les années à venir, trois plans, qui se cumulent, prévoient un renforcement de ses équipes, avec 1 157 nouveaux agents recrutés d'ici 2018.

Les méthodes qu'utilisent les agents de la DGSI ? Toutes celles légalisées par la loi renseignement : planques, filatures, écoutes, Imsi-catchers, balises espions dans les voitures, mouchards dans les ordinateurs, poses de micros et de caméras à domicile, infiltrations... J'ai hâte d'en savoir plus.

L'hôtesse me conduit à l'étage de la direction générale. Après un dédale de couloirs, j'entre dans un vaste bureau lumineux. Des bibelots, posés sur le rebord de la fenêtre, me plongent dans l'ambiance de l'espionnage à l'ancienne : une assiette kitsch du KGB, des médailles de la CIA, un mug du MI6 britannique... C'est ici, autour d'une table ronde couleur acajou, que se dérouleront la plupart des entretiens. Je m'installe dans l'un des gros fauteuils en cuir noir. Selon un rituel désormais familier, je coupe mon téléphone, je sors mon carnet de notes et ma (très) longue liste de questions. Face à des agents sous pression, qui vivent très mal les critiques dans la presse, je vais devoir ajuster ma méthode d'interview : surtout ne pas foncer bille en tête, avancer en douceur mais avec fermeté, faire attention à ne pas les braquer dès le départ, tenter de gagner leur confiance si je veux obtenir des réponses, insister sur les questions clés. Une fois ma stratégie bien calée, j'accueille avec une extrême curiosité ma première espionne de la DGSI.

Céline

Une espionne à l'ancienne ! Et pas des moindres. Céline a presque trente ans de DST au compteur. Je jubile à l'avance à l'idée d'interviewer cette mémoire vivante d'un service qui a marqué l'histoire du renseignement. J'imagine qu'elle a dû tomber toute jeune dans un nid de machos, un repaire de pseudo-James Bond en imper mastic imbus d'eux-mêmes et hostiles aux femmes. Elle a dû leur envoyer des piques bien senties. Je me frotte les mains : anecdotes salées en perspective ! Céline m'intéresse aussi car elle travaille comme commandant en province. La DGSI dispose en effet d'un maillage territorial sur toute la France, composé de sept zones. Car Paris n'est, hélas, pas la seule cible dans le viseur des terroristes. Depuis quelque temps, les affaires « terro » se multiplient dans l'Hexagone, même dans des zones rurales reculées. En mars 2012 à Toulouse et Montauban, Mohamed Merah a froidement tué sept personnes – trois militaires et quatre civils, dont trois enfants d'une école juive. À Lunel, petite ville de l'Hérault, une vingtaine de jeunes de 18 à 30 ans sont partis combattre en Syrie. Sans oublier la filière djihadiste de Cannes-Thorcy, l'une des plus dangereuses démantelée en 2012 par les forces de police. Et le 26 juin 2015 à Saint-Quentin-Fallavier, bourg tranquille de l'Isère, un père de famille converti au salafisme, Yassin Salhi, a décapité son patron avant de précipiter sa voiture contre une usine de gaz industriels pour la faire exploser. À la DGSI, Céline est la numéro 2 d'un service régional situé justement dans le sud de la France. Je regarde ma longue liste de questions. Le tout en une heure. Top chrono.

Céline pose sa doudoune fourrée sur la chaise et s'assoit en face de moi. Avec sa veste en pied-de-poule et ses cheveux poivre et sel, elle passerait aisément pour une notable de province. Bonne couverture. Qui se méfierait d'une mère de famille ? Je remarque son pimpant rouge à lèvres rose : « Vous semblez à l'aise avec votre féminité... » « C'est l'avantage de l'expérience, m'explique-t-elle avec un sourire de satisfaction. À 56 ans, j'ai acquis assez de légitimité dans le renseignement pour ne pas avoir besoin de me déguiser en homme. »

« Comment êtes-vous entrée dans cet univers ? » « À ma sortie de l'école de police, à 23 ans, j'ai intégré la DST, alors située place Beauvau, au ministère de l'Intérieur. Le premier jour, en arrivant au bureau, j'avais l'impression d'entrer dans un mythe. J'avais en tête les romans de John le Carré et de Graham Greene. » « Et vous êtes devenue espionne... » « Non, une contre-espionne, corrige-t-elle. Historiquement, la DST était chargée du contre-espionnage en France. En arrivant, j'étais naïve et avide de connaissances et surtout curieuse de voir de vrais espions ! Je suis arrivée en 1984, un an après l'affaire

Farewell. » Ce nom évoque l'une des grandes affaires d'espionnage du XXe siècle. Entre 1980 et 1982, un espion russe, le colonel Vladimir Ippolitovitch Vetrov, dit Farewell, a remis près de trois mille documents secrets du KGB à la DST. Cette taupe a permis à la France de mieux connaître le fonctionnement des services secrets russes, et de découvrir la fragilité de l'économie russe. Ces informations furent à l'origine, en avril 1983, de l'expulsion très médiatisée de France de 47 agents soviétiques, dont 40 diplomates. Certains experts affirment que cette affaire aurait mis fin à la guerre froide. « J'ai moi-même débusqué des taupes et des espions russes. C'était l'âge d'or du service », soupire Céline avec nostalgie.

Au contre-espionnage, la jeune femme devient documentaliste opérationnelle. « C'était le passage obligé de toute nouvelle recrue de la DST. Nous étions chargés d'analyser les renseignements que les agents recueillaient sur le terrain. » Dans la police, les femmes étaient alors tout juste tolérées. J'imagine que Céline, qui fut parmi les pionnières de la DST, a dû batailler pour s'imposer. « Comment avez-vous été accueillie ? » « Nous étions quatre femmes sur une trentaine d'hommes. Et tout s'est très bien passé. » J'affiche une moue sceptique. J'insiste : « Vous n'avez entendu aucune phrase machiste ? Ni senti d'attitude sexiste à votre égard ? » Elle soutient mon regard sans sourciller : « Non, jamais. » J'ai du mal à la croire. Dans les autres services, les pionnières ne m'ont pas caché leurs difficultés. Soit Céline veut couvrir ses collègues, soit elle refuse toute victimisation, soit elle dit vrai. Un peu dépitée, je l'encourage à poursuivre son récit.

Au bout d'un an, en 1985, Céline intègre la division chargée du contre-terrorisme. « Ce n'était pas encore une sous-direction comme aujourd'hui, explique-t-elle. Et là, j'ai découvert le terrain. J'ai réalisé des filatures et composé des faux couples avec des collègues. » « Sur quelle grande affaire avez-vous travaillé ? » Elle hésite. Je sens qu'elle a du mal à se confier. Je peux le comprendre. Après trente ans à poser des questions, à cuisiner des prévenus, elle se retrouve dans la peau de l'interrogée. Cette inversion des rôles la trouble peut-être. Céline finit par avouer : « J'ai participé à la neutralisation du réseau de Fouad Ali Saleh, surnommé "Ali le Tunisien". » Intéressant ! Ce terroriste chiite organisait le réseau du Hezbollah libanais en France, a commandité 13 attentats en décembre 1985 et septembre 1986 à Paris, notamment celui du magasin Tati de la rue de Rennes, qui fit 7 morts et 54 blessés. « Nous l'avons arrêté lui et ses acolytes juste avant qu'ils ne commettent de nouvelles actions violentes, au moment où ils chargeaient des explosifs dans un véhicule, en l'occurrence un taxi », poursuit Céline.

Dénoncé par un complice, Fouad Ali Saleh est piégé et arrêté en compagnie du chauffeur de taxi rue de la Voûte, à Paris, le 21 mars 1987, avec 12 litres de nitrate de méthyle dans le coffre. Céline précise : « L'arrestation s'est passée un soir, très tard. On les a pris en flagrant délit : ils mettaient les bouteilles contenant de l'explosif liquide dans la voiture. Nous avons aussi retrouvé d'autres explosifs de ce type enterrés dans la forêt de Fontainebleau et destinés au réseau de Fouad Ali Saleh. » Cette action a coupé court à une nouvelle vague d'attentats. « "Ali le Tunisien" a été condamné en 1992 à la réclusion criminelle à perpétuité, assortie d'une peine de sûreté de dix-huit ans. »

L'entretien démarre bien. J'enchaîne les questions sans temps mort : « Quels autres souvenirs vous ont marquée ? » Les yeux au plafond, elle agite son sachet de thé tel un éventail en fouillant dans sa mémoire. Son visage s'illumine soudain comme si elle revivait une scène du passé : « Un jour, je suivais en filature un terroriste en région parisienne. Je devais vérifier son adresse avec un collègue. Nous pensions qu'il n'allait pas revenir de sitôt chez lui. Du coup, nous avons vérifié sa porte. Mais quand nous sommes redescendus, nous avons été très surpris de le croiser dans l'escalier. C'était un individu très dangereux, probablement armé. Heureusement qu'il ne nous a pas trouvés à fouiner devant sa porte. J'ai fait mine d'échanger quelques mots avec mon collègue, avec une grosse poussée d'adrénaline. Ce jour-là, j'ai découvert une facette inconnue de ma personnalité : face au danger, j'arrive à garder mon sang-froid et à maîtriser mes nerfs. »

« Avez-vous déjà eu peur pour votre vie ? » Ma question la fait sourire. « Comment vous expliquer ? Quand on défonce la porte d'un appartement au bélier à 6 heures du matin, et qu'à l'intérieur, des terroristes armés jusqu'aux dents s'y planquent, forcément, on n'est pas rassuré. La peur fait partie de mon job. À l'époque, j'étais armée avec un Smith & Wesson de 9 mm, un petit revolver à canon court que je tenais sous l'aisselle dans mon holster. Mais je vous rassure : je n'ai jamais eu à m'en servir. »

Elle poursuit : « À l'époque, le niveau de violence était moins élevé. Nous n'avions pas de gilets pare-balles. Aujourd'hui, c'est impensable. Les terroristes des années 1980 ne détenaient pas autant d'armes de guerre qu'aujourd'hui. À la DGSI, nous disposons d'un groupe d'action opérationnel, une sorte de mini-RAID qui protège et sécurise nos interpellations. J'ai connu des femmes qui en ont fait partie. »

Se souvient-elle d'autres faits d'armes ? A-t-elle travaillé sur l'affaire Merah ? Nouvel instant de réflexion. « Non. » Nouvelle hésitation. Elle a envie de parler, mais se retient. Je reste silencieuse pour ne pas lui rajouter de pression. Je dois lui laisser le temps de se « déverrouiller » de sa culture du secret. Elle prend une inspiration et finit par révéler : « J'ai participé au démantèlement du réseau parisien de Djamel Beghal, ce terroriste qui voulait s'attaquer à l'ambassade des États-Unis en 2002 à Paris. » Je masque ma surprise : Céline me lâche un gros poisson du marigot islamiste. Je trépigne intérieurement, tout en essayant de cacher mon excitation. Ce Franco-Algérien de la mouvance du GIA n'est rien moins que le mentor des frères Kouachi et d'Amédy Coulibaly, qu'il a rencontrés à la prison de Fleury-Mérogis en 2005. Libéré en 2009, il est placé en résidence surveillée dans le Cantal, où les futurs terroristes de *Charlie Hebdo* et de l'Hyper Cacher lui rendent visite régulièrement. Il a tenté de faire évader Smaïn Aït Ali Belkacem, condamné à perpétuité pour l'attentat de la station de RER

Musée d'Orsay en octobre 1995 à Paris. Aujourd'hui déchu de sa nationalité, il purge une peine de dix ans. Les futurs auteurs des attentats de janvier 2015 à Paris sont donc les « élèves » de Djamel Beghal. Hélas, l'histoire officielle ne mentionne à aucun moment que des agents féminins de la DST, comme Céline, ont participé à déjouer les plans meurtriers de ce terroriste.

Aujourd'hui, Céline a quitté Paris pour revenir aux sources, dans ce sud de la France où elle est née, près de ses parents. « Combien de personnes managez-vous dans votre direction régionale ? » Elle secoue la tête, visiblement désolée : « Je n'ai pas le droit de vous le dire. En revanche, je peux vous préciser que je dirige un service exclusivement masculin. » Comment définit-elle son autorité ? « Je suis très souple. J'écoute mes équipes. Je trouve des solutions et je m'implique tout autant qu'eux. »

« Comment vivez-vous les critiques, notamment celle sur la "myopie" de la DGSI vis-à-vis des attentats de *Charlie Hebdo* et du 13 novembre ? » « Cela me fait mal de lire ces critiques. On nous reproche un manque de réactivité et d'ancrage territorial. Moi qui travaille en province, je peux vous dire que c'est faux. Nos équipes occupent le terrain. Nous passons des heures à localiser les éventuels terroristes et les réseaux. Le travail empiète souvent sur le temps personnel et familial. À chaque nouvel attentat, je me sens déchirée, mais le risque zéro, malheureusement, n'existe pas. »

Romane

Après la pionnière, je vais suivre les tribulations d'une baroudeuse. Aujourd'hui, une as des planques et des filatures m'attend au huitième étage de la DGSI. Romane, brigadier-chef, doit avoir dans sa besace un bon paquet d'anecdotes croustillantes et de souvenirs à fort taux d'adrénaline.

À peine suis-je installée dans le bureau qu'une haute silhouette carrée, aux épaules musclées, pénètre dans la pièce.

Je capte d'emblée une énergie qui brouille les genres, à la fois directe et retenue, comme si le masculin et le féminin rivalisaient en elle pour prendre le pouvoir. De toutes les espionnes que j'ai vues, Romane est de loin celle qui assume le plus sa part « virile ». Avec son jean, ses boots gris de *cow-boy* et son polo Ralph Lauren, elle cultive un style unisexe qui lui a probablement permis de naviguer vingt-deux ans dans la police, dont quatorze dans le renseignement. Derrière son assurance, je perçois aussi chez elle une solidité psychique, une force intérieure qui l'a sûrement aidée à s'imposer sur le terrain, là où les femmes sont le moins nombreuses.

Je redoute la poignée de main… Et j'ai raison de m'inquiéter. Elle me salue joyeusement en me désarticulant littéralement les phalanges. Je secoue mes doigts douloureux en m'exclamant : « Ouch ! Vous avez une sacrée poigne ! » « Ah bon ? », répond-elle, visiblement étonnée. Pour cette fille d'artisans qui a grandi en région parisienne, la police est une vocation. « Ça m'est venu en regardant *Starsky et Hutch* à la télé, m'explique-t-elle. J'aimais les voitures, les courses-poursuites, l'adrénaline… Depuis, j'ai voulu devenir policier. » Je note mentalement qu'elle ne dit pas « policière ».

Romane a longtemps travaillé aux RG de la préfecture de police de Paris (les RGPP), avant d'intégrer la DCRI après la fusion de la DST et des RG en 2008. Après plusieurs années sur le terrain, elle dirige désormais une cellule spécialisée en filatures et surveillances. Première question : « Pourquoi avez-vous accepté cet entretien ? » « Par challenge personnel. Et pour mieux faire comprendre mon métier. C'est la première fois qu'on me le propose. Chez nous, vous savez, c'est assez fermé. » « Vous considérez-vous comme une espionne ? » Elle grimace : « Non. L'espionne, c'est du cinéma. Je suis une fonctionnaire de police exerçant une mission spécifique de renseignement. »

« Quels souvenirs vous ont le plus marquée ? » Elle rigole : « J'en ai plein. Par exemple, lors d'une mission de surveillance, le véhicule dans lequel je planquais a été enlevé par une dépanneuse. Sauf que j'étais à l'intérieur. Je ne pouvais pas sortir, au risque d'être repérée. Mon collègue a appelé la préfecture pour intercepter le véhicule. On s'est bien marrés. » « Avez-vous déjà eu peur pour votre vie ? » « Non. En mission de nuit, on porte un gilet pare-balles. Et on est armé. Je n'ai pas peur, j'ai mon Glock. » Elle hésite : « Mais parfois, en filature, on se fait "détroncher". » Je lève le nez de mon carnet de notes et la regarde, perplexe : « Détroncher ? » « Cela signifie que la cible m'a repérée et a compris que je la suivais. Je dois alors trouver une parade, une légende, si vous voulez. Si on vient me voir pour me demander ce que je fais là, j'explique que je suis une touriste allemande. Ça a marché plusieurs fois. » Elle marque une pause : « La surveillance physique est un travail de fourmi. Pour un événement palpitant, vous passez des heures dans une voiture à scruter un individu ou la porte d'un immeuble dans lequel il est entré. Avec certains inconvénients physiques... Mes collègues, eux, peuvent se soulager dans une bouteille. Pour une femme, c'est plus difficile. Après quinze ou seize heures de filoche, quand on sort, on est en plié en deux. »

« Vous avez participé à déjouer des attentats ? » « Oui. » « Lesquels ? » « Je n'ai pas le droit de vous en parler. » Je soupire. Je me suis réjouie trop vite. L'entretien sera plus difficile que je ne le pensais. « Un jour, j'ai filé un gros poisson, continue Romane. Il allait mettre un explosif sous une voiture pour commettre un attentat. J'étais avec un collègue. On est intervenus avec un service de la PJ. On l'a arrêté à temps, pile au moment où il s'approchait de la voiture avec un sac qui contenait de l'explosif. Là, je peux vous dire que j'ai le cœur qui palpite. C'est aussi une grande satisfaction, l'aboutissement de plusieurs mois de travail. » « Vous ne pouvez pas m'en dire plus... » « Non. Désolée. »

« Quelle filature vous a le plus marquée ? » « Les premières fois où j'ai porté le voile musulman, le *hijab*, pour infiltrer les marchés de banlieue ou dans certains quartiers parisiens. Des collègues d'origine maghrébine m'ont prêté le voile de leur mère. Quand je l'ai enfilé, ça m'a fait bizarre. Mais j'ai pu approcher des individus dangereux et écouter leurs conversations. C'est l'avantage d'être une femme dans ce métier. On endort la méfiance. » « Vous suivez souvent des djihadistes ? » « Oui. L'islamisme radical, j'y consacre cent pour cent de mon temps. Je colle aux basques de djihadistes vétérans, revenus de zones ou en partance, impliqués dans des projets terroristes. Comme ils ne sont pas passés à l'acte, nous n'avons pas assez de preuves pour porter le dossier devant la justice. Alors nous les surveillons en utilisant tous les moyens légaux à notre disposition : je planque, j'intercepte leurs communications ou je les filoche dans la rue. Quand ils ont des rendez-vous, je prends leurs contacts en photo. »

Elle réfléchit, avant de poursuivre : « Une nuit, on a planqué en province, dans un milieu très rural. C'était une mission de reconnaissance : on cherchait à détecter le véhicule d'un groupe terroriste et à capter sa plaque d'immatriculation. À la campagne, c'est plus compliqué car les villageois repèrent tout de suite les nouvelles têtes. Pour approcher nos cibles le plus discrètement possible, on a traversé les bois. Il devait être 3 heures du matin, et il pleuvait à torrent. On a sauté dans des buissons remplis d'épines, pour finir par se retrouver dans un nid de sangliers, entre la laie et les marcassins. Et la nuit, ces bestioles, ça grogne fort ! Entre les terros et les sangliers, on n'était pas rassurés ! » Hilare, j'imagine la scène : on dirait du *OSS117* ! Romane ne craint pas l'autodérision.

Au bout de quelques minutes, je reprends mon sérieux : « Comment avez-vous vécu les attentats de *Charlie Hebdo* ? » « Lors d'une attaque de ce type, c'est l'équipe judiciaire qui démarre. Elle pilote l'enquête et formule des demandes de filatures à mon service. Si les objectifs sont rapidement identifiés, comme ç'a été le cas pour *Charlie Hebdo*, j'envoie les effectifs de filature sur des objectifs qui nous sont attribués par les groupes d'enquête de la direction. » J'imagine qu'elle a dû filocher l'entourage des frères Kouachi.

« Et les attentats du 13 novembre ? » « Évidemment, j'étais en alerte ce soir-là. Je suis revenue au bureau vers 23 heures pour rejoindre la salle de crise. À la demande des groupes d'enquêtes, ma mission était d'orienter les effectifs de filatures sur le terrain. Le rôle de mon équipe ce soir-là, était d'apporter un appui opérationnel aux équipes de terrain. Nous effectuons des recherches à partir des renseignements que nous communiquent les différentes équipes : surveiller les adresses connues des objectifs ou de leur entourage, les suivre pour identifier leurs domiciles, leurs planques lorsqu'elles ne sont pas déjà connues, identifier des véhicules qu'ils utilisent, connaître leurs déplacements, etc. Vous savez, un attentat sur notre territoire, on le vit comme un échec. Hélas, il y a une inflation du nombre de cibles : nous avons plus de 1 500 objectifs à surveiller. Et de nouvelles cibles peuvent se réveiller. Or pour suivre une personne, il faut sept agents. Avant de démarrer une filature, il faut réaliser, en amont, tout un travail d'analyse et de détection. Comme nous manquons d'effectifs, nous sommes obligés de prioriser. » « En fonction de quels critères ? » « Des individus susceptibles de commettre un attentat sur le territoire national, ou des individus en relation avec des personnes qui ont attiré l'attention de notre service. »

« Vous avez subi du machisme à la DGSI ? » « Oui. J'ai vécu deux ou trois trucs. » « Racontez-moi… » Romane botte en touche en souriant avec malice : « Vous êtes trop féministe. » Je réplique du tac au tac : « Pourquoi ? Pas vous ? » « Non, pas vraiment. Pour moi, c'est une question de caractère. Je ne me laisse pas faire. Bien sûr, j'ai entendu des phrases du genre : "On était mieux sans les femmes dans la police." Mais je recadre vite. Les clichés sexistes, j'en entends aussi à l'extérieur de la DGSI. Quand je dis que je travaille dans la police, on me demande souvent : "Alors, tu es dans un bureau ?" On n'imagine pas les femmes sur le terrain. Or elles sont un atout : en surveillance, une femme éveille moins les soupçons. »

« Quelles sont les qualités d'un bon agent en filature ? » « Se montrer discret, rester humble. Il faut aussi avoir du vice, être malin, anticiper les réactions, détecter une attitude, étudier un comportement. En filature, j'analyse le langage corporel de mes cibles. Il faut être physionomiste. Un individu qui se frotte les bras et regarde autour de lui sera inquiet, méfiant. S'il se retourne constamment, regarde dans les vitrines, accélère et ralentit le pas, cela signifie qu'il teste pour savoir s'il est suivi. » « Comment voyez-vous l'avenir des femmes dans le renseignement ? » « J'espère qu'il sera important. Aujourd'hui, on manque de femmes. Je n'ai pas de filles dans mon équipe. Et c'est bien dommage car on gagnerait en efficacité. » « Vous êtes inquiète pour l'avenir ? » « Oui, mais je reste quand même optimiste. Le terrorisme fait partie de notre vie. Il faut apprendre à vivre avec. »

Victoire

À peine Romane s'éclipse-t-elle qu'une jeune commissaire au regard frondeur déboule dans le bureau. Elle s'installe avec aisance en face de moi dans le fauteuil de cuir noir. Elle blague avec la secrétaire : « Aujourd'hui, j'ai droit au thé du directeur ? » Puis elle se tourne vers moi, toujours piquante : « J'ai finalement choisi mon prénom fictif : ce sera Victoire. En toute simplicité. » Je soulève un sourcil. De l'ironie, de l'impertinence, de l'audace ? Voilà qui me change des froides techniciennes du renseignement que j'ai pu rencontrer dans d'autres services. Sans aucune arrogance, Victoire impose d'emblée son tempo, son rythme, son énergie.

À première vue, sa blondeur et son visage faussement candide lui donnent un air de jeune communiante. Mais la comparaison s'arrête là. Aucune naïveté dans ses yeux perçants qui m'observent par en dessous, comme prêts à en découdre avec le monde entier. Derrière son humour mordant, Victoire possède une intelligence affûtée doublée d'une lucidité implacable. Très vite, je remarque aussi qu'elle gomme sa féminité sous un sobre chemisier noir et un blazer gris à épaulettes, comme pour se donner plus de carrure. Des mocassins sans talons complètent son uniforme de *working girl.* Sa seule coquetterie ? Un trait d'eye-liner nacré sur les yeux. Rien qu'à sa tenue, je perçois les tensions entre la femme et le métier.

À la DGSI depuis 2011, Victoire vient, à tout juste 29 ans, d'être nommée directeur départemental. Une ascension fulgurante pour cette jeune recrue précoce qui fait partie du cercle restreint des hauts potentiels féminins de la DGSI.

« Expliquez-moi concrètement votre fonction. » « J'organise mon service. Je cherche à faciliter le travail d'investigation de mon équipe et à résoudre les difficultés qu'elle peut rencontrer. Je supervise aussi les orientations d'enquête. Enfin, je représente la DGSI auprès des partenaires institutionnels, notamment en préfecture. Mon service est composé d'une vingtaine de fonctionnaires et couvre tout le spectre des missions de la DGSI (contre-terrorisme, protection économique, contre-espionnage). La problématique principale, dans ma zone, reste la lutte anti-terroriste. »

« Quels types de personnes surveillez-vous ? » « Des individus qui ont des velléités de départ vers les zones de djihad. À nous d'établir leurs intentions réelles. Si l'enquête démontre l'absence de projet concret, de départ ou d'action violente, nous clôturons le dossier. À l'inverse, si l'individu radicalisé est sur le point de rejoindre la Syrie, nous avons recours à des mesures administratives, comme l'interdiction de sortie du territoire. Si un projet violent est identifié, une enquête judiciaire sera ouverte, afin de neutraliser pénalement l'individu. »

« Comment avez-vous vécu le 13 novembre ? » « Nous avons été très marqués. À la fois en tant que citoyen, en tant que policier, et bien sûr en tant qu'agent de renseignement, car la mission de la DGSI est de protéger et de sanctuariser le territoire national. Je m'efforce de prendre du recul et de réfléchir avec mon équipe à la manière d'adapter le travail de renseignement par rapport à la réalité d'une menace croissante. » « Comment percevez-vous les critiques sur les failles du renseignement ? » « Je les lis et les écoute très attentivement. Je comprends que la société se pose des questions sur notre fonctionnement. Nous sommes un service public, donc au service de tous les citoyens et qui intéresse tous les citoyens. Il est aussi celui qui porte souvent la responsabilité des attentats commis, alors même que le travail quotidien, confidentiel, comporte de grandes victoires. Malgré tous les efforts que l'on déploie, il faut faire preuve de réalisme et d'humilité, et accepter que l'on ne puisse pas tout prévoir. »

« Dans votre métier, vous pouvez manipuler, mentir, suivre quelqu'un dans la rue, entrer dans la vie des autres… Vu de l'extérieur, c'est fascinant. Est-ce que c'est grisant ? » « Tous les moyens employés tels que le traitement de source, la filature et la surveillance, les écoutes administratives, sont utilisés dans un cadre juridique établi et encadré par un contrôle strict. Nous recourons à ces outils avec une finalité bien précise, qui entre toujours dans le champ des missions de la DGSI, et certainement pas seulement pour le plaisir de suivre ou d'écouter. En réalité, ces moyens importants nous confèrent une grande responsabilité et je garde à l'esprit que toute écoute administrative ou surveillance, aussi dérogatoire peut-elle sembler, est un outil de sauvegarde de la démocratie, et doit le rester. » J'insiste : « Est-ce qu'il y a du plaisir ? » « Bien sûr qu'il y a du plaisir. À l'inverse, il faudrait que je change de métier ! Le travail de renseignement est porteur de sens et de valeurs. Et non, nous ne sommes pas des gamins attirés par l'interdit ! » Je ne lâche pas mon idée : « Mais écouter les autres, c'est excitant. Rappelez-vous le film *La Vie des autres*, quand l'agent de la Stasi est ému par le couple qu'il espionne… » Victoire lève les yeux au plafond : « Il peut nous arriver d'être surpris ou de rire du contenu d'une écoute, bien sûr ! Mais n'y sont retranscrits que les propos intéressant l'enquête, donc non, nous ne suivons pas l'intégralité de la vie des gens ! Et c'est le plus souvent répétitif… Rien à voir avec le film, donc. »

« Quelles difficultés rencontrez-vous au quotidien ? » « Je pense à trois difficultés. D'abord, l'accroissement exponentiel du nombre de personnes signalées pour radicalisation, qui constituent autant d'objectifs à suivre pour le service. Ensuite, la multiplication du nombre de structures en charge de la lutte antiterroriste, qui impose un “calage” quotidien pour éviter des conflits de compétences. Et enfin, l’alourdissement des procédures administratives (demandes de facturations détaillées, d’identifications de numéros notamment), car si toute mesure doit évidemment être justifiée, motiver chaque demande exige du temps, au détriment de l’investigation elle-même. »

« Qu’est-ce que les attentats de *Charlie Hebdo* et du 13 novembre ont changé pour vous ? » « Avant même ces attentats, l’affaire Merah a été un véritable bouleversement. L’explosion des départs en Syrie a également été un marqueur de la dégradation sécuritaire. Ces événements ont changé notre état d’esprit, ont fait évoluer notre manière de travailler, nos procédures. Nous avons dû nous adapter à l’évolution de la menace, croissante en quantité et en gravité. Aujourd’hui, les échanges de renseignements se sont multipliés. Mon rôle n’est plus d’apporter ou de transmettre des informations mais bien de les filtrer. »

« Quelle est pour vous la partie la plus sympa du job ? » « Mener une équipe », répond-elle. « Pourquoi ? » Elle réfléchit pour affûter sa réponse : « Enfant, j’ai eu très tôt conscience de la distribution faite par la société des rôles entre hommes et femmes. Petite, j’aimais jouer à la guerre. Je voulais être une meneuse d’hommes. » « Être une femme à la DGSI, comment le vivez-vous ? » « En venant travailler, j’ai besoin de me mettre dans un état de concentration. Je ressens la nécessité d’enfiler une sorte d’uniforme pour me sentir à l’aise dans ma fonction. Un jour, j’ai mis une petite cape pour venir au bureau, et je ne me suis pas sentie à l’aise, cela ne collait pas. Je préfère de loin mon manteau d’officier britannique ! Plus largement, je m’applique un principe de neutralité au travail. J’enfile mon tailleur et ma chemise. Pour moi, les effets de toilette n’ont pas leur place au travail. Du coup, je gomme tout élément qui pourrait troubler le message technique et policier. Une femme ne doit pas être reconnue en tant que “femme professionnelle” mais en tant que “professionnelle” tout court. »

« Percevez-vous du sexisme à la DGSI ? » « La DGSI est à l’image de la société qui n’est pas encore “tout à fait égalitaire…" Alors oui, bien sûr, il m'arrive de ressentir une forme de condescendance envers les femmes. Lors d'une formation, je devais envoyer une note à un commissaire, du même grade que moi. Il m'envoie un sms : "Merci, ma belle", avec un smiley. Je lui ai répliqué : "De rien, mon grand. Et au fait, je ne suis pas 'ta belle'." Il m'a répondu : "Et je ne suis pas ton grand." Cela lui a autant déplu qu'à moi. Je lui ai fait comprendre que sa condescendance était déplacée. »

Elle poursuit, pulvérisant la bien-pensance : « Ici, on marche encore beaucoup en paire de couilles. Si parfois on pouvait aussi raisonner en paire de seins, ça ferait avancer les choses. » J'éclate de rire. Victoire continue : « L'éducation qu'on donne aux filles doit leur donner des valeurs, et la capacité de se créer leurs propres cadres, leurs propres perspectives et leurs ambitions. J'aimerais aussi que soit mieux compris le fait qu'une femme, comme un homme, qui a ou va avoir des enfants, ne sera pas moins investie dans son travail parce qu'elle a ou va avoir une famille à gérer. Le chemin est encore long. »

« Vous êtes féministe ? » « Je n'aime pas les injustices. Hommes et femmes doivent être considérés et se considérer d'égal à égal, sans que l'un se juge supérieur à l'autre seulement du fait du genre. Hier, je suis allée au cinéma et j'ai pensé à vous, à notre entretien d'aujourd'hui. Une première pub montrait des greluches surmaquillées déguisées en poupées en train de jouer au bowling avec des parfums Chanel. La deuxième, une pub pour Audi, montrait un homme au volant d'une voiture, qui évoquait la puissance, la volonté et le pouvoir. Notre société assigne constamment des rôles différents aux femmes et aux hommes. Or, nous avons besoin de rôles modèles féminins qui cassent ces codes dépassés, qui évoquent aussi la force, l'ambition et la réussite. Les femmes du renseignement véhiculent cette image de prise de risque. J'ai envie de dire aux femmes : "Ne vous censurez pas, ne réfléchissez pas en termes de genre mais d'envie." Cessons aussi de répéter aux petites filles : "Souris et sois sage." Il faut leur dire : "QUI OSE GAGNE !" »

Pauline

Aujourd'hui, je change de décor. Je quitte le confortable bureau du huitième étage et j'emboîte le pas de ma prochaine candidate dans un dédale de couloirs. J'en profite pour observer ma nouvelle « espionne ». À l'opposé de la flamboyante Victoire, Pauline, officier de police judiciaire, affiche un visage de petite fille tout en douceur et en fragilité. Ses cheveux bruns lui tombent sagement sur les épaules. Fine, pâle, introvertie, elle s'exprime d'une voix ténue, parfois à peine audible. Tout en elle me donne l'impression d'une jeune fille rangée, studieuse, sérieuse, lisse, sans aspérités, aux antipodes de l'agent de renseignement aguerrie et sûre d'elle. Je fronce les sourcils, vaguement inquiète. Que pourra-t-elle me raconter de palpitant ? Je crains même de la bousculer avec mes questions.

Dans les couloirs, je commence à l'interroger. « Vous avez quel âge ? » « Trente ans. Et je travaille à la DGSI depuis deux ans. » Je m'attends presque à la voir rougir. Mais non. À ma grande surprise, je ne décèle aucune émotion, ni dans sa voix, ni dans sa gestuelle. Sa petite voix fluette ne tremble pas. Je ne peux pas m'empêcher de remarquer : « Vous avez l'air toute timide… » Elle hoche la tête, en esquissant un petit sourire énigmatique : « Non, pas tant que ça… »

Je ne suis pas au bout de mes surprises. Pas une seconde je ne me doute de l'endroit où Pauline me conduit. Elle me précède dans l'ascenseur et appuie sur un bouton. « Je vous emmène au sous-sol », me lance-t-elle d'un ton naturel, presque badin. Je la regarde, perplexe et étonnée. Je vais donc descendre au cœur de la DGSI, dans ce bunker du renseignement français que peu de journalistes ont exploré. Les sens aux aguets, j'emboîte le pas de Pauline, qui file devant moi d'un pas léger dans un entrelacs de couloirs peints en blanc, au plafond bas, zébré de tuyaux de gaz et éclairé de néons blafards. Des odeurs mêlées de peinture fraîche et de gaz d'échappement flottent dans l'air de cet ancien parking transformé en QG de l'antiterrorisme. Avec assurance, Pauline déverrouille une à une les lourdes portes sécurisées grâce à son badge magnétique. Au bout de la dernière, barrée d'un « Accès enquêteurs et accompagnants », écrit en lettres rouges, Pauline s'arrête devant un poste de sécurité. Elle demande au gardien, posté devant plusieurs écrans de surveillance : « On peut prendre quelle salle ? » Le policier s'extrait de sa guérite sombre et répond aimablement en lui tendant un trousseau : « La numéro 3. Je ne vous accompagne pas. » Il rajoute avec malice : « Madame sait… » Pauline lui rend son sourire et empoigne les clés. En les observant, j'ai la curieuse impression d'être dans un monde d'initiés, liés par je ne sais combien de troubles secrets. Me voici donc au cœur du sanctuaire de la lutte antiterroriste en France.

Après le poste de sécurité, Pauline m'indique une porte sur la gauche, d'un sinistre gris métallique, trouée d'une lucarne opaque : « Derrière se trouve notre dizaine de cellules. Je ne peux pas vous les faire visiter, car elles sont toutes occupées. » Un court instant, je reste sidérée, plantée devant cette porte carcérale, derrière laquelle la plupart des plus grands terroristes français ont été mis en cellule. Les noms de Mohamed Merah, le tueur au scooter de Toulouse, Djamel Beghal, le mentor des frères Kouachi, Yassin Salhi, qui a décapité son patron en Isère, Salah Adbeslam, ou encore Reda Kriket, surgissent dans mon esprit. Ils ont probablement dû être « cuisinés », des heures durant, dans ce couloir mortifère. Et encore aujourd'hui, à cet instant même, une dizaine d'individus, de criminels, de terroristes présumés ou avérés, parmi les plus dangereux de France, y sont enfermés, à quelques mètres de moi. Je frissonne malgré moi.

Inconsciente de mon trouble, Pauline poursuit ses explications, comme si elle me faisait visiter son nouvel appartement : « De l'autre côté, il y a des salles pour les avocats et les médecins. Il y a même une salle de visio-conférence. Les magistrats du parquet peuvent ainsi nous donner leur accord pour prolonger une garde à vue après s'être fait présenter les mis en cause. » Au bout d'un nouveau couloir, elle ouvre la porte numéro 3. « C'est là que je réalise mes auditions, m'explique-t-elle de sa voix fluette. Nous avons dix salles comme celle-ci à notre disposition. » Je pénètre dans une petite pièce sans fenêtre, peinte d'un blanc immaculé quasi hygiéniste, avec un bureau gris et deux chaises noires à roulettes de part et d'autre. Je suis presque déçue : « Il n'y a pas de vitre sans tain ? » « Non. Et cette pièce doit être la plus neutre possible. L'interphone est relié au poste de sécurité qui nous assiste 24 heures sur 24. » Sur le bureau trône un ordinateur barré d'un long sticker rouge : « Confidentiel défense ». Elle tend le bras et pointe son index sur un objet métallique situé juste derrière moi, que je n'avais pas remarqué : scellées au mur, une paire de menottes pend à quelques centimètres de mon bras. « Si un "mis en cause" est violent, je le fais menotter par mesure de sécurité. Cela n'arrive pas si souvent que ça », précise Pauline. Elle s'installe derrière le bureau et me montre le siège du prévenu : « Asseyez-vous là ». Je prends la place du gardé à vue avec une certaine appréhension. Instinctivement, je déglutis comme si j'allais moi-même subir un interrogatoire. Je reprends mes esprits et ouvre mon carnet de notes, plus pour me donner une contenance et me raccrocher à un objet familier que pour écrire quoi que ce soit.

Je rassemble mes idées, mon cerveau turbine à toute allure pour trouver les questions adaptées à cette situation inédite, que je n'avais pas prévue. Mon regard sur Pauline a changé. Je l'ai clairement sous-estimée. J'imagine qu'elle doit en avoir l'habitude. Je la fixe droit dans les yeux : « Vous avez conscience de renvoyer une image de femme fragile ? » Elle m'adresse un nouveau sourire en coin. Je commence à comprendre. Surprendre ses interlocuteurs, visiblement, c'est sa marque de fabrique, sa méthode d'espionne. Je le reconnais sans peine : ça marche. Moi-même, j'ai été déstabilisée. « Oui, et cela m'est utile parfois, même quand j'auditionne des djihadistes », reconnaît Pauline. J'écarquille les yeux de stupeur : je ne l'imaginais pas une seconde sur ce terrain-là. Je répète : « Des djihadistes ? » « Oui, c'est une partie de mon travail. Je suis spécialisée dans le terrorisme islamiste. Plus précisément, je manage une équipe de 20 agents qui auditionnent les djihadistes, entre autres. Nous sommes chargés plus généralement de procédures judiciaires en lien avec le terrorisme islamiste. » Pauline travaille sur les individus les plus dangereux : ceux qui sont judiciarisés. Ceux contre lesquels la DGSI a réuni suffisamment de preuves pour les placer en garde à vue, puis, à l'issue, les déférer devant le magistrat compétent en vue de les mettre en détention provisoire dans l'attente de leur jugement.

Pour moi, interviewer Pauline là où elle-même interroge des djihadistes me fascine littéralement et donne un étrange écho à mes questions. « Reprenons du début. Vous venez d'où ? » Fille d'artisans, Pauline a grandi dans le Sud-Ouest. « À la maison, j'étais une petite fille rangée qui jouait à la poupée. Et à l'école, je devenais un garçon manqué qui se battait à la récré. Comme les garçons faisaient peur aux filles, moi, je faisais peur aux garçons. » Non, Pauline n'est décidément pas ce qu'elle paraît. Lors d'un salon étudiant, elle rencontre des policiers. Cette passionnée d'histoire qui se rêvait archéologue, qui aime fouiller, investiguer, questionner, trouve son chemin : elle sera enquêtrice. Après cinq ans de droit, elle réussit le concours de l'École de police et en sort officier. « Je voulais travailler dans un service d'investigation situé en banlieue difficile. Je n'ai eu aucun mal à décrocher le poste : personne n'en voulait ! »

En 2011, le jeune lieutenant de police démarre dans un commissariat de la région parisienne. Elle découvre la misère sociale. Tel cet homme momifié découvert dans un appartement insalubre. « En entrant, je l'ai senti avant de le voir. Il était mort depuis un mois et demi. Très vite, j'ai réalisé qu'il y avait encore des traces de vie dans l'appartement rempli d'immondices. Son épouse et son chien vivaient encore là. Sa femme était saoule du matin au soir et elle ne s'était même pas rendu compte que son mari était mort. Ou en tout cas, elle n'avait jamais eu la présence d'esprit d'appeler les secours le jour où il a chuté. Il n'a pas pu se relever à cause de son surpoids et d'une fracture de la hanche. Chaque soir, en rentrant du troquet, elle embrassait sur le front le cadavre étendu au milieu du couloir dans les ordures, lui parlait et allait se coucher. C'était du Zola. »

Au commissariat, Pauline enquête essentiellement sur des affaires de drogue, de violences familiales, de viols et de vols commis en bandes organisées. Elle « suit » aussi des jeunes délinquants, régulièrement arrêtés par ses collègues. « C'était souvent les mêmes. Je les ai vus grandir. À 15 ans, ils écoutaient du rap en dealant du shit. Puis, pour certains, quelques années plus tard, vers 18 ans, ils se laissaient pousser la barbe, portaient un kamis[1] sous leur veste de survêt. Je trouvais parfois des vidéos djihadistes ou à caractère radical dans leurs clés USB. Je me souviens notamment d'une vidéo récupérée sur Youtube expliquant que Madonna, David Bowie, et plus généralement la culture américaine, étaient l'incarnation du diable. À leur front, je voyais apparaître, en quelques mois seulement, un durillon, signe de leur soudaine assiduité à la prière. Une fois, nous en avons eu un qui hurlait en arrivant au poste que Mohamed Merah avait raison d'avoir tué des Juifs, et que, s'il pouvait, il ferait la même chose. »

Je lève les yeux de mon carnet de notes. Son récit me glace. « Et la DGSI ? Comment y êtes-vous entrée ? » « Un collègue m'a appris que le renseignement intérieur cherchait des officiers de police judiciaire spécialisés dans le terrorisme islamiste. » C'était en 2014, l'année où la DCRI devient la DGSI. Deux ans après les tueries de Toulouse et Montauban perpétrées par Mohamed Merah, les effectifs du service sont renforcés avec plus de 430 fonctionnaires et contractuels dont le recrutement est planifié sur plusieurs années. Pauline fait partie des nouvelles recrues. Après les attentats de janvier 2015, 500 emplois supplémentaires sont promis par le gouvernement.

Chef d'un groupe d'investigation, elle manage 9 enquêteurs. Très vite, en septembre 2015, elle est nommée adjointe du chef de section, et supervise ainsi un service de 20 personnes dans la Sous-Direction judiciaire, dans la structure dédiée au contre-

1. La tunique blanche des salafistes, NDLR.

terrorisme. Le 7 janvier 2015 éclatent les attentats de *Charlie Hebdo* et de l'Hyper Cacher. « Vers 11 h 30, j'attendais devant l'ascenseur, à la DGSI. Mon téléphone a sonné. Un collègue m'apprend la fusillade. J'ai foncé dans le bureau de mon patron. Beaucoup d'agents ont eu le même réflexe que moi car le bureau était bondé. Il a réparti les tâches. Les noms des frères Kouachi sont arrivés assez vite. Toute la division a été mobilisée. Ma section a été chargée de déterminer leur environnement. »

« Dans le judiciaire, on s'intéresse aux faits, aux événements », poursuit Pauline. La SAT[1] pilotait le dossier. Elle fédérait les infos, avec le renfort de la DGSI et la SDAT. « Les différents services se répartissent les cibles. Le travail consiste à déterminer les complicités, à cartographier l'entourage proche des terroristes et à auditionner les familles. »

Selon le ministre de l'Intérieur Bernard Cazeneuve, neuf personnes de l'entourage proche des frères Kouachi ont été placées en garde à vue dans le cadre de l'enquête. L'objectif ? Savoir si les terroristes ont déjà fait l'objet d'une enquête judiciaire. Et en savoir plus sur leur famille, sur leur personnalité. Sur réquisition judiciaire, les magistrats peuvent demander aux opérateurs les « fadettes », c'est-à-dire les facturations détaillées des lignes téléphoniques des terroristes. Dans ces nombreuses pages de numéros bruts, l'idée est de chercher des indices, des anomalies. De repérer les contacts peu fréquents mais significatifs, les appels répétés, ceux qui reviennent le plus souvent ou les numéros déjà connus. Pauline poursuit : « Je récolte les résultats des recherches de ma section, j'établis des liens entre eux en fonction des découvertes de mes collègues, et ensuite je transmets les informations, à l'oral et à l'écrit, à ma hiérarchie et aux autres services. »

« Et comment avez-vous vécu les attentats du 13 novembre ? » « J'étais chez moi et je m'apprêtais à me mettre en pyjama pour aller me coucher. » « À 21 h 30 ? » « Oui, j'étais épuisée car j'avais eu une grosse semaine de travail. Un collègue m'a appelée

1. Section antiterroriste de la préfecture de police de Paris, située au 36 quai des Orfèvres.

pour me parler d'une fusillade dans l'est de Paris. J'ai espéré que ce ne soit qu'un fait divers classique. J'ai allumé la télé et regardé les fils d'information dans les journaux. Une deuxième fusillade, puis une troisième ont suivi. J'ai compris que nous étions face à des attentats coordonnés et multisites. Tout le service a été rappelé, il n'était plus temps de se poser des questions, nous devions revenir au plus vite. » « Ensuite ? » « C'était comme pour *Charlie Hebdo*. J'ai eu un moment de sidération le lendemain quand le nombre des victimes est tombé. 129 morts… C'était bien pire que *Charlie Hebdo* ! Nous avons participé à l'identification des différents terroristes, fait des recherches sur leur environnement, essayé d'établir en procédure la manière dont les faits se sont déroulés. Plusieurs étaient fichés par la DGSI ou avaient fait l'objet de procédures judiciaires. » « Que pensez-vous du cerveau des attentats, Abdelhamid Abaaoud ? » « Je ne saurais pas vous expliquer comment il a pu avoir un tel charisme pour entraîner les autres. Hélas, je ne peux pas vous en dire plus, car l'enquête est en cours. » Un peu frustrée, j'essaie d'en savoir plus sur le logeur : « Et Jawad, le logeur ? » Elle rigole : « Sa ligne de défense était tellement ridicule qu'il a été parodié sur les réseaux sociaux… »

« Avez-vous été surprise par ces attaques ? » « Non, pas vraiment, répond-elle. On les redoutait. Aujourd'hui, nous essayons de judiciariser un maximum de personnes à titre préventif pour les neutraliser, pour intervenir avant qu'ils aient le temps de commettre quelque chose de terrible. À la DGSI, nous avons aussi conscience de nos limites : on ne peut pas voir tout le monde, ni mettre tous les djihadistes en garde à vue. » « Dans quel état d'esprit êtes-vous ? » « Je suis un peu inquiète pour l'avenir, confie-t-elle. Le nombre d'affaires explose. »

Selon le ministère de l'Intérieur, après le 14 novembre, 3 289 perquisitions administratives ont été menées. Près de 560 armes, dont 42 armes de guerre, ont été saisies. Elles ont conduit au placement en garde à vue de 341 personnes et donné lieu à l'ouverture de 571 procédures judiciaires. Par ailleurs, 407 assignations à résidence ont été prononcées, et une dizaine de mosquées radicales et salles de prières ont été fermées (chiffres au 3 février 2016, communiqués en Conseil des ministres). « Et chaque dossier judiciaire implique plusieurs personnes. Certains sont difficilement détectables. Il faut des charges suffisantes pour pouvoir établir une procédure judiciaire qui aboutisse à des poursuites. » « Avez-vous déjà relâché des djihadistes dangereux, faute de preuve ? » « Oui. Parfois, nous sentons qu'ils ne sont pas stables. Ils ont l'air froid, distant, dangereux. Nous avons notre "intime conviction" mais cela ne suffit pas, il nous faut des preuves objectives. On les a peut-être interpellés trop tôt. »

Toujours selon le ministère de l'Intérieur, la DGSI surveille ainsi plus de 2 000 personnes impliquées dans des phénomènes de radicalisation religieuse violente ou dans des filières de recrutements djihadistes, telle celle des Buttes-Chaumont, à laquelle appartenaient les frères Kouachi et Amédy Coulibaly. Une filière peut avoir différents buts : le soutien logistique, l'acheminement d'armes, le recrutement sur Internet, l'aide au départ pour les candidats djihadistes qui veulent se rendre en Syrie. « On ne peut pas les arrêter car à ce stade, ils n'ont pas commis d'infraction, explique Pauline. Mais on les surveille en essayant d'établir qu'ils sont au moins en train d'en préparer une (c'est ce qu'on appelle un commencement d'exécution) ou qu'ils se rendent complices par aide ou assistance, mais cela peut être très difficile à établir. En enquête judiciaire, je travaille sur les plus dangereux, sur saisie du magistrat : ceux qui sont allés combattre dans la zone irako-syrienne. Certains envoient des photos à leurs familles. On les voit en treillis avec leur kalachnikov. Lorsque nous avons suffisamment de preuves pour les cueillir directement à la sortie de l'avion, nous les interpellons, les plaçons en garde à vue et perquisitionnons leur domicile. Suivent ensuite les auditions et l'exploitation des différents éléments de preuve saisis et placés sous scellés dans le cadre de l'enquête. » Depuis 2014, les djihadistes qui ont commis des actes terroristes à l'étranger sont passibles de poursuites pénales.

« Combien y a-t-il de filières en France ? » « C'est difficile à dire. On ne le sait pas. Il peut s'agir d'un réseau structuré comme de deux idiots dans une cité qui veulent envoyer copains, argent ou matériel en Syrie ou en Irak. Souvent, là-bas, ils se retrouvent entre Français dans la même *katibat*. Le premier arrivé appelle ses copains pour leur dire : "C'est chouette, le djihad !" Je traite tous les jours des dossiers de filières. »

Pauline a participé à plusieurs interpellations et perquisitions chez des djihadistes soupçonnés de fomenter des attentats. « C'est un groupe d'appui qui entre dans les lieux en premier. Ils défoncent la porte avec un bélier ou un *door rider*, un vérin qui exerce une pression des deux côtés de la porte. Ils figent les lieux, s'assurent de l'absence d'objets ou d'animaux dangereux, et menottent les individus. Après, je peux entrer avec mon équipe. » « Avez-vous déjà eu peur pour votre vie ? » « On est déjà entré chez des djihadistes sans le groupe d'appui. En général, on débarque chez eux en nombre à 6 heures du matin et on les interpelle. Généralement, ils sont assez surpris car ils dormaient. Il est arrivé que certains nous insultent ou tentent de nous porter quelques coups, mais comme nous nous efforçons d'intervenir en sécurité et suffisamment nombreux, nous n'avons pas eu de raison d'avoir peur pour notre intégrité physique ces fois-là. »

« Comment cette nouvelle génération de djihadistes a-t-elle appris à déjouer les techniques de renseignement ? » « La plupart viennent de la délinquance de droit commun. Quand ils se sont fait attraper une fois, ils ont accès à la procédure pendant leur mise en examen. Ils comprennent comment ils ont été arrêtés. Daech communique aussi sur la meilleure façon de rester discret par rapport aux forces de l'ordre. C'est ce qu'on appelle la *taqiya* : pour combattre l'ennemi, ou pour survivre, nos djihadistes ont le droit de dissimuler leur foi en s'adaptant à un milieu qu'ils considèrent comme leur étant hostile. Ainsi, ils peuvent boire, fumer, s'habiller à l'européenne, ou même aller en boîte de nuit, pour s'intégrer ou pour donner l'illusion qu'ils ne constituent pas une menace. En cas d'arrestation, des consignes leur sont également données sur le discours à tenir : alibis, déni, tout est prévu. On a récupéré chez certains djihadistes un manuel de survie en garde à vue, écrit par des anarchistes d'extrême gauche il y a quelques années. Nous faisons aussi des écoutes, mais vous savez, certains s'en fichent d'être écoutés. D'autres, plus méfiants, l'oublient à un moment donné. Leur vigilance baisse dans la vie quotidienne. Ils utilisent aussi des codes pour communiquer, exactement comme dans les stups. Certains se désignent à leurs complices avec des noms de chanteuses, ou désignent les armes par des noms anodins à première vue, par exemple. »

« Après l'attentat de *Charlie Hebdo*, Saïd Kouachi a oublié sa carte d'identité dans une voiture. Quand on voit les erreurs qu'ils commettent, on s'interroge : les terroristes sont-ils des pieds-nickelés ou des professionnels de la guerre ? » « Il y a chez eux une part d'improvisation et beaucoup de détermination. Ce ne sont pas tous des professionnels ou des intellectuels, et loin de là, ce qui les rend parfois plus imprévisibles. Un jour, un djihadiste en garde à vue nous a expliqué : "Je sais où est la Syrie. C'est là où il y a des pyramides." Il m'a fait rire. La plupart sont motivés, ils fonctionnent par réseaux. Ils s'appuient à la fois sur le réseau de la communauté islamiste radicale et sur celui de la délinquance de droit commun. Sur place, Daech a mis en place une administration. C'est un proto-État créé par des anciens cadres bassistes irakiens et des militaires, qui apportent de la rigueur. On voit apparaître des certificats de décès transmis aux familles par Daech. » « Et la pièce d'identité oubliée ? » « Les djihadistes s'en fichent, car ils veulent mourir en martyrs. Nul besoin de préparer d'échappatoire quand l'aboutissement ultime de son action est de mourir. » « Qu'est-ce qui les motive ? La perspective des 72 vierges ? » « Oui, en audition, cette idée revient souvent. S'ils meurent en martyrs, ils pensent aussi emmener 70 membres de leurs familles avec eux au paradis. » « Qu'est-ce qui vous a marquée, récemment, en audition ? » « Mes collègues ont interrogé une jeune fille partie faire le djihad. Sur place, une “sœur” l’a dénoncée car elle s’était épilé les sourcils. Elle a reçu cinquante coups de fouets. Elle nous a déclaré que cela ne lui a pas donné envie de rester. C’est parfois tellement décalé. Le reste ne la dérange pas, mais ça oui. Ça ne lui a pas donné envie de rester. »

Un autre souvenir lui revient. À l’été 2014, Pauline a interpellé avec son équipe un djihadiste qui préparait un projet d’attaque : « Il visait la communauté chiite de France. En fouillant son ordinateur, on a découvert qu’il visait des mosquées ou des centres culturels. Il avait mis en place ce projet après un bref séjour d’un mois en Syrie dans les rangs de Daech. Je me souviens de l’interception d’une communication entre sa mère et sa grand-mère qui m’a beaucoup marquée. Sa mère disait : “Il me casse la tête avec ses sunnites et ses chiites. Alors qu’il n’est même pas capable de ramasser ses slips par terre !” »

« À quoi ressemblait-il ? » Pauline hausse les épaules : « Il ressemblait à n’importe quel jeune de banlieue qui, avant de se faire endoctriner, traficotait du shit dans un hall d’immeuble. Il partageait sa vie entre son shit, ses copains et sa petite amie avant de devenir djihadiste. Selon sa famille, sa radicalisation n’aurait pris qu’un petit mois. » « Et sa mère ? Se doutait-elle des projets terroristes de son fils ? » « Non, pas vraiment. Elle s’est inquiétée pour lui quand il était en Syrie, se réjouissait qu’il ne se soit pas fait “sauter”, mais elle ne savait plus comment le gérer. Elle ne partageait pas ses idées, c’est certain. Mais il restait son fils chéri. » « Quel est son profil psychologique ? » « Il a une détermination rare pour son âge – entre 20 et 25 ans. Il a fait des entraînements pour l’État islamique et s’est porté volontaire pour le martyre. En garde à vue, il est resté très fermé. Il a suivi à la lettre les instructions qu’on leur donne là-bas, c’est-à-dire de rester mutique. Il est en détention provisoire depuis un an et demi, et il n’a toujours rien dit. C’est assez rare, car en général, les mecs finissent par craquer. »

« Comment utilisez-vous votre côté femme fragile pendant les gardes à vue ? » « Je joue l’idiote. Je peux dire au djihadiste qui me fait face : “Expliquez-moi, je débute. Comment ça s’écrit, Raqqa, déjà ? Je ne comprends pas bien.” » Mon but est de l’observer pour savoir à qui j’ai affaire. Je me sers de mon apparence fragile, mais je peux aussi me montrer dure ou méprisante. J’aime bien utiliser les deux en garde à vue, ça les déstabilise. Il n’y a pas vraiment de technique particulière, il faut s’adapter à son interlocuteur, créer une relation avec lui. » « Vous avez déjà eu peur face à eux ? » « Non, jamais. Certains me servent une belle histoire qu’ils ont préparée depuis longtemps. Ils m’expliquent qu’ils ont un rôle minime, qu’ils ont passé un an là-bas mais qu’ils n’ont rien vu et rien fait, qu’ils s’occupaient de tâches subalternes ou fait de l’humanitaire, voire du journalisme. » « Vous auditionnez des chefs ? » « Oui, certains ont eu la responsabilité d’un groupe de combattants. D’autres nous ont avoué avoir tué, violé, décapité. Quelques-uns regrettaient, d’autres ne faisaient pas de commentaires. La plupart du temps, ils sont comme en colonie de vacances. Daech leur fournit le shampooing, le dentifrice, le matériel de guerre, un appartement, un salaire, et accessoirement une femme (car il faut fonder une famille avant de mourir). Ceux qui viennent en famille sont prioritaires pour le logement. Ils suivent des cours de religion et d’entraînement militaire, apprennent le maniement des armes. Ça dure quelques semaines. Le but est qu’ils deviennent opérationnels rapidement, et d’uniformiser leurs manières de penser et de voir la religion. » « Pourquoi reviennent-ils ? » « Certains en ont marre. D’autres veulent clairement commettre un acte terroriste, même s’ils ne savent pas exactement quoi. » « Pour vous, c’est un aveu ? » « Oui. Même s’ils n’ont pas reçu d’instruction, le fait d’accepter de revenir pour commettre une action violente à partir du moment où elle leur sera commandée les rend particulièrement dangereux pour notre société. »

« Comment vous êtes-vous imposée face à des hommes plus âgés ? » « On me croit timide. En réalité, je suis extrêmement calme. Ça aide beaucoup. Je crois que c’est un de mes points forts. Être une femme n'a jamais été un frein. J'ai toujours mis un point d'honneur à montrer que j'étais aussi capable que les autres. J'ai pris les permanences les plus longues, j'ai appris à tenir plusieurs rôles lors des procédures, aussi bien en perquisition, en interpellation et en garde à vue. Et puis j'ai eu des auditions qui se sont bien passées. »

« Pouvez-vous m'en raconter une ? » Elle fronce les sourcils. « Il y a quelques mois, j'ai auditionné un djihadiste interpellé à la sortie de l'avion. Il avait combattu dans les rangs de Daech. J'ai mené les auditions quasiment toute seule, dans une salle comme celle où nous nous trouvons en ce moment, lors d'un huis clos qui a duré presque quatre jours. Il aurait pu refuser de me parler parce que je suis une femme. Pas du tout. Finalement, j'ai réussi à lui faire dire beaucoup plus de choses qu'il n'imaginait. J'ai pas mal bluffé, tout simplement. Au début de la garde à vue, j'ai été assez dure. Je l'ai tourné en ridicule en lui disant que ses déclarations n'avaient pas de sens. Puis je lui ai fait croire que j'en savais beaucoup plus qu'il n'imaginait. Il a cru que je connaissais ses complices. Alors que je tenais mes infos de deux vidéos qu'il avait postées avec ses potes sur Youtube, où on le voyait avec une kalachnikov. Jusqu'au bout, il a cru que j'avais obtenu ces infos de quelqu'un qui l'avait balancé. Au bout de trois jours de tête-à-tête avec moi, il a craqué. Il a reconnu une quinzaine de personnes sur des photos. D'autres djihadistes qu'il a croisés en Syrie. Il m'a détaillé leurs rôles, ainsi que leurs responsabilités. Il ponctuait chacune de ses révélations avec cette phrase : “Ça, je vous le dis, mais vous le savez déjà.” Alors que ce n'était pas le cas ! Dans mon for intérieur, je jubilais. Plus tard, il a dit à la juge d'instruction que j'avais été sournoise et que je l'avais manipulé. » Pauline, ironique, feint la compassion : « Le pauvre… »

« En tant que femme à la DGSI, avez-vous le sentiment d'avoir repoussé vos limites ? » « Fatalement, j'ai été amenée à voir ou à vivre des choses que je n'aurais jamais imaginées. Mais c'est vrai pour de nombreux postes dans la police, c'est pour cela que j'ai voulu faire ce métier. Je suis d'un naturel plutôt retenu et discret, mais je préfère me lancer et voir comment cela se passe. Je m'adapte plutôt bien aux situations imprévues, et cela ne sert à rien de tergiverser lorsqu'il y a quelque chose à faire. » « Et le sexisme dans la police, vous l'avez subi ? » Elle lève les yeux au plafond : « Personnellement, pas vraiment, j'estime ne pas avoir rencontré de difficultés. Après, il est vrai que l'on peut entendre parfois pas mal de clichés sur les jeunes femmes qui sortent d'école d'officier ou de commissaire juste après leurs études. Sur les femmes en général, vous pouvez entendre des choses du genre : "Elle n'est pas bien épaisse, elle nous servira à rien (sur la voie publique)." Mais il ne faut pas s'arrêter à ça. J'ai admis depuis longtemps que je ne casserai pas une porte avec un bélier, alors je laisse faire ceux qui peuvent le faire ! À partir de là, tout va bien, et il y a plein d'autres choses qu'une femme peut faire. » Comme forcer le mutisme des terroristes les plus dangereux de France. Comme les prévenus de Pauline – d'ailleurs, je suis toujours assise à leur place sur la chaise noire – je suis tombée dans le panneau. J'ai d'abord vu en elle une femme fragile. Elle m'a montré que, derrière sa personnalité introvertie et discrète, pouvait se cacher une femme puissante, professionnelle, fine et charismatique, au leadership indéniable.

Quelques minutes plus tard, quand elle me raccompagne à l'ascenseur, je lui pose une ultime question : « Quel message aimeriez-vous transmettre aux femmes ? » Elle me répond en une seule phrase, à la fois synthétique et profonde : « Ne vous arrêtez pas à l'image que les autres peuvent vous renvoyer de vous-même. Voyez plus loin que ce que les autres voient de vous. » Elle me sourit une dernière fois tandis que les portes de l'ascenseur se referment sur elle. À mon tour, je passe aux aveux : de toute mon enquête, Pauline est l'une des femmes qui m'a le plus impressionnée. Car c'est elle qui m'a le plus confrontée à mes propres stéréotypes.

Lucie

Je remonte des entrailles de la DGSI, encore sous le choc de ce tête-à-tête surréaliste et très impressionnant avec Pauline en salle de garde à vue. J'ai à peine le temps de souffler que je replonge dans les arcanes d'un autre univers, tout aussi mystérieux. Ma nouvelle candidate ne filoche personne dans la rue, ne gère aucun indic et ne cuisine aucun djihadiste en garde à vue. Non, la menace de demain qui inquiète le renseignement se résume en un mot : le cyberterrorisme. « Le combat contre le terrorisme se livre dans le cyberespace », a déclaré le ministre de l'Intérieur Bernard Cazeneuve lors du Forum international sur la cybersécurité (janvier 2016). Le message est clair : la lutte contre le cyberdjihad, principal outil de recrutement de Daech, est LA priorité. Comment contrecarrer l'influence croissante de Daech, qui s'infiltre via le net au cœur des foyers français pour embrigader les jeunes ? La femme qui m'attend dans les étages travaille sur ces problématiques. Elle incarne un profil qui manque à mon panel : la cyber-espionne, qui traque ses cibles dans les zones les plus sombres du Darknet, l'Internet profond.

Son prénom fictif, Lucie, elle l'écrit avec un *i* à la fin, pas avec un *y*. Elle précise, avec un sourire en coin : « Ce serait présomptueux de ma part. » Je feins la déception : « Mince, vous n'êtes pas une superhéroïne, comme dans le film de Luc Besson ? » Elle éclate de rire. « Pas vraiment… Je préfère Batman. Il n'a pas de superpouvoirs, c'est juste un homme qui a poussé ses capacités au maximum en s'entraînant. » Avant de la rencontrer, j'imaginais Lucie un peu comme Lisbeth Salander, la geek gothique, tatouée et surdouée popularisée par le polar scandinave *Millenium*. Pas du tout ! Lucie n'a rien de commun avec l'héroïne de Stieg Larsson, hormis sa passion pour l'informatique : « J'ai reçu mon premier ordinateur à 13 ans, pour Noël, raconte Lucie. Je suis restée scotchée. Mon deuxième PC, je l'ai acheté en pièces détachées et conçu moi-même. » Cette jeune Antillaise de 27 ans affiche un profil plus classique. Fille de profs, diplômée d'un master 2 en droit et sécurité, avec une option en cybercriminalité, elle a intégré la DGSI en avril 2015, comme analyste opérationnelle spécialisée en cyberdéfense.

J'essaie d'abord de cerner sa fonction. « Lucie, qu'est-ce que vous faites, concrètement ? » « Je travaille sur les menaces cyber. Ce volet touche désormais toutes les missions de la DGSI, du contrespionnage au terrorisme. » « Le cyberterrorisme inquiète beaucoup les autorités comme le grand public. Que recouvrent précisément ces menaces ? » « Il ne faut pas confondre cyberdjihadisme et cyberterrorisme. Dans le premier cas, Daech, par exemple, utilise Internet à des fins de propagande, comme un moyen de communiquer et de recruter. Dans le deuxième cas, le cyberterrorisme utilise Internet à des fins de sabotage. Rappelez-vous la cyberattaque qui a paralysé les sites et l'antenne de TV5 Monde, en avril 2015. Il existe un troisième volet : le cyber-espionnage, qui utilise Internet à des fins de collectes de données et d'espionnage. »

« En France, comment les terroristes utilisent-ils Internet ? » « Ce sont plutôt des individus isolés. Ils pratiquent ce qu'on appelle le défacement. Ils défigurent des sites Internet et substituent un autre message au contenu du site. Après les attentats de *Charlie Hebdo*, en janvier 2015, ils ont mené des attaques simultanées contre des sites institutionnels peu protégés, de mairies ou de collectivités locales. » Environ 23 000 sites publics ont été piratés par ces hackers islamistes français pro-Daech.

Je tente d'en savoir plus : « Utilisent-ils d'autres modes opératoires malveillants ? » « Oui, ils réalisent des attaques en "déni de service". Il s'agit d'envoyer des requêtes en grand nombre, de façon massive, contre un site internet pour le bloquer. C'est un peu comme si mille personnes frappaient à votre porte et tentaient d'entrer chez vous en même temps. Mais ces attaquants se cantonnent pour l'instant à des attaques de faible niveau technique. »

« Daech dispose en interne de sa propre équipe de spécialistes informatiques. Peuvent-ils mener des cyberattaques de grande ampleur contre la France ? » Lucie secoue la tête : « Non. Cela demande des infrastructures coûteuses et un niveau technique avancé. Daech ne semble pas en disposer pour le moment. Par ailleurs, ce type d'attaques ne génère, pour l'instant, pas de morts, et suscite donc moins d'émotion. Mais nous restons vigilants. » « À quoi servent alors les hackers de Daech ? » « Ils s'occupent essentiellement de cyberdéfense. Ils chiffrent les messages des terroristes et protègent les sites de l'État islamique. Ils évitent aussi que les djihadistes soient suivis et identifiés sur Internet. Pour cela, ils naviguent sur le Darknet, qu'on appelle aussi l'Internet caché. Ils conseillent aux djihadistes d'utiliser TOR (pour *The Onion Router*), un réseau privé virtuel qui anonymise la navigation des individus sur le web. Tor permet d'accéder à des sites qui ne répondent pas au codage classique en ".net" ou en ".fr", mais qui se terminent par "*onion*", en référence aux différentes couches de chiffrement qui protègent les informations. »

« Comment contrecarrer l'influence grandissante de l'État islamique sur Internet et les réseaux sociaux ? » « On peut la freiner, mais pas l'endiguer. Fermer les comptes Twitter des individus pro-Daech va les ralentir. Mais ils peuvent en ouvrir d'autres. Ils ont trouvé une parade : ils créent plusieurs comptes de secours en même temps. » En 2015, le ministère de l'Intérieur a fermé plus de 283 sites suspectés d'apologie du terrorisme. Il existerait près de 2 370 sites pro-Daech francophones, selon le général Didier Castres, sous-chef d'état-major Opérations (source *Les Échos*, juillet 2015). Et ces pro-Daech échangeraient 41 000 tweets en français par jour. « Voilà pourquoi la DGSI concentre ses moyens pour lutter contre les cybermenaces ? » Lucie conclut : « Oui, le renseignement bascule de plus en plus dans le monde virtuel. C'est une nécessité vitale. »

Alice

Après Lucie et les cybermenaces, le prochain profil féminin qui m'attend pique ma curiosité au plus haut point. Pourtant, Alice, 35 ans, n'est ni espionne ni agent secrète. Elle m'intéresse car elle incarne un nouveau métier qui pénètre depuis peu la sphère du renseignement : celui de psychologue opérationnelle. Une psy à la DGSI ? Voilà une fonction qui m'intrigue beaucoup. D'autant qu'Alice a longtemps exercé comme *profiler* dans la police. Si les services américains utilisent cette profession depuis longtemps, je n'ignore pas qu'en France, flics et psys ne font pas toujours bon ménage. La culture policière, factuelle, cartésienne, rationnelle, se méfie d'une profession qui traite d'affects et d'émotions. Cette suspicion est exacerbée dans le renseignement, monde du secret, du silence, et parfois aussi, il faut bien l'avouer, d'un peu de paranoïa. Voilà pourquoi j'ai hâte de rencontrer la première, et pour l'instant l'unique psy opérationnelle que la DGSI a acceptée en son sein.

Avec ses cheveux noirs, son teint pâle et son regard bleu-gris, Alice a un faux air de l'actrice Jennifer Lawrence. Elle porte une jupe fluide noire à pois blancs et des escarpins vernis, signe qu'elle ne craint pas d'affirmer sa féminité dans cet univers policier plutôt austère. « Pouvez-vous me préciser votre fonction à la DGSI ? » « Je fais du profilage d'individus considérés par la direction comme extrêmement intéressants en termes de recrutement. J'analyse le profil psychologique de ces sources que gèrent les officiers traitants (OT), et je leur apporte aussi du soutien psychologique. Je travaille sur saisine, à la demande des OT. J'interviens soit au recrutement de la source, soit en cours de traitement, soit à la fin, pour préparer la séparation et s'assurer de la confidentialité quand le lien est rompu. » « Vous travaillez avec des sources qui infiltrent les milieux djihadistes ? » « Oui, entre autres. Je travaille avec des personnes qui vont être projetées dans des groupes ou des réseaux terroristes. » Intéressant !

J'ouvre mes antennes en grand. « Quel est le profil de ces sources ? » « Ce sont, par exemple, des jeunes qui ont grandi dans la même cité qu'un terroriste surveillé par la DGSI. Certains nous contactent spontanément car ils sont horrifiés par les actes violents de leur ami. Beaucoup de personnes se sont manifestées après les attentats de *Charlie Hebdo* et du

13 novembre, mues par un sentiment de solidarité. Pour d'autres, c'est la DGSI qui les repère et qui les recrute. Nous avons des sources très bien placées, qui nous renseignent sur les activités de la communauté djihadiste en France et dans les zones de conflits. »

« Quelles sources vous ont le plus marquée ? » « Je ne peux pas vous en parler, c'est un sujet hautement sensible. » Je soupire, lasse tout d'un coup : « Je ne le sais que trop bien... » « Mais je peux vous raconter des anecdotes. » Alice semble jouer avec mes nerfs. « Par exemple, j'ai rencontré une source très étonnante qui s'est révélée tout à fait sérieuse professionnellement, et surtout très précieuse. Mais lorsque cet homme était livré à lui-même, il se laissait aller. Il cessait le sport et se mettait à boire exagérément. J'ai décelé un grand décalage entre sa vie privée et sa vie professionnelle. Du coup, je suis devenue une sorte de "coach maman" pour lui. Je m'adapte à ma source. On avait le même âge. Mais j'avais l'impression d'avoir un gros bébé de 35 ans en face de moi. » « Il est radicalisé ? » « Non, mais il est en contact avec des délinquants radicalisés, qui communiquent avec des groupes terroristes comme Daech, Al-Qaida, Aqpa[1], Aqmi ou Jabhat al-Nosra. » « Qui sont vos cibles prioritaires ? » « Des individus qui ont montré une détermination à passer à l'acte. Ils ont organisé des filières de recrutement, participé à la collecte d'argent ou à l'achat d'armes. Daech lance régulièrement des appels pour inciter ses membres à passer à l'action et à commettre des actes terroristes isolés. » « Comment les repérez-vous ? Quand ils achètent un drapeau de Daech ? Quand ils regardent des vidéos de propagande ? » « Ce n'est pas mon travail de les repérer. Mes collègues se concentrent sur les profils qui projettent de partir en Syrie ou font du prosélytisme, sur Internet notamment, pour encourager le départ d'un coreligionnaire. On connaît aussi le processus dans les mosquées : un noyau de personnes radicalisées prend le pouvoir sur les modérés et tente de convaincre les jeunes de partir au djihad. »

1. Al-Qaida dans la péninsule arabique.

« Faites-vous du profiling des cibles pour faciliter leur capture ? » « Non, je me concentre sur les sources. » Ah, dommage !

J'entre dans le vif du sujet. « Comment se déroulent vos entretiens ? » « Ils durent de une à deux heures. J'interroge la source potentielle sur son parcours, ses motivations, ses attentes. » Alice n'a pas de grille préétablie : elle affine en fonction de la personne qui lui fait face.

« Qu'est-ce qui les motive ? » « L'argent, l'idéologie, la compromission ou l'ego. C'est le fameux MICE qu'utilisent les officiers traitants de la DGSI et de la DGSE : le M de *money*, le I de *ideology*, le C de *compromission* ou le E de *ego*, mais avec tout un panel de nuances. Beaucoup de nos sources veulent combattre l'idéologie terroriste par patriotisme, tout simplement. Après chaque attentat, nous recevons des centaines de mails, coups de fil et courriers de personnes plus ou moins sérieuses qui veulent nous renseigner. Il faut faire le tri. »

« Comment analysez-vous les qualités d'une source ? » « Pour infiltrer un groupe terroriste comme Daech, Aqmi ou Aqpa, il faut se montrer capable de cloisonner, de s'adapter, d'anticiper, d'agir avec une discrétion totale et se doter d'une légende parfaite. » « Vous testez la solidité de la légende ? » « Non, c'est le rôle des officiers traitants. Moi, j'évalue le rapport au risque de la personne, sa motivation et sa fiabilité. Si elle n'a pas peur, c'est dangereux. Une fois infiltrée, quand la mission est lancée, elle doit être autonome, savoir évaluer elle-même le danger qui l'entoure. Elle doit assurer sa propre sécurité. »

« Comment vérifiez-vous la fiabilité d'une source ? Comment être sûre qu'elle ne va pas trahir la DGSI ? » « Je me souviens de mon tout premier entretien. J'assistais à un contact classique entre une source et son OT. Par ce biais, je n'étais pas certaine de pouvoir dresser un profil psy, mais une idée s'est alors imposée à mon esprit : que cette personne ne travaillait pas seulement pour nous, mais aussi pour une autre puissance étrangère. Et cela s'est confirmé quelques mois plus tard. » « Qu'est-ce qui vous a mis la puce à l'oreille ? » « Elle posait plus de questions qu'elle ne répondait aux nôtres, entre autres. »

« Comment éprouvez-vous la solidité d'une source ? Vous la faites boire pour savoir si elle résiste à l'alcool ? » Alice éclate de rire : « Rassurez-vous, je n'ai pas été formée à Guantanamo ! » Elle reprend d'un ton plus sérieux : « Un père de famille sera potentiellement plus fragile qu'un célibataire, par exemple. Car il aura plus à perdre. Chaque cas est différent. Je n'essaie pas de les déstabiliser ou de leur mettre la pression. Car à mon sens, on obtient le meilleur, comme le pire, d'une personne en la mettant en confiance. J'ai travaillé avec des sources très précieuses, qui nous ont permis de déjouer des attentats sur le sol français. » « J'imagine que vous ne pouvez pas me dire lesquels… » « Non, hélas. »

« Comment vos indics travaillent-ils auprès des terroristes ? » « Certains font semblant de se radicaliser. Ils font mine d'avoir les mêmes idéaux. Cela dit, pour infiltrer les mouvements terroristes, il faut une bonne dose de courage et de folie, avec un subtil équilibre entre les deux. »

« Quel cas concret vous a marquée récemment ? » « Un jour, nous avons évalué une cible. C'était une jeune trentenaire, chercheuse, biologiste, issue d'un État opaque proliférant en termes d'armes de destruction massive, et susceptible de nous donner des informations dans la lutte contre la prolifération des armes bactériologiques. Pour approcher cette source stratégique, il nous fallait ce qu'on appelle un agent d'accès, c'est-à-dire un intermédiaire qui établisse le premier contact. Compte tenu des aspirations professionnelles de la source, cet intermédiaire devait être aussi une femme, plutôt belle, plus âgée, et qui jouit d'une notoriété dans le milieu scientifique. Notre source potentielle pourrait s'identifier à elle, trouver en elle un mentor, un modèle. Il ne fallait surtout pas un homme pour éviter le registre de la séduction. Nous avons trouvé le profil de cet agent d'accès, qui a approché notre source, a gagné sa confiance et l'a mise en contact avec un de nos officiers traitants. C'est un traitement de source très élaboré, qui prend plusieurs années. Cette jeune biologiste, qui avait accès à des informations confidentielles dans son pays d'origine, a finalement accepté de coopérer et nous a donné des renseignements précieux. »

« Qu'est-ce qui vous a donné envie de travailler à la DGSI ? » Alice sourit, gênée : « D'habitude, ce genre de questions, c'est moi qui les pose… » Je comprends sa réserve : « Vous n'avez pas l'habitude que l'on vous interroge… » « C'est juste. Dans ma vie, j'ai lu beaucoup de romans d'espionnages : John le Carré, Henry Porter… À 15 ans, j'aurais dit à ma mère : "Je veux être psy chez les espions." Mais je ne m'en souviens pas. Après un master pro en psychopathologie de la violence, j'ai travaillé six ans dans d'autres directions de police. Il y a trois ans, j'ai postulé à la DGSI par curiosité intellectuelle. Je voulais coller davantage à l'actualité. Il y a une très belle phrase, extraite de l'Évangile selon saint Jean, qui dit : "Et vous connaîtrez la vérité, et cette vérité vous rendra libre." Cette phrase est inscrite sur le sol de la CIA et correspond aussi totalement aux valeurs et aux enjeux de la psychanalyse, qui est ma formation première. »

« Forcément, votre métier parle de vous. Choisir le monde du renseignement n'a rien d'anodin. À votre avis, qu'est-ce que ce choix révèle d'une personne qui s'oriente vers cette voie ? » « L'attirance pour le secret, l'envie de découvrir l'envers du décor. Cette pulsion de savoir, qui sous-tend les métiers du renseignement, est une sublimation de la pulsion de voir, qui elle-même prend sa source dans l'enfance. C'est la base de toute curiosité. » Parle-t-elle d'elle… ou de moi ? Mystère.

« Quand vous rentrez chez vous le soir, n'êtes-vous pas gagnée par la noirceur de la matière sur laquelle vous travaillez ? » « Quand on est actif, le rapport à l'horreur est différent. Le pire, c'est l'impuissance. J'ai le sentiment d'œuvrer, à mon échelle, pour la sécurité nationale. Et cela me préserve. »

Valérie

Ce matin, ultime étape de mon immersion à la DGSI. J'ai rendez-vous avec une femme de pouvoir, une patronne, une « grande chef », « la » femme la plus exposée du renseignement intérieur. À 48 ans, Valérie, commissaire divisionnaire, dirige la sous-direction chargée de la lutte contre le terrorisme et les extrémismes violents. Face à l'ampleur de la menace islamiste, c'est la sous-direction opérationnelle la plus importante de la maison. Autant dire le cœur du réacteur de la sécurité intérieure du pays… Et c'est elle qui le dirige. Comme elle n'accorde pas d'interview, j'ai donc rendez-vous avec une mine potentielle de scoops.

Pour mon enquête, Valérie s'avère hautement stratégique. J'ai dû patienter pour la rencontrer tant le contexte sécuritaire la place sous haute tension. Notre premier rendez-vous était fixé au 17 novembre 2015. Happée par les attentats du 13 novembre, elle a logiquement reporté notre rencontre. Notre deuxième rendez-vous tombe le 5 janvier 2016. Presque un an, jour pour jour, après les attentats de *Charlie Hebdo* et de l'Hyper Cacher. Nouvelle coïncidence.

Malgré mon bon quart d'heure d'avance, Valérie m'attend déjà. C'est une femme élégante et énergique de 50 ans, aux cheveux blond-roux un peu vaporeux. Elle se lève d'un bond du fauteuil de cuir noir. Elle me salue poliment, mais son visage reste fermé, grave et concentré. Je la sens sur la réserve. Elle croise les bras sur la table et, le temps d'infimes secondes, me fixe de ses yeux marron-vert. Elle me scrute avec ce regard si particulier de flic qui vous sonde et vous culpabilise à la fois. J'imagine qu'elle me scanne, me jauge, évalue la dose de confiance qu'elle va m'accorder… Ou pas.

Son attitude défensive vis-à-vis de la journaliste que je suis ne me surprend pas. Ces temps-ci, la presse tire à boulets rouges sur la DGSI. Il y a deux jours, France Inter présentait dans sa Matinale une enquête sur « la plus grande faillite du renseignement français ». L'enquête mettait en parallèle le suivi défaillant des terroristes de *Charlie Hebdo* et de l'Hyper Cacher, avec les dysfonctionnements entre la CIA et le FBI avant le 11 septembre 2001 aux États-Unis. La veille, nouveau feu de critiques : le quotidien *Le Monde* a consacré une pleine page aux « Rendez-vous manqués du renseignement ». Forcément, je m'interroge aussi. Pourquoi aucune intervention antiterroriste n'a-t-elle entravé les plans macabres des frères Kouachi, qui ont fait allégeance à Aqpa ? Comment Amédy Coulibaly, lié à Daech, a-t-il échappé aux radars de la DGSI, alors qu'il entretenait des liens réguliers avec les frères Kouachi ? Même si mon instinct journalistique me titille, je n'attaque pas bille en tête avec ces questions *touchy*.

Patience. Si je veux des réponses, je dois gagner la confiance de Valérie. Je tente d'abord de cerner ses responsabilités. « Combien de personnes dirigez-vous ? » « Je n'ai pas le droit de vous donner ce chiffre, car il est classifié », m'explique-t-elle en buvant son thé vert bio à petites gorgées. J'insiste : « Donnez-moi au moins un ordre de grandeur... » Elle finit par concéder : « Je manage plusieurs dizaines d'agents. Nous surveillons plus de 2 000 djihadistes qui entretiennent des contacts directs avec la zone irako-syrienne. Ils font partie de ce qu'on appelle le haut du spectre, c'est-à-dire qu'ils représentent les individus radicalisés les plus dangereux de France. »

Je sens Valérie toujours sur la défensive. Je tente alors une question générale, pour lui permettre de « s'échauffer », une technique utilisée dans la presse pour mettre à l'aise une personne lors d'une interview sensible. « Un an après les attentats de *Charlie Hebdo* et de l'Hyper Cacher, qui ont coûté la vie à 17 personnes, dans quel état d'esprit êtes-vous ? » « Nous ne sommes pas dans un esprit de commémoration, répond-elle. Nous essayons plutôt d'empêcher de nouveaux attentats. Le renseignement, c'est anticiper, se projeter dans l'avenir, non revenir sur le passé. Aujourd'hui, quand un attentat survient, on ne l'envisage plus comme un acte isolé. On pense immédiatement à la surenchère terroriste. C'est un phénomène classique au Moyen-Orient. Quand un attentat est perpétré, d'autres répliques suivent et visent les services de sécurité qui interviennent sur les lieux, pour accroître la panique. »

J'ai appris par ailleurs qu'après le 7 janvier, et pendant plusieurs jours, les services ne savaient pas combien de terroristes étaient réellement impliqués : y avait-il un troisième homme ? D'autres équipes allaient-elles frapper ailleurs ? « Les terroristes de Daech veulent montrer qu'ils nous sont supérieurs, qu'ils peuvent frapper où et quand ils veulent, en France et en Europe », explique Valérie.

J'essaie de retracer le fil des événements pour mieux comprendre la façon dont Valérie les a traversés. « Où étiez-vous le matin du 7 janvier, quand les frères Kouachi ont attaqué la rédaction de *Charlie Hebdo* ? » « J'étais à l'extérieur de la DGSI, répond-elle. J'animais une réunion avec nos équipes en grande couronne. Je leur expliquais que la question n'était pas de savoir si des attentats seraient perpétrés en France, mais quand. Car immanquablement, nous serions tenus pour responsables. Notre boulot, c'est la prévention. Et le nombre d'attentats déjoués ne pèse rien face à l'événement. Je disais à l'équipe : "Soyez vigilants." J'avais à peine fini ma phrase que mon téléphone a sonné. Au bout du fil, mon adjoint m'annonce : "Il y a une dizaine de morts à Paris, à la rédaction de *Charlie Hebdo*." On a beau savoir qu'un tel attentat peut se passer, quand il survient, c'est le choc, même pour nous. J'ai foncé dans ma voiture. Quand je suis arrivée à la DGSI, c'était une vraie ruche. Certains agents sont revenus de leurs congés sans qu'on les rappelle. »

« Comment avez-vous travaillé ? » « Je dois m'assurer de l'organisation optimale du travail en temps de crise. Je m'occupe du renforcement des équipes, de l'aspect logistique et de la mise en place de circuits d'information. Je décide aussi des priorités. » Ordre est donné de traquer avant tout le donneur d'ordres, le cerveau des attentats. Quand la police a retrouvé la photocopie de la carte d'identité de Chérif Kouachi abandonnée dans une voiture, sa fiche « S », et celle de son frère Saïd, ont été ressorties. Valérie reprend : « On a repéré tous ceux qui gravitent autour des terroristes, familles, amis, proches. Le parquet antiterroriste de Paris nous a aussi demandé de lui fournir des infos. Au total, sept personnes dans l'entourage des frères Kouachi ont été placées en garde à vue. Nous avons bien sûr croisé nos informations avec celles des autres services de renseignement et celles de nos partenaires étrangers. Parallèlement, trois ou quatre fois par jour, nous alimentons les autorités politiques, réunies au Centre interministériel de crise (CIC) place Beauvau, avec des points d'étape sur les avancées de nos enquêtes. »

« C'est très intense... » « Oui, entre le 7 et le 11 janvier, j'étais embarquée dans un tunnel. Plus rien n'existait à côté. Lorsqu'un attentat survient, s'ouvrent devant nous des semaines de travail aux horaires sans limite. J'organisais aussi les roulements des équipes, en m'assurant que les agents restaient frais avec des capacités d'analyse intactes. C'est une question d'endurance. Pour tout vérifier moi-même, j'ai dormi trois heures par nuit, jusqu'à l'assaut du vendredi 9 janvier contre les frères Kouachi à Dammartin-en-Goële, et contre Coulibaly à l'Hyper Cacher de Vincennes. »

Je réagis aussitôt : « Parmi les failles du renseignement, on évoque souvent un manque de coordination entre les services. Qu'en pensez-vous ? » « C'est archifaux. À la DGSI, j'ai des officiers de liaison des huit services de renseignement, dont la DGSE. Dire que l'on ne coopère pas, c'est un signe de méconnaissance. » J'affiche une moue sceptique, car cette coopération est très récente. Créée depuis 2015, juste après les attentats du 7 janvier, une cellule croise les infos des huit services de renseignement en matière de lutte antiterroriste. Il a fallu qu'un attentat comme celui de *Charlie Hebdo* survienne pour que les services acceptent de coopérer.

« Avez-vous fait des retours d'expérience après l'attaque de *Charlie Hebdo* ? » « Bien sûr. On s'est demandé : "Qu'est-ce qu'on a loupé ? Et pourquoi ?" Cette remise en question a démarré le jour des attentats, dès le matin du 7 janvier 2015. On a dû expliquer à notre ministère pourquoi on connaissait les frères Kouachi. Et surtout, pourquoi nous avions interrompu leur surveillance. » C'est un point épineux : en 2012, la DGSI et la DGSE considéraient les frères Kouachi comme hautement dangereux. Les services savaient même que l'un des frères Kouachi s'était rendu en 2011 au Yémen, dans des camps d'entraînement. Mais leur surveillance a cessé fin 2013 pour Chérif, et en juin 2014 pour Saïd. Soit six mois avant les attentats de *Charlie Hebdo*. Pourquoi une telle myopie des services ? Pourtant, la DGSI les a longuement mis sur écoute. Elle a étudié leurs mails, disséqué leurs échanges téléphoniques, surveillé leurs déplacements et leurs contacts… Rien, ni dans les écoutes ni dans les filatures, n'a révélé de renseignement laissant à penser à un passage à l'acte. Saïd Kouachi, lui, était plutôt rangé. Son frère Chérif avait été repéré pour des infractions douanières en 2013.

Ensuite, la DGSI a délégué la surveillance des frères Kouachi à la DRPP. Mais celle-ci n'a compétence que sur Paris et la banlieue. Lorsque les frères Kouachi sont sortis de la région parisienne pour s'installer à Reims, la surveillance a cessé. Les services ont ainsi laissé des individus dangereux s'évanouir dans la nature… pour une question de découpage géographique ! L'information a été confirmée par le député Éric Ciotti, qui a présidé la commission d'enquête parlementaire sur la surveillance des filières djihadistes.

Perdus de vue, les Kouachi réapparaissent, cette fois, dans les radars du renseignement douanier. Lors d'une perquisition chez un trafiquant, les agents de la DNRED tombent sur le nom de Chérif Kouachi. Le djihadiste revendrait des vêtements Ralph Lauren contrefaits et des fausses baskets Nike fabriqués en Thaïlande. La DNRED, qui n'avait alors pas accès au fichier « S » établi par la DGSI, ignore sa dangerosité, et le laisse filer. Ils auraient pourtant pu perquisitionner chez lui, l'interpeller pour trafic de contrefaçons, lancer une enquête judiciaire et emprisonner Chérif Kouachi. Cela aurait peut-être permis de révéler, voire de contrecarrer, les plans criminels des deux frères.

« En ce qui concerne Amédy Coulibaly, qui a tué la policière de Montrouge et quatre personnes à l'Hyper Cacher ? Les notes déclassifiées de la DGSI montrent que ce délinquant de l'Essonne était en contact avec les frères Kouachi et Djamel Beghal, condamné à dix ans de prison en 2001 pour un projet d'attentat contre l'ambassade des États-Unis… Cela ne vous a pas alertés ? » « Ils avaient des contacts ponctuels, cela n'est pas interdit. La surveillance n'a pas montré qu'ils préparaient un attentat. C'est facile, pour la presse, de reconstituer le scénario après coup. » Sauf que Coulibaly et les frères Kouachi ont échangé près de 500 coups de fils en un an, via les portables de leurs compagnes. Encore un nouveau défaut de surveillance ?

Je remonte au créneau : « On sait qu'un individu surveillé devient dangereux précisément lorsqu'il devient discret. À la DGSI, leur silence ne vous a pas inquiétés ? » « À l'époque où nous avions 30 djihadistes à surveiller, on pouvait se permettre de réaliser des surveillances longues et soutenues. Aujourd'hui, le nombre de djihadistes impliqués dans les filières irako-syriennes explose. On estime que plus de 2 000 personnes dangereuses doivent être surveillées de près. Des profils comme les Kouachi et Amédy Coulibaly, il y en a plusieurs milliers en France aujourd'hui. » Pourtant, si la menace grandit, les moyens de la DGSI ne cessent aussi d'augmenter en parallèle, justement pour l'affronter efficacement.

Très vite, un sentiment d'amertume pointe dans ses propos. Valérie semble en avoir gros sur le cœur : « Les critiques dont la DGSI est la cible me blessent d'autant plus que je vois mes collaborateurs travailler avec un engagement sans faille. Certains agents y ont laissé leur famille, leur mariage s'est effondré. Des jeunes diplômés qui pourraient gagner trois fois plus dans le privé nous rejoignent pour lutter contre le terrorisme. Alors quand des pseudo-experts nous expliquent comment nous devrions travailler, cela me désole. D'ailleurs, je ne lis même plus ces critiques stériles. Je me nourris des échanges avec nos partenaires étrangers qui ont affronté le terrorisme, comme les services israéliens, les services espagnols pour les attentats à Madrid en 2004, ou le MI5 britannique, pour les attaques à Londres en 2005. Ils ont modifié leurs façons de travailler et leur arsenal législatif. » À la DGSI, la structure et l'organisation du travail ont elles aussi connu d'importants changements, couverts par le secret défense. Déjà en 2015, après l'affaire Yassin Salhi, ce chauffeur-livreur qui a décapité son patron dans l'Isère, le ministère de l'Intérieur, furieux de la rivalité entre les services, avait réagi en créant un état-major opérationnel place

Beauvau, pour centraliser les renseignements et mieux les faire circuler.

Après Khaled Kelkal en 1995 et Mohamed Merah en 2012, les services de renseignement affrontent aujourd'hui une troisième génération de djihadistes, qui savent déjouer la surveillance avec des puces jetables ou des logiciels de chiffrement. Là encore, je m'interroge. En se coupant du terrain, la DGSI, trop centralisée, n'a-t-elle pas sous-estimé le renseignement humain, qui serait pourtant très utile aujourd'hui ? Face à cette génération connectée, les services ont investi sans doute trop exclusivement Internet et les réseaux sociaux. De nombreux experts s'interrogent sur ce choix. « Du temps des filières afghanes, le processus de radicalisation était très lent, explique Valérie. Les jeunes fréquentaient des mosquées intégristes, ils étaient approchés, puis convertis au radicalisme absolu. Ce parcours initiatique et physique durait jusqu'à deux ans. Aujourd'hui, la plupart des djihadistes n'ont jamais mis les pieds dans une mosquée. Ils s'extasient devant les vidéos très léchées d'Omar Omsem, un recruteur proche d'Al-Qaida, qui utilise les codes des jeux vidéo, des séries télé et des films d'action hollywoodiens. » Je me souviens d'avoir lu des articles sur lui. Surnommé le « Spielberg de l'islamisme français », ce Franco-Sénégalais serait responsable du départ de plusieurs centaines de jeunes vers la Syrie. « Certaines vidéos de l'État islamique utilisent des effets spéciaux spectaculaires, poursuit-elle. On se croirait dans la série américaine *Person of Interest.* Alors plutôt que de surveiller les mosquées, nous concentrons nos moyens sur ce qui se passe sur Internet et les réseaux sociaux. » Mais pourquoi un mode de surveillance en exclurait-il un autre ? D'autant plus que Malek Boutih, dans son rapport « Génération radicale », remis au Premier ministre en 2015, souligne : « Il nous faut de nouvelles méthodes d'investigation, de nouveaux types d'enquêteurs, plus jeunes et plus solubles dans ces milieux. »

Je relance Valérie : « Pourquoi la France est-elle visée en priorité, d'après vous ? » « Pour la loi laïcité dite "loi antivoile". Cela revient systématiquement dans les gardes à vue des djihadistes. La France empêcherait les femmes de se voiler. La variante d'Aqmi, en Algérie, fustige le colonialisme et la collusion avec les généraux au pouvoir. Enfin, les terroristes pointent aussi les interventions extérieures de la France en Libye, en Syrie et en Irak, considérées comme des croisades contre le Califat et l'État islamique. Nous empêcherions les "vrais" musulmans de vivre leur foi. "Vous nous tuez, on vous tue." Cet argumentaire justifie leurs actes mortifères. L'anthropologue Dounia Bouzar a raison quand elle parle de sectarisme. On a affaire à des individus exaltés par une idéologie mortifère et totalitaire. »

Valérie marque une pause. Même si elle ne me dit pas tout, bien sûr, elle ne se dérobe à aucune de mes questions, même les plus sensibles. C'est courageux de sa part. Ses défenses sont tombées. Derrière l'armure, je découvre une femme lucide, expérimentée, passionnée par les fractures actuelles de la société française, mais aussi très désenchantée. À ce stade de l'interview, je comprends soudain qu'elle ne m'a pas encore parlé d'elle.

« Parlez-moi de vous… D'où venez-vous ? » « Du sud-est de la France. Mon père était sous-officier et ma mère femme de ménage. J'ai eu une enfance heureuse. Même si je n'ai pas eu une scolarité facile car je portais des lunettes. » « Ah bon ? Pourquoi ? » « J'ai grandi dans un quartier populaire, et j'ai eu droit à des remarques graveleuses, du genre "femme à lunette, femme à…" Alors, pour désamorcer les brimades et les moqueries, je faisais le pitre. J'ai reçu une éducation très méditerranéenne. Jusqu'à mes 18 ans, je n'avais pas le droit de sortir avec les cheveux lâchés. Mes parents avaient des idées arrêtées sur le rôle des filles et des garçons. J'ai tout fait pour leur prouver le contraire. Par exemple, j'ai pratiqué des sports collectifs, comme le basket ou le hand, ainsi que du taekwondo et du kali sikaran, un sport de combat philippin. La gym, je n'aimais pas trop. Comme je suis myope, je voyais les barres asymétriques au dernier moment. J'ai aussi vite abandonné le basket, quand j'ai vu que j'arrêtais de grandir, et pas les autres. Le hand, c'est plus facile, car c'est au ras du sol. » J'éclate de rire. Je n'imaginais pas que Valérie avait autant d'humour et d'autodérision.

« Et le renseignement ? Comment y êtes-vous entrée ? » « Fan de *Starsky et Hutch*, j'ai voulu très tôt entrer dans la police. Je voulais trouver une meute, un groupe avec qui travailler. J'ai choisi la police. » Commissaire à 25 ans, Valérie intègre les RGPP, les Renseignements généraux de la préfecture de police de Paris. « Je m'occupais des violences urbaines et du hooliganisme. Un jour, je me suis retrouvée seule dans le KOP de Boulogne, au Parc des Princes, au milieu des skinheads. Je devais identifier les hooligans pour les interdire de stade. J'aurais pu me faire tabasser. Mon brassard de police les en a dissuadés. Ils m'appelaient Julie Lescaut ! »

À son poste, Valérie voit apparaître des zones de non-droit dans les quartiers sensibles, où la police hésite à pénétrer. « Au début des années 1990, les cités de Paris et de Lyon pratiquaient la surenchère des voitures brûlées. Des ghettos se créaient, avec un immeuble par nationalité – celui des Algériens, des Marocains, des Vietnamiens… Les bandes se construisaient sur des critères ethniques – "Blacks" ou "Rebeus". Ce repli communautariste a favorisé l'essor d'une économie parallèle. Dans les caves des cités, on vendait aussi bien des couches et du lait que de la drogue. À l'époque, ce phénomène de ghettoïsation me semblait plus dangereux pour la démocratie que le terrorisme, qui était importé d'Algérie par le GIA. La jeunesse des quartiers sensibles considérait l'autorité de l'État comme illégitime. Ils s'attaquaient aux pompiers, aux policiers, aux facteurs, aux médecins… Bref, à tout ce qui représentait l'ordre établi. »

« Et les islamistes ont investi ces quartiers… » « Au début, même eux se sont fait virer. Au milieu des années 1990, je me souviens avoir écrit une note très présomptueuse aux RG : "L'islamisme ne marchera jamais en banlieue, car il met en danger l'économie de la drogue." Finalement, le terrorisme a récupéré cette contestation "anti-État" des jeunes". »

Au bout de quelques années, Valérie quitte les RG et rejoint la DGPN[1], où elle s'occupe de coopération internationale. En 2005, elle intègre la DST, à la sous-direction du contre-terrorisme. « Cette problématique m'intéressait. Quand on vit dans une société libre et démocratique, pourquoi une partie de la population refuse-t-elle ces valeurs ? Je montais des projets pour fluidifier les échanges d'informations avec la CIA, le MI6 et d'autres services étrangers. C'était la grande époque d'Al-Qaida, qui a revendiqué les attentats de Londres en 2005. On avait aussi dans le viseur le groupe terroriste Aqmi au Sahel, et son leader Mokhtar Belmokhtar, l'un des djihadistes les plus recherchés de la planète. »

En 2010, Valérie quitte la DCRI – née de la fusion des RG et de la DST – pour la DGSE, où elle est nommée chef de la lutte contre le terrorisme. « J'étais la première femme à ce poste. Je travaillais avec Patrick Calvar, alors directeur du renseignement de la DGSE. Ma nomination faisait partie du rapprochement entre la DCRI et la DGSE. Les deux maisons commençaient à travailler ensemble. Je m'occupais de tous les actes terroristes commis à l'étranger contre des ressortissants ou des intérêts français. Au début des années 2010, plus que les attentats, les prises d'otages étaient le mode opératoire favori des terroristes. » Je suppose que Valérie a participé à la libération des quatre otages enlevés par Aqmi en 2010 à Arlit, un site minier exploité par Areva au Niger.

Début 2013, Patrick Calvar, devenu patron de la DCRI, rappelle Valérie pour la nommer à la tête de la sous-direction en charge de la lutte antiterroriste. Sa tâche est lourde : elle succède à ce poste à une autre femme, après l'affaire Merah. Une enquête interne de l'Inspection générale de la police nationale avait conclu en octobre 2012 à des « défaillances objectives » des services concernant la dangerosité du tueur au scooter. La mission de Valérie ? « Améliorer la coopération entre la DGSE et la future DGSI sur le phénomène djihadiste. »

---

1. Direction générale de la police nationale.

Valérie, qui connaît les deux maisons, doit les décloisonner pour affronter cette nouvelle menace.

Avec les attentats de *Charlie Hebdo*, puis celui du Thalys, l'année 2015 marque un basculement : « Même un attentat raté est réussi en termes de propagande, regrette Valérie. En avril 2015, Sid Ahmed Ghlam, cet étudiant algérien qui visait une église à Villejuif, dans le Val-de-Marne, s'est tiré une balle dans le pied, mais il a installé la peur dans les églises. Et le terroriste du Thalys, Ayoub El-Khazzani, dont la kalachnikov s'est enrayée, a créé la psychose dans les trains. »

Un point me laisse songeuse. La plupart de ces terroristes figuraient sur le fameux fichier « S », pour Sûreté de l'État. Selon Manuel Valls, on compterait 10 500 fichés « S » pour leur appartenance ou leur lien aux mouvances islamistes en France. Comment fonctionne ce fichier de la DGSI, dont on parle tant ? Comment devient-on « fiché S » ? » Valérie soupire : « Ce fichier n'est pas un marqueur de dangerosité. » J'ouvre de grands yeux, surprise. Car la plupart des terroristes, Mohamed Merah, les frères Kouachi ou encore Ismaël Omar Mostefaï, l'un des tueurs du Bataclan, figuraient dans ce fichier de signalement. Valérie précise sa pensée : « Si une personne a des relations avec des individus que l'on surveille, ou fait des allers-retours vers un pays sensible, nous devons savoir si elle est impliquée, ou pas, dans une filière terroriste. On lui colle alors une fiche "S". S'il grille un feu rouge, commet une infraction sur la voie publique, traverse une frontière, policiers et douaniers nous le signalent. Ce fichier permet de tracer en pointillé des individus qui nous intéressent. Hélas, il devient compliqué à utiliser car il a été trop médiatisé. Nous songeons d'ailleurs à l'abandonner. Dévoiler une méthode de renseignement tue l'intérêt du dispositif. » La DGSI songe à abandonner le fichier « S » ? Valérie me donne une info extrêmement précieuse et inédite, qui me laisse perplexe. Le mal-être est-il si profond à la DGSI pour que le service envisage d'abandonner un outil aussi stratégique ?

J'enchaîne avec une nouvelle question : « Que faisiez-vous au moment des attentats du 13 novembre 2015 ? » « J'étais encore au bureau le vendredi soir, en train de discuter avec des collègues, quand nous avons appris, vers 22 heures, les attaques dans Paris et au Stade de France. » Lorsqu'on sait, par ailleurs, que la plupart des services ont découvert les attentats sur BFMTV et I-Télé, je m'interroge. Ces dernières années, l'arrivée des chaînes d'info challenge beaucoup tous les services de renseignement. Mais je n'imaginais pas à quel point.

Valérie reprend : « Au même moment, notre directeur général était interrogé par le cabinet du ministre de l'Intérieur. J'ai travaillé toute la nuit, et la nuit suivante. Nous avons mis en place le même processus que celui du 7 janvier. J'ai constitué les équipes et rappelé les agents. Je me suis lancée tout de suite dans l'action, autant dire un long tunnel de travail. » « Vous vous attendiez à une telle attaque ? » « Oui, mais pas d'une telle ampleur, avec des kamikazes au Stade de France, une prise d'otage au Bataclan et des fusillades aux terrasses. Je me suis concentrée sur le mode opératoire des terroristes. Comment empêcher les répliques prévisibles ? »

« Qu'est-ce qui caractérise, d'après vous, cette nouvelle génération de terroristes ? » « Leur fascination pour la mort. Au temps d'Action directe, les terroristes voulaient tuer, mais pas mourir. Aujourd'hui, que des jeunes Français rêvent de se faire exploser avec une ceinture me sidère. » Valérie secoue la tête, accablée : « Nous affrontons un phénomène de radicalisation massif et inédit. Dans les services de renseignement, nous pansons une plaie béante de la société française, en espérant que la gangrène ne progresse pas. On arrive en bout de course pour empêcher des actes criminels. Mais le mal, très profond, dépasse les services de renseignement. »

Valérie marque une pause. Je perçois un profond pessimisme chez elle. « Que pensez-vous du rôle des femmes dans le terrorisme, de plus en plus nombreuses à rejoindre les rangs de Daech ? » « Nous sommes conscients du phénomène. Nous avons interpellé de nombreuses femmes impliquées dans les filières. Mais le sujet me laisse perplexe. Pourquoi une adolescente française libre de ses choix se soumet-elle au bon vouloir d'un homme ? Ma génération s'est battue pour cette liberté. Et ces jeunes filles, qui l'ont reçue sur un plateau d'argent, retournent sous le joug masculin. L'épouse de Samy Amimour, l'un des tueurs du Bataclan, une lycéenne de 18 ans partie en Syrie, s'est même félicitée sur Internet du "sacrifice" de son mari ! »

Je hoche la tête : « Malala, la jeune Prix Nobel de la paix, dit qu'avec des armes, on tue les terroristes. Et qu'avec l'éducation, on tue le terrorisme. » Valérie acquiesce : « C'est juste. Nous, service de renseignement, n'apportons aucune solution de fond. Politiques, sociologues, psys, philosophes, toute la société doit se mobiliser pour comprendre ce phénomène massif et inédit de radicalisation. Le profil diversifié des djihadistes, qui compte plus de 20 % de convertis, et de plus en plus de jeunes femmes, reflète le mal-être de la jeunesse française. Que leur offre-t-on comme rêve collectif, comme projet de société ? Le seul idéal se résume à l'achat du dernier iPhone à la mode. Certes, ils ont subi un lavage de cerveau, mais ils sont exaltés. Quelle somme de foi, ou de folie, faut-il pour aller en Syrie, dans un pays en guerre ? Quel grand rêve collectif notre société peut-elle opposer pour susciter autant de désir ? » « Mohamed Merah voulait devenir policier ou militaire... » « Vous parliez de faille du renseignement. Pour moi, la faille est ailleurs, et plus globale : qu'est-ce que la société a raté dans l'intégration de ces jeunes ? »

« Récemment, Manuel Valls a estimé que le risque d'attentat était encore plus élevé qu'avant le 13 novembre 2015. Pensez-vous qu'une nouvelle attaque coordonnée, multisites et kamikaze pourrait encore arriver ? » « Bien sûr. Le risque reste très important. Un "13 novembre bis" est encore possible en France. Mais heureusement, nous déjouons aussi des attentats. » J'ai recueilli une autre info précieuse. Récemment, j'ai appris que c'est une femme de la DGSI qui a permis l'interpellation d'un terroriste potentiel, avec un profil à la Réda Kriket. Tout s'est passé en banlieue parisienne. L'adresse de l'immeuble avait été identifiée, mais pas le numéro de l'appartement. Comme aucun nom ne figurait sur les boîtes aux lettres, l'espionne a tenté le tout pour le tout. Prétextant un problème de loyer impayé, elle a directement appelé le terroriste sur son portable, en se faisant passer pour le bailleur HLM. Au cours de la conversation, elle lui a soutiré son adresse précise. L'arrestation pouvait avoir lieu. Si les services de renseignement sont souvent pointés du doigt, leur travail a permis d'éviter de nombreuses tueries et de sauver des vies. En 2015, sous la responsabilité de Valérie, les femmes de la DGSI ont participé à déjouer dix attentats terroristes sur le sol français. Soit pratiquement un par mois.

Partie 2

Au cœur du renseignement extérieur

CHAPITRE 5

Avec les services secrets de l'armée

« Les chefs me prennent parfois pour la stagiaire. »

Margot, 24 ans

Je bascule dans un tout autre univers. Après le renseignement intérieur, je m'apprête à explorer les services secrets qui agissent à l'extérieur de nos frontières. Le décor change du tout au tout. Je quitte l'autoroute A1 pour m'enfoncer dans la campagne verdoyante de l'Oise, à 40 kilomètres au nord de Paris. Las, ma balade bucolique est de courte durée. Je bifurque vers une départementale et longe une zone grillagée, surmontée d'un renvoi de barbelés. Quelques minutes plus tard, je me gare près d'une guérite d'où sort un soldat armé et en treillis. Devant moi s'étend la base aérienne 110 de Creil, un vaste site militaire de 428 hectares caché aux regards extérieurs par une rangée de peupliers. Une pancarte à l'entrée prévient : « Site sous vidéo-surveillance, interdiction de pénétrer sans autorisation ». Je décline mon identité au soldat qui, après vérification, m'ouvre la barrière. Je pénètre dans une enceinte sécurisée. À part une tour de contrôle, une piste d'atterrissage, des casernements et des vieux Mirage des années 1950 exposés aux ronds-points, à première vue, rien ne révèle la dimension « rens' » du lieu.

Pourtant, ce site hautement stratégique des armées accueille près d'un millier d'agents de renseignement militaire d'un tout jeune service : la DRM.

De l'Irak à la Libye, de l'Afghanistan au Mali, pas une opération militaire n'est menée sans renseignement, avant, pendant et après les manœuvres. C'est le rôle de la DRM, créée au lendemain de la première guerre du Golfe. Aujourd'hui, c'est aussi dans un climat de guerre que je m'apprête à explorer les arcanes de cet acteur clé du renseignement extérieur, la deuxième partie de mon voyage dans les services secrets. Sa mission ? Anticiper les conflits, réaliser une veille stratégique des menaces dans le monde, renseigner les autorités politiques et militaires. La DRM fournit aussi du renseignement d'intérêt militaire au chef d'état-major des armées, dont elle relève directement, pour planifier et conduire les opérations militaires sur ce qu'on appelle les « théâtres » extérieurs : les zones, comme le Sahel, la Centrafrique, et le Levant (Irak/Syrie), partout où la France envoie des soldats.

Et les femmes ? Elles représentent 25,5 % des 1 600 personnes qui composent la DRM. Je note que le renseignement militaire est plus féminisé que les armées françaises, qui comptent 15 % de femmes. Le général Christophe Gomart, directeur de la DRM, affirme avoir pris conscience de l'importance de leur rôle : « Je viens des forces spéciales, un milieu masculin où les femmes n'apparaissent pas. En 2009, lorsque j'étais adjoint de Bernard Bajolet au CNR[1], à la présidence de la République, j'ai participé à deux réunions de haut niveau sur l'Afghanistan et le Pakistan. La première s'est déroulée à l'Élysée, et nous étions dix hommes. La deuxième a eu lieu à la DNA, la *Defense National Agency*, aux États-Unis. Là-bas, il y avait cinq hommes et cinq femmes, la parité parfaite. Ce déséquilibre français m'a frappé. Au retour, j'ai tenu à nommer une déléguée générale à la stratégie car je crois à l'apport des femmes dans le renseignement et dans la réflexion. » Les agents

1. Coordonnateur national du renseignement.

féminins de la DRM, aux deux tiers des militaires, participent à toutes les missions, notamment les plus cruciales.

Car depuis que la France a intensifié ses frappes en Syrie, après les attentats du 13 novembre, les agents de la DRM repèrent les infrastructures de Daech, identifient les dépôts d'armement et permettent de cibler les camps d'entraînement que les avions de chasse français vont pilonner. Pour accomplir cette mission, la DRM dispose, à la base de Creil, dans des locaux partiellement enterrés, de centres de très haute technologie : le CF3I, qui traite du renseignement d'origine « image », envoyé par les satellites Hélios et Pléiades, et le CF3E, qui recueille et analyse les émissions électromagnétiques (radios et téléphones). Plusieurs drones, un navire-espion, le *Dupuy-de-Lôme*, et des avions de renseignement complètent ces dispositifs de recueil du renseignement parmi les armées.

Il va falloir que je m'accroche, car j'aborde dans ce service la partie la plus technique de mon enquête. Mais l'enjeu en vaut la peine : je vais interviewer des expertes en armement, des interprètes d'images satellites, des analystes et des officiers traitants qui travaillent au cœur d'enjeux majeurs. Chaque jour, elles recueillent, recoupent et exploitent des dizaines de milliers de données pour sécuriser le travail des forces militaires sur le terrain. Certaines ont même été projetées en « OPEX » (opérations extérieures), sur les opérations Barkhane (Sahel), Sangaris (Centrafrique) ou Chammal (Irak/Syrie). C'est dans une salle de réunion au décor martial, placardée d'images satellites, de photos de Rafale et d'hélicoptères Tigre tournoyant dans le désert, que je vais découvrir ces soldates de l'ombre qui agissent au-delà de nos frontières, avec un objectif : frapper au cœur de la fabrique du terrorisme.

Sergent-chef Bérénice

La première militaire que je rencontre dans mon enquête porte l'uniforme bleu ciel de l'Armée de l'air. Le sergent-chef

Bérénice, 31 ans, a les cheveux courts, des yeux légèrement bridés et un sourire timide qui tranche avec sa collection de médailles épinglées sur sa chemise. Elle-même fille de militaire, Bérénice travaille à la DRM depuis dix ans. Elle y est entrée à 21 ans, juste après deux années de classes préparatoires au lycée militaire d'Aix-en-Provence. Impatiente, je démarre l'interview par un cadrage général : « Quelle est votre fonction ? » « Je suis chargée de diffuser le renseignement d'intérêt militaire produit par la DRM à nos partenaires étrangers. » Bérénice travaille avec les services de renseignement militaire des 28 pays de l'OTAN, et de 8 pays invités, comme la DIA, la *Defense Intelligence Agency* aux États-Unis. « Qu'est-ce qui vous a donné envie de travailler dans le renseignement militaire ? » « La rigueur et la discipline. » « Vous aimez l'ordre ? » Elle sourit : « Mon conjoint me dit que je suis maniaque. J'ai besoin que tout soit bien rangé. Je gère une grande masse d'informations. J'ai beaucoup de données à traiter. Rien ne doit être laissé au hasard. »

« Qu'est-ce qui a changé pour vous depuis le 13 novembre ? » Bérénice grimace : « Je n'ai plus le droit de prendre les transports en commun en uniforme, car les militaires sont devenus des cibles. Et ma charge de travail s'est alourdie. » « Comment avez-vous vécu cet événement ? » « J'étais chez moi, et j'ai eu très peur. Je travaille tous les jours sur les groupes armés terroristes. » Sa tâche ? Échanger des renseignements avec la DGSE et notre homologue belge, le SGRS[1]. Par exemple, les numéros de téléphone des terroristes dès qu'ils ont été identifiés, ou de personnes impliquées dans la logistique. Bérénice reprend : « Les Belges ont un gros problème, car le nombre de filières djihadistes explose dans leur pays. »

« Vous avez travaillé sur l'Afghanistan, et donc sur les origines du djihadisme international… » « Oui, j'ai été analyste entre 2008 et 2011. Quand j'ai été nommée, mon chef m'a dit : "Il me manque quelqu'un à la cellule Afgha. Ce sera toi." Je ne savais pas situer ce pays sur une carte ! » « Et comment vous

1. Service général du renseignement et de la sécurité.

avez fait ? » « Je suis allée à la Fnac acheter un maximum de livres d'histoire, de géopolitique, d'économie... Et surtout, j'ai longuement discuté avec mes collègues linguistes afghans. J'ai plus appris avec eux qu'avec les bouquins. Ils me montraient avec nostalgie des photos de l'Afghanistan de leurs parents. Les femmes portaient des minijupes dans les rues de Kaboul, sortaient au cinéma, assistaient à des défilés de mode... Ce monde a disparu. »

« Vous pouvez me préciser votre fonction ? » « Je produisais du renseignement d'origine électromagnétique. On interceptait les communications radios des talibans en HF (hautes fréquences), VHF (très hautes fréquences), les portables (GSM) et les téléphones satellites Thuraya. L'objectif était de localiser les commandos et d'anticiper leurs attaques. On essayait de remonter leurs réseaux pour découvrir les cerveaux, savoir si un tel est un chef taliban ou un simple exécutant. Les linguistes, qui écoutaient et traduisaient les conversations en pachtoun ou en pashaï, reconnaissaient les voix des chefs talibans. Nos ennemis savaient souvent qu'ils étaient écoutés. Ils utilisaient des codes, que l'on essayait de décrypter. Ces codes se dissimulaient parfois dans une conversation anodine entre un mari et sa femme. » Collaborait-elle avec la DGSE ? Pas assez, apparemment. Bérénice aimerait que les deux services travaillent davantage ensemble. Cela ne me surprend pas : dans le renseignement, la rivalité entre la DRM et la DGSE est notoire. Très dominante dans l'univers du renseignement, la DGSE voit d'un œil noir la montée en puissance de la DRM sur les théâtres extérieurs, et en particulier en Afrique, son terrain de prédilection.

« Quel était votre objectif ? » « Venir en appui aux opérations de l'armée française. Le renseignement que l'on fournissait servait à localiser les insurgés pour sécuriser nos troupes au sol. Il orientait les décisions des chefs militaires sur l'envoi des troupes à tel ou tel endroit. » En 2010, environ 4 000 militaires français participaient à ce théâtre d'opération, aux côtés des États-Unis et d'une coalition de pays de l'OTAN. L'objectif ? Permettre à l'État afghan de se construire et former l'armée nationale afghane. « Qu'est-ce qui vous a le plus marquée pendant cette période ? » « L'embuscade de la vallée d'Uzbeen, en août 2008. C'était pourtant un jour calme. Nos chefs nous ont demandé d'être vigilants sur cette zone où évoluait un régiment français. Brusquement, nous avons entendu un pic de communications radio en pashaï. Le linguiste m'a dit : "C'est le bordel." Nos soldats sont tombés dans une embuscade lors du passage d'un col de montagne. Nous avons perdu dix militaires français ce jour-là. Je l'ai vécu comme un échec. J'ai été très abattue. A-t-on bien exploité toutes les infos ? Quelque chose a-t-il échappé au linguiste ? Souvent il s'en veut aussi. On a des données mais il subsiste toujours un doute. » Dans ce métier, je l'ai constaté au fil de mes entretiens, le sentiment de culpabilité, même infondé, est inévitable. Car les agents ont de lourdes responsabilités, et tiennent parfois des vies entre leurs mains. Je le lui fais remarquer : « Vous avez aussi sauvé des soldats... » « Oui, bien sûr. Nous avons pu déjouer beaucoup d'attaques et préserver des vies. Et quand tous les soldats rentraient, nous étions soulagés. Nous avons aussi eu la reconnaissance du directeur de la DRM et du ministre de la Défense. C'était très gratifiant. »

« C'était aussi la période de la traque de Ben Laden ? » « Oui, on pensait qu'il se cachait dans une grotte au nord du Pakistan. On l'appelait le "terroriste superstar". Pour nous, il était un HVI, un *high value individual*, c'est-à-dire une cible prioritaire. » « C'est une femme, analyste à la CIA, qui l'a débusqué à Abbottabad. » « C'est parce que nous sommes têtues et que nous ne lâchons rien. » Son sourire s'efface : « Vous savez, on a tué Ben Laden, mais l'idéologie terroriste a contaminé toute la planète. » « Zacarias Moussaoui, Hervé-Djamel Loiseau, Mohamed Merah... Les premiers djihadistes français se sont formés en Afghanistan et au Pakistan. » « Oui, j'ai été très marquée par l'attentat du RER Saint-Michel, perpétré par Khaled Kelkal en 1995. J'avais 11 ans et j'accompagnais mon père qui devait recevoir une médaille du travail à Denfert-Rochereau. Nous sommes restés coincés plusieurs heures dans le RER. »

« Vous êtes militaire et travaillez depuis Creil sur des zones de crise. Vous n'avez jamais eu envie de voyager ? » Son visage s'illumine : « Je ne suis jamais allée en Afghanistan, mais je m'en suis approchée. J'ai embarqué pendant quatre mois sur le *Dupuy-de-Lôme*, le navire renseignement armé par la Marine nationale. » « Racontez-moi… » « Quand je suis arrivée sur le bateau, le premier jour, je me suis dit : "Je ne vais jamais m'y retrouver." C'est un vrai labyrinthe de couloirs et d'escaliers. Un marin m'a conduite jusqu'à ma cabine. Il m'a dit : "Dès que tu as fini de t'installer, tu remontes." Je me suis perdue dans le dédale des couloirs. Au bout d'une demi-heure, j'ai réussi à remonter. Mais je suis sortie à l'avant du bateau, alors que le marin m'attendait à l'arrière. On dit que les marins en mer mangent très bien. C'est vrai. Il y avait un boulanger à bord. Le matin, une odeur de viennoiserie embaumait tout le bateau. Après une nuit de travail, c'était très agréable. » « Vous aviez des escales ? » « Oui, tous les quinze jours. À chaque fois, on avait un briefing sécurité. À terre, nous avions interdiction de parler du *Dupuy-de-Lôme*, car c'est un bateau de renseignement. En même temps, c'est un secret de polichinelle. Quand le navire accostait et que l'on débarquait, les chauffeurs de taxi nous disaient : "Vous êtes du bateau-espion français ?" Nous n'avions pas des têtes de touristes. Il ne faut pas prendre les gens pour des imbéciles. » « Quelle zone vous a le plus marquée ? » « Lorsque nous naviguions le long des côtes iraniennes, dans les eaux internationales, des F16 ont survolé le bateau dans un vacarme assourdissant. C'était assez stressant. »

« Qu'avez-vous préféré de ces dix années passées dans le renseignement ? » « Les personnes avec qui j'ai travaillé, en particulier les linguistes. Avec tout ce qui se passe en France, on a une mauvaise image des musulmans. Je le regrette. Un jour, j'ai demandé à l'un des linguistes afghans : "Pourquoi tu trinques au champagne avec moi le soir de Noël alors que tu es musulman ?" Il m'a répondu : "Dans le Coran, il est écrit que l'on doit s'adapter aux coutumes du pays hôte dans lequel on vit.

Alors pour une fête, je peux tremper mes lèvres dans une coupe champagne avec toi." »

Lieutenant Christelle

En voyant débarquer ma deuxième candidate, je me dis que la plupart des femmes de la DRM ont l'âge de leur service : un peu plus d'une vingtaine d'années. Après Bérénice, une toute jeune militaire en uniforme s'installe sur la chaise posée en face de moi. Mais sa personnalité tranche avec celle de Bérénice. Débit mitraillette, cheveux en bataille, yeux noirs perçants : le lieutenant Christelle a de l'énergie et du bagou. Voilà qui tombe bien, car elle travaille pour les grandes oreilles de l'armée. Son job ? Déployer des capteurs électromagnétiques pour, entre autres, espionner Daech.

Intégrée en 2014, cette doctorante en sciences politiques travaille au bureau de renseignement d'origine électromagnétique (BROEM). « Concrètement, que faites-vous ? » « J'étudie la manière dont Daech, les GAT ou les belligérants en Centrafrique communiquent. » Utilisent-ils des téléphones satellites Thuraya ? Des radios HF (hautes fréquences) pour communiquer sur des grandes étendues ? Ou de la VUHF, pour des échanges de proximité ? Aujourd'hui, les terroristes utilisent de plus en plus le réseau GSM. Christelle reprend : « En fonction de la zone et du réseau, je conseille mes chefs sur le déploiement de nos capteurs. »

« Quels types de capteurs déployez-vous ? » « Certains sont propres à la DRM, d'autres appartiennent aux armées. La mission à la DRM est très intéressante dans le sens où nous avons une vision globale des moyens d'interception qui sont déployés. Nous nous appuyons principalement sur le CF3E, qui est le Centre de formation et d'emploi relatif aux émissions électromagnétiques. Nous déployons également le *Dupuy-de-Lôme*, le navire de renseignement que la Marine met à notre disposition. Ou encore l'avion Transall C160 Gabriel, équipé de capteurs électromagnétiques. J'aime bien cet avion, qui a permis d'arrêter de nombreux terroristes d'Al-Qaida. » « Ce sont vos interceptions qui décident d'une opération ? » « Non, je rédige des fiches qui nourrissent un flux de renseignements en provenance de multiples capteurs : des images satellites, des interceptions électromagnétiques, du renseignement humain et du renseignement d'origine cyber. Des analystes de la DRM recoupent tous ces renseignements. »

« Quelles zones couvrez-vous ? » « Tous les théâtres d'opérations. Sur Barkhane, au Sahel et au Sahara, pour sécuriser les forces spéciales du COS[1] qui traquent les terroristes dans la bande sahélienne. Sur Chammal, en Irak et en Syrie, pour écouter Daech ou le Front Al-Nosra, la branche syrienne d'Al-Qaida. On intercepte ces communications pour avoir du renseignement à fin d'action, pour soutenir les forces et assurer leur protection. Je suis chaque jour en lien avec le CPCO[2]. »

« Mais les terroristes se doutent bien qu'ils sont écoutés… » « Oui, et ils sont très prudents. Ils basculent d'un réseau à l'autre, ils utilisent des codes que nos analystes doivent décrypter. En Irak, Daech a même une police des réseaux, des personnes qui écoutent les réseaux. Lorsque les communications deviennent trop précises sur les positions de Daech, leurs manœuvres ou leurs capacités, la police des réseaux intervient et brouille les communications. Les chefs de Daech sont des anciens gradés de Saddam Hussein. On affronte des pros, des habitués du renseignement. Derrière Daech, il y a une vraie structure militaire. »

« Qu'est-ce qui vous attire dans cet univers ? » « Ici, je vois les effets de mon travail. Lutter contre Daech, intercepter des djihadistes français en Syrie qui combattent pour l'État islamique… Ce sont autant de projets d'attentats évités en France. Lutter contre Daech, sauver des vies, c'est très gratifiant

1. Commandement des opérations spéciales.
2. Le Centre de planification et de conduite des opérations.

et motivant. Mon job est aussi excitant que celui de Maya, l'héroïne de *Zero Dark Thirty*, quand elle traquait Ben Laden. »

« Être une femme dans le renseignement militaire, c'est un atout ou un frein ? » « Je vais vous surprendre : je trouve ça pas mal. Dans un univers d'hommes, il faut savoir profiter d'être une femme. Pas en minaudant, bien sûr. Comme on est peu nombreuses, on bénéficie d'un peu plus d'attention. On a "l'œil" des chefs. C'est un atout. Bien sûr, j'ai rencontré des vieux colonels qui refusaient de me parler parce que je suis une femme. Mais dès que je leur prouve ma valeur et mes compétences, leur regard change. Ils oublient la "femme", ils voient uniquement l'agent qui maîtrise ses dossiers. Pour moi, c'est une victoire. »

Margot

En attendant ma prochaine candidate, je délie mes doigts engourdis par un rythme soutenu d'écriture. Je songe aux vidéos de Daech évoquées par le lieutenant Christelle. À la DRM, des agents sont chargés de les regarder pour mieux comprendre le fonctionnement de ce groupe terroriste. C'est le travail de Margot. La voilà qui entre dans la pièce. Elle tire la chaise avec précaution et s'installe devant moi, un peu intimidée. Elle pose son sac à main sur la table, comme un rempart entre elle et moi. Je comprends qu'elle est sur ses gardes. Aïe, j'espère qu'elle va s'ouvrir pendant l'entretien. D'autant que son témoignage m'est précieux. À tout juste 24 ans, cette analyste de la sous-direction exploitation visionne toute la journée des vidéos de propagande ou d'atrocités commises par l'État islamique. Comment tient-elle le coup ? Quel impact ces images ont-elles sur elle ? A-t-elle un soutien psychologique ? Que sait-elle sur Daech ? J'affûte mentalement mes questions en l'observant du coin de l'œil.

Avec son opulente chevelure rousse, ses yeux bleus et ses dents du bonheur, elle a un air de l'actrice Audrey Fleurot, mais en beaucoup plus réservée. Je crains presque de la bousculer avec ma batterie de questions. Je me surprends même à la rassurer, tant je la sens stressée : « Sentez-vous libre de parler... » « Oui, oui », me répond-elle, pas vraiment convaincue. Margot affiche le profil classique d'une jeune diplômée en relations internationales, qui a passé une partie de son bac en chinois – mention TB – et qui se marie dans un mois. A priori, pas d'aspérités. Je démarre de manière soft, pour ne pas la brusquer : « Quelle image aviez-vous du renseignement avant d'y entrer ? » « J'imaginais que c'était un peu comme dans la série *Homeland*, avec d'énormes moyens et des explosions tous les jours, répond-elle. Les premières semaines à la DRM, j'ai découvert au contraire un cadre tout à fait normal où l'on répond à des objectifs, comme dans toute structure. »

« Quelle est votre fonction à la DRM ? » « Je travaille sur des problématiques cyber liées au Moyen-Orient. Concrètement, j'analyse le contenu des sites ou des vidéos produites par Daech et diffusées sur le web. Les terroristes communiquent énormément sur Internet pour recruter. J'analyse ce qu'ils disent ouvertement, les discours de propagande, les tweets... Mon travail consiste à définir plus précisément l'ennemi en analysant sa production cyber. Cette production nous donne des indications précieuses. On peut localiser certains chefs djihadistes, déterminer les filières, les moyens d'un groupe terroriste, ses capacités, anticiper ses intentions. Cela nous permet de recouper avec des informations obtenues d'autres sources (images satellites, interceptions électromagnétiques, sources humaines...). Ce volet numérique est présent dans tous les conflits d'aujourd'hui. Et il est amené à se développer. »

« Comment analysez-vous l'évolution de Daech sur Internet ? » « Depuis 2014 et l'instauration du Califat, Daech a révolutionné le rapport des terroristes avec le monde cyber. Dans la guerre qu'ils mènent contre l'Occident, Internet est une arme psychologique. La médiatisation de la violence leur sert à frapper les esprits et participe à leur aura. Par ailleurs, quand Daech recule sur le terrain, parce qu'il est pilonné par la coalition, il communique sur Internet en criant à la victoire. Cela minimise l'impact de nos succès. On riposte en travaillant à réduire la visibilité et l'empreinte numérique de ces djihadistes. » « Quelles sont les qualités d'une bonne analyste ? » « Il faut être patient. Les terroristes avancent masqués. Ils peuvent se cacher derrière n'importe quel avatar sur Facebook ou Twitter. Dans le numérique, la définition de l'ennemi est très longue. »

« Vous visionnez des vidéos de Daech tous les jours ? » « Oui. Mais ce n'est pas évident au quotidien, car je suis confrontée à des images pas vraiment agréables... » Je relève l'euphémisme : « Vous voulez dire ultraviolentes ? » « Oui. » « Des décapitations ? » « Oui. » Margot répond avec réticence, presque du bout des lèvres. Je l'encourage à continuer : « Et vous vous y habituez ? » « Non, mais c'est devenu commun. Ce qui me choque, c'est la nouveauté dans la cruauté. C'est compliqué de s'y préparer psychologiquement, car je suis à chaque fois surprise. » « Quelle est l'image la plus horrible que vous ayez visionnée ? » « Récemment, j'ai vu une vidéo avec une noyade groupée de cinq prisonniers dans une cage. Je n'avais encore jamais vu ça. J'ai été tellement choquée que j'ai douté de l'utilité de ma tâche. Est-ce que je sers vraiment à quelque chose ? C'est un sentiment passager. Je me suis vite remotivée. Vous savez, dans ma cellule, des phases d'abattement, j'en ai régulièrement, et c'est pareil pour mes collègues. Avec Daech, nous n'arrivons jamais au bout de la violence. Ils se complaisent dans une surenchère permanente de la barbarie. Lapidations, défenestrations, noyades... Daech exploite de façon quasi animale les différentes manières de tuer, et les médiatise. C'est la surprise que je trouve difficile à gérer. Quand je regarde une vidéo de Daech, je ne sais jamais à quoi m'attendre. C'est éprouvant. Se rendre compte qu'ils peuvent aller plus loin dans la barbarie. La sauvagerie. Parfois, je me dis que cela ne sert à rien. Mais je me ressaisis vite. »

« Et vous ne dites rien à vos proches, car ce serait briser le secret défense... Comment tenez-vous le coup ? » « J'en parle avec mes collègues. Jusqu'à récemment, le sujet était tabou à la

DRM. On concevait difficilement que des analystes soient choqués par une violence virtuelle alors que nos troupes, sur le terrain, affrontent une violence réelle. Les analystes avaient eux-mêmes presque honte d'avouer que des images pouvaient les choquer. Mais depuis les attentats de *Charlie Hebdo*, il y a eu une prise de conscience. Un suivi psychologique a été mis en place. J'ai moi-même vu un psy militaire à la DRM. Même derrière un ordinateur, on peut être traumatisé. Nos chefs ont compris l'impact que ces images pourraient avoir sur le long terme. »

« Quels symptômes avez-vous ressentis ? » « C'est cyclique. Il y a des phases où l'on est choqué. Puis d'autres où l'on est détaché. On est tour à tour triste, indifférent, énervé… Notre humeur est en dents de scie. » « Voir toutes ces atrocités à 24 ans, cela vous a-t-il désillusionnée ? » « On perd une certaine innocence, oui. Mais au final, on sert une cause qui est bonne, qui est plus grande que soi. Ça rééquilibre. Quand on arrive à faire deux trois choses utiles, ça compense. » « Par exemple ? » « Des sites qui servaient de relais ont été ciblés et fermés. Quand on participe à l'arrestation de chefs djihadistes. C'est une fierté. »

« Vous considérez-vous comme une cyberespionne ? » Elle sourit, enfin détendue : « Non. On est totalement normaux. Notre service est discret, pas secret. On ne s'invente pas de vies. Et je ne fais pas de hacking ou d'intrusion. Je fouine sur des sources ouvertes, je gratte des sites accessibles à tous. Je me vois plus dans de l'investigation numérique poussée. »

« Être une femme à la DRM, comment le vivez-vous ? » « À mon poste, on attend plutôt un geek. Quand on me voit, ça surprend. C'est vrai que je cumule. Je suis jeune, femme et civile dans un environnement militaire. La phase de test est systématique, et plus que pour un homme. Je dois constamment prouver que je ne suis pas là par hasard, autant sur l'aspect technique que sur la vision stratégique. Les chefs me prennent parfois pour la stagiaire. C'est un vrai défi, et j'ai envie de le relever. »

Lucia

À force de les voir tourner en boucle sur BFMTV et I-Télé, j'ai presque fini par m'y habituer : « Ces derniers mois, les frappes françaises s'intensifient en Syrie et en Irak », scande l'actualité. Mais aujourd'hui, j'y accorde une plus grande attention. Dans la soirée du 25 février 2016, des Mirage 2000 partis de Jordanie ont détruit un dépôt d'armement de Daech à Raqqa, sa base principale en Syrie. Derrière ces frappes de l'opération Chammal, qui s'intensifient depuis le 13 novembre 2015, se dissimule le travail d'une dizaine d'agents de la DRM, qui œuvrent depuis Paris. Lucia, 29 ans, analyste dans la cellule dédiée à la zone du Levant, fait partie de ces agents de l'ombre. Régulièrement, elle réalise des « dossiers d'objectifs » : en clair, elle localise les cibles que les 14 avions chasseurs-bombardiers français vont pilonner pour affaiblir l'ennemi. Aussi bien des caches d'armes que des camps d'entraînement de Daech, des centres de commandement ou des puits de pétrole servant à financer le terrorisme.

J'ai rendez-vous avec Lucia le 1er mars, quelques jours après ce dernier bombardement, dans les locaux flambant neufs de la DRM, au dixième étage du ministère de la Défense, à Balard. Comment mesurer l'impact réel de ces frappes ? Affaiblissent-elles l'État islamique ? Viendra-t-on à bout de ce « proto-État » terroriste qui exporte sa barbarie jusque dans les rues de Paris et focalise l'attention des services de renseignement occidentaux ? J'ai hâte d'interroger Lucia.

Elle frappe discrètement à la porte. « Bonjour, madame ! » Je sursaute. Je n'ai pas l'habitude que l'on m'appelle ainsi. Marie me semble tellement jeune avec son teint opale, ses yeux verts ourlés de mascara, ses cheveux noirs relevés à la diable par une pince et son rire espiègle qui ponctue chacune de ses phrases. Très féminine avec son chemisier blanc à col Claudine, ses perles aux oreilles et ses bottes en cuir noir, elle ressemble plus à une étudiante d'Assas qu'à un agent du renseignement militaire. Avec son master en Affaires européennes, Lucia fait partie de ces nouvelles diplômées contractuelles que draguent actuellement tous les services de renseignement. Recrutée il y a quatre ans par la DRM, Lucia a démarré sur le Proche-Orient. Mais très vite, au début de l'opération Chammal lancée par François Hollande en septembre 2014, elle est propulsée sur la zone du Levant : celle de Daech.

Alors que les analystes couvrent d'ordinaire un seul pays, Lucia en couvre plusieurs à la fois : « Les groupes terroristes sont eux-mêmes transversaux et se baladent sur plusieurs pays, m'explique-t-elle. Du coup, on s'adapte à l'ennemi. J'ai eu deux semaines pour ingurgiter une énorme masse d'informations. Je devais connaître l'histoire de chaque pays, ses localités, ses axes, ses richesses, ses ethnies, ses confessions, son système politique, car le politique et le religieux sont très imbriqués là-bas. Étudier aussi les milices, les groupes terros, les forces en présence, les ingérences des pays voisins et le positionnement des pays occidentaux. Un analyste ne devient spécialiste qu'au bout de trois ans. Quand on entre dans le détail d'un pays, on l'a dans la peau, on vit avec, c'est notre quotidien, on est accro à l'information. Je ne décroche jamais. Et comme ces zones chaudes bougent tout le temps, je ne m'ennuie pas. »

« Comment travaillez-vous concrètement ? » « Je reçois des informations brutes issues d'images satellites, d'interceptions de communication ou de sources humaines. Je les recoupe et je les transforme en renseignements. Mon objectif est d'anticiper les mouvements de l'ennemi, de prédire si une manifestation dans tel village va dégénérer, et de réaliser des dossiers sur des objectifs que nos avions vont frapper. On vérifie aussi qu'il n'y ait pas d'école ou d'hôpital à côté, pour éviter les pertes civiles. Concrètement, chaque jour, je rédige des notes d'une à deux pages destinées aux autorités militaires et politiques. Je réponds à des questions des députés de la commission Défense au Parlement. Je briefe aussi mes autorités directes : le général Gomart, bien sûr, et aussi le général Pierre de Villiers, chef d'état-major des armées (CEMA), le général Didier Castres, sous-chef d'état-major opérations de l'état-major des armées.

C'est lui qui donne le feu vert aux opérations. » « Comment préparez-vous vos briefs ? » « Un brief militaire dure de 4 à 7 minutes. Il doit être précis, concis, percutant. Je le travaille pendant deux jours avant, je le répète, je suis minutée. Chaque mot est pesé. Car ce que je vais dire aura une implication directe sur les prises de décision. Quand un analyste de ma cellule briefe le chef d'état-major des armées, ce dernier va souvent à l'Élysée juste après. Notre rôle est d'avertir nos chefs pour qu'ils aient bien en tête les risques sur telle ou telle zone. Il faut être très rigoureux. C'est à la fois impressionnant et excitant. »

À cet instant, l'intensité de son regard me frappe. Dans cette courte plage de silence, Lucia me renvoie une sorte d'énergie désaccordée. Derrière son enthousiasme apparent, je sens un mélange de fêlure et de force, de fragilité et de détermination, que je n'ai perçu chez aucune de mes espionnes. Je me demande quelle est sa faille. « Vous avez choisi ce métier pour l'opérationnel. Mais ça doit être frustrant de travailler sur une zone de guerre depuis Paris, derrière un ordinateur… » « Oui, c'est vrai. C'est pour cette raison que je suis devenue réserviste au COS. J'ai été projetée sur l'opération Chammal dans le Kurdistan irakien, il y a un an, en 2015. C'est important de sentir l'ambiance, de se promener dans les rues, d'aller dans les marchés. À Paris, on dramatise la situation. En Irak, il y a des attentats régulièrement. Les gens ont appris à vivre avec. Là-bas, d'ailleurs, j'ai vécu un attentat… » Elle hésite à poursuivre. Je l'encourage : « Racontez-moi… » « J'allais m'asseoir sur une chaise à une terrasse quand une voiture piégée a explosé à 30 mètres de moi. Je suis tombée au sol, assommée. L'explosion m'a assourdie et a enlevé tout réflexe de survie. J'ai perdu tous mes repères. Tout ce que j'entendais, c'était les tirs de kalachnikovs autour de moi. Mon collègue m'a encouragée à me relever et on a couru se mettre à l'abri chez des locaux dans une maison au hasard. Il y a eu 7 morts. Je n'ai pas été blessée mais je suis passée par des états inimaginables. J'ai vomi, pleuré, j'ai eu la diarrhée, et un traumatisme sonore lié au bruit de l'explosion. Et la peur vous habite longtemps après. J'ai été évacuée avant la fin de ma mission. Je m'en suis remise. Mais cela n'a pas entamé mon engagement. Je repars d'ailleurs bientôt sur Chammal. »

Elle se tait. Je relance : « Et comment avez-vous vécu le 13 novembre ? » « Professionnellement, dès le lundi matin, j'ai été sollicitée. On a réorienté nos capteurs et les attentats du 13 novembre sont devenus notre priorité pour plusieurs semaines. Les frappes se sont intensifiées, et donc mon travail aussi. À la DRM, Daech est devenu le centre d'intérêt numéro 1. Malheureusement, je n'ai pas le droit de vous en dire plus. »

« Et personnellement ? » « Ces attentats ont changé ma vie. » Je sursaute : je ne m'attendais pas à une réponse aussi radicale. « Pourquoi ? » « Agir au Levant ne me suffit plus. Je ne remets pas en cause mon travail ni celui de la DRM. Mais ces attaques sur le territoire national ont changé mes choix professionnels. Je me sens inutile. Daech a des capacités de projection difficilement prévisibles. C'est ici que je veux agir, pas là-bas. Je veux continuer à me battre contre le terrorisme, mais chez nous. J'ai décidé de changer de carrière et d'entrer dans la police. J'aimerais travailler dans une unité dédiée à l'antiterrorisme ou postuler à la DGSI. » J'essaie de comprendre : « Vous avez perdu des proches ? » « Non, mais le 13 novembre a été pour moi un choc émotionnel. J'étais dans un train ce soir-là, je quittais Paris pour la province. J'ai pleuré, j'éprouvais un mélange de tristesse et de haine, je me sentais blessée dans ma chair. » « Qu'est-ce qui vous a le plus choquée ? Le bruit des kalachnikovs ? » « Non. Mais j'ai été frappée par les cris de terreur des otages du Bataclan. J'étais glacée. C'est un tournant pour moi car ce sont les premiers attentats kamikazes sur le sol français. Cela implique une logistique qui existe, des réseaux structurés, des commandos prêts à agir sur notre territoire national et qui savent manipuler des ceintures d'explosifs. Cette proximité nouvelle de la menace terroriste a changé mes priorités. La France a basculé dans un autre monde. Je veux contribuer à ce que d'autres Bataclan n'arrivent pas. »

Sa détermination est palpable. Je la relance : « Les attentats du 13 novembre sont aussi la conséquence des frappes aériennes de la France en Irak et en Syrie… » « La menace est antérieure à nos frappes. Tout l'Occident est visé depuis des décennies. Les États-Unis font partie des pays les plus menacés. Tous les pays impliqués dans la coalition sont des cibles. Le terrorisme est un phénomène cyclique. Il y a trois ans, on ne parlait pas de Daech mais d'Al-Qaida. Et dans trois ans, un autre groupe remplacera l'État islamique. Le 13 novembre a montré que ce phénomène dépasse la zone du Levant. » « Quelle est la genèse de ce groupe terroriste ? » « L'État islamique est un vieux démon, créé, entre autres, par d'anciens officiers de Saddam Hussein tombés dans la clandestinité. Avant, c'était Al-Qaida en Irak, puis l'EIIL[1]. Sa dénomination a changé à l'été 2014 avec la prise de Mossoul et l'instauration du califat. » « Quel est l'arsenal de Daech ? » « Il dispose d'armements issus des armées irakiennes et syriennes. Mais je n'ai pas le droit d'entrer dans le détail. L'ennemi ne doit pas savoir ce que l'on sait de lui. » « Daech a-t-il vraiment besoin des jeunes djihadistes français pour combattre au Levant ? » « Il les intègre dans sa stratégie de communication. L'État islamique a besoin de ces combattants étrangers pour montrer au monde son hégémonie, sa puissance et son rayonnement international. » « Comment mesurer l'impact des frappes ? » « Mon sentiment personnel est que la coalition ne peut pas venir à bout de Daech. L'État islamique est affaibli militairement mais ses ramifications avec des pays hors du Levant en font un groupe puissant. En termes d'influence, il est en expansion. Comme tout groupe terroriste, il s'implante facilement dans des États faibles. Il gagne des soutiens en Afghanistan, où des chefs talibans lui prêtent allégeance, et dans bien d'autres pays. Sa zone d'évolution s'étend à la Libye. Daech est à nos portes. »

L'entretien touche à sa fin. Lucia se lève. « J'espère que je ne vous ai pas sapé le moral… J'ai été franche avec vous. Je suis

1. État islamique en Irak et au Levant.

de nature optimiste mais la situation s'y prête moins. » « Non, rassurez-vous. Une dernière question : quel est votre parfum ? » « *Chance*, de Chanel. » « Vous voyez, on se quitte sur une note positive… » Elle m'adresse un dernier sourire et disparaît dans l'encadrement de la porte. Ma séquence à la DRM se termine sur ce parfum et cette image.

CHAPITRE 6

Dans le contre-espionnage militaire

« Dans mon service, on m'a souvent culpabilisée. On me demandait comment une mère pouvait partir en opération militaire et laisser son enfant. »

Lieutenant Camille, 48 ans

« À la guerre, on fait ce qu'on peut avec ce qu'on sait ! Pour pouvoir beaucoup, il faut savoir beaucoup. » Je me suis approprié cette devise du maréchal Foch pour partir à l'assaut du service le plus secret et le plus cadenassé de la communauté du renseignement : la DPSD. De nombreux journalistes d'investigation rêvent d'y pénétrer et d'en percer les secrets. Pendant six mois, j'ai vaillamment bataillé, avec mon entregent, mon carnet d'adresses et ma force de conviction, pour réussir à entrer dans le sixième service de mon voyage au cœur du renseignement français. J'ai perdu plusieurs batailles, mais remporté la victoire. Après avoir refusé de me recevoir pendant des mois, la DPSD m'a finalement dit « oui » une semaine avant la fin de mon enquête ! Mais je ne me plains pas. Rencontrer les contre-espionnes qui protègent l'univers de la Défense nationale de toute intrusion étrangère, qui traquent les espions chinois, russes ou même américains prêts à tout pour dérober les secrets militaires français, m'excite au plus haut point.

Cet après-midi pluvieux de mars, je songe que, lorsque le destin s'acharne, il ne le fait pas à moitié. Après tous ces mois d'attente, mes rendez-vous à la DSPD tombent le pire jour possible. Me voilà donc traversant Malakoff un jour de grève des transports, sous une pluie battante, en songeant que le métier de journaliste est parfois usant. Trempée jusqu'aux os, je me présente sous l'arche en pierre du fort de Vanves, dans les Hauts-de-Seine, et présente ma pièce d'identité au soldat qui sort de sa guérite. Pas moins de trois gendarmes m'entourent et m'escortent à travers la vaste cour centrale de ce fort militaire du XIXe siècle, jusqu'aux bureaux de la DPSD.

Ce service mystérieux et peu connu descend du contre-espionnage de l'état-major des armées, créé après la guerre contre les Prussiens de 1870. Créée en 1981, la DSPD a pour devise : « Renseigner pour protéger ». C'est le service de renseignement du ministre de la Défense. Sa mission ? Surveiller et défendre le personnel de la défense, son matériel et ses installations sensibles. Elle se décline en trois domaines : la contre-ingérence des forces, la contre-ingérence économique et la contre-ingérence cyber. Des menaces regroupées sous l'acronyme « TESSCO », le maître mot du service : terrorisme, espionnage, sabotage, subversion et crime organisé.

En clair, la DPSD protège de l'espionnage tous les sites sensibles de la défense, comme les bases de sous-marins nucléaires. La DPSD assure aussi la protection des forces françaises sur le territoire national et à l'étranger, sur les théâtres d'opérations, notamment en Afrique et au Moyen-Orient. Sur les théâtres d'opération, l'espionnage par les services locaux est systématique. Un exemple concret ? Un officier célibataire est séduit par une jeune femme recrutée localement dans une base militaire. Devenue sa compagne, elle vole des documents sensibles. Une enquête de la DPSD révélera son appartenance aux services secrets locaux. Ses méthodes ? Essentiellement la recherche humaine, avec le recrutement de sources. Plus d'une centaine d'agents de la DPSD ont ainsi été projetés en 2013 pour la protection des forces françaises déployées en OPEX (opérations extérieures).

En contre-ingérence économique, la DPSD veille aussi au tissu industriel français lié à la défense : les fleurons de l'industrie militaire comme Dassault, Thalès ou Safran, comme les petites start-up innovantes qui fabriquent des boîtiers pour le Rafale. Ce patrimoine économique représente 2 000 entreprises, avec un chiffre d'affaires de 10 milliards d'euros par an. Autre mission clé : la DPSD ne délivre pas elle-même d'habilitations « confidentiel défense », « secret défense », et « très secret défense » (la plus forte). En revanche, ses agents rédigent des avis de sécurité, qu'elle propose aux autorités, notamment la DGA[1], chargées de délivrer les habilitations. Chaque année, la DPSD émet plus de 150 000 avis de sécurité ou de contrôle concernant les personnes physiques, et réalise plus de 400 enquêtes sur les personnes morales.

Les femmes représentent 28 % des 1 150 employés de la DPSD, composés à 80 % de militaires et à 20 % de civils, et déployés dans une quarantaine de sites, en France et à l'étranger. Sur les trois sous-directeurs qui entourent le général Hogard, l'actuel directeur de la DCSP[2], il y a deux femmes, l'une à la direction de la stratégie et l'autre à la direction des ressources.

J'entre dans une salle de réunion avec rétroprojecteur, une vitrine avec des babioles du renseignement – les services aiment décidément les bibelots kitsch. Je m'installe sur une chaise, avec dans ma ligne de mire un Dragounov, fusil de tireur d'élite russe utilisé par les insurgés afghans. Je baigne dans l'ambiance. Je me sens plutôt sereine. Après avoir interviewé une bonne quarantaine d'espionnes, je me sens désormais capable de déverrouiller la plus cadenassée des agents secrètes. Je me trompe. Car il y a plus fermé que les espionnes :

---

1. Direction générale de l'armement.
2. Direction centrale de la sécurité publique.

ce sont les contre-espionnes. Je ne vais pas tarder à le découvrir avec ma première candidate.

Sergent-chef Marion

Elle s'assied en face de moi et m'observe d'un air sérieux, concentré, jambes et bras croisés, dans une attitude fermée. Tout son corps semble m'envoyer le message subliminal : « Passez votre chemin, il n'y a rien à voir… » Ma tâche va être ardue. J'essaie de me motiver. J'ai la chance de pénétrer dans un service qui n'ouvre quasiment jamais ses portes aux journalistes. Je m'arme de courage pour trouver une faille dans l'armure de cette contre-espionne que je sens aux aguets. Sous-officier de l'armée de l'air, Marion, 34 ans, travaille à la DPSD depuis treize ans. Elle occupe le poste d'inspecteur de sécurité défense (ISD), chargée de la contre-ingérence des forces. Je démarre de manière assez soft pour observer ses réactions : « Qu'est-ce qui vous a donné envie de travailler dans le renseignement ? » Elle répond : « La curiosité. » Un blanc s'installe entre nous. J'attends la suite qui ne vient pas. Je ne me décourage pas : « Mais encore ? » « L'envie de découvrir un nouveau monde. » Nouveau silence. Je la relance encore : « Euh… Et pourquoi l'armée ? » « Pour servir mon pays. » Mes premières craintes se confirment : Marion n'a ni l'envie, ni l'habitude de parler d'elle. Dire « je », chez elle, semble quasiment contre-nature.

Intérieurement, je m'arrache les cheveux. Comment vais-je bien pouvoir tricoter un portrait vivant avec des réponses aussi télégraphiques ? Je réfléchis en vitesse. Peut-être sera-t-elle plus prolixe sur son travail ? Je tente une nouvelle approche. « Pouvez-vous m'expliquer concrètement votre fonction ? » « Ma mission est de protéger nos forces déployées en France ou à l'étranger de toutes les menaces "TESSCO" : terrorisme, espionnage, sabotage, subversion, crime organisé. Je suis militaire mais je travaille en civil. » « J'imagine que le terrorisme doit pas mal vous occuper en ce moment... » « Oui, c'est notre priorité. En ce moment, avec l'opération Sentinelle[1], ils sont encore plus nombreux sur la voie publique. En mai 2013, un soldat a été victime d'une attaque au couteau dans le centre commercial de la Défense, par exemple. L'année dernière, une patrouille Vigipirate a été attaquée dans un aéroport parisien. En 2015, une menace d'attentat a été contrecarrée dans un sémaphore des Pyrénées orientales, qui abrite un centre de surveillance de la marine nationale. Récemment, un individu arrêté pour ses liens avec l'islam radical a admis qu'il projetait de s'en prendre à la base navale de Toulon, qui abrite des sous-marins nucléaires d'attaque. Les militaires sont des cibles privilégiées. » Marion se détend perceptiblement. Ouf... J'en profite et continue sur ma lancée.

« Comment les protégez-vous ? » « On tente d'identifier les menaces spécifiques avec nos relais internes dans l'armée. Nous avons des officiers de sécurité dans les unités militaires, qui nous alertent sur les dangers potentiels et nous remontent des signalements dès qu'ils détectent un signe suspect. Une voiture qui passe lentement devant un régiment, par exemple. Ou un militaire qui reçoit des lettres de menace. L'officier de sécurité nous contacte, et ensuite, nous menons l'enquête pour évaluer la réalité et le degré de la menace. Nous sensibilisons aussi les militaires venus de province. On leur conseille de ne pas sortir seuls le soir, d'éviter certains quartiers, de ne pas mettre de photos d'eux ou de leurs enfants sur les réseaux sociaux... On prend aussi garde à ne pas laisser entrer le loup dans la bergerie. Nous avons observé quelques cas d'anciens militaires radicalisés, partis faire le djihad dans la zone syro-irakienne. » « Combien sont-ils ? » « Je ne le sais pas exactement car je n'ai pas accès à toutes les informations. À ma connaissance, ils sont

1. Initiée après l'attaque de *Charlie Hebdo* en janvier 2015 et relancée après les attentats de Paris en novembre, l'opération Sentinelle mobilise 10 000 militaires français en permanence sur le territoire national.

très peu nombreux. » Marion se referme à nouveau. Je dois trouver un nouvel angle d'attaque.

« Et à la DPSD, comment se déroulent vos journées ? » « C'est très varié. Le matin, je peux effectuer un entretien avec une personne pour une demande d'habilitation au secret défense. L'après-midi, je peux réaliser des filatures, recruter des sources, entretenir mon carnet d'adresses. » « Quelle filature vous a le plus marquée ? » « Un jour, j'ai suivi ma cible dans un sex-shop. J'ai dû m'inventer une légende pour expliquer la raison de ma présence ». « Qu'avez-vous dit ? » « J'ai simplement dit que je cherchais des accessoires pour pimenter ma vie sexuelle. »

Marion me donne une idée : j'embraye sur le couple. « Comment rencontre-t-on quelqu'un quand on travaille dans le renseignement ? » « On fait au plus simple : on le rencontre dans le renseignement. » Je sursaute : « Votre conjoint est à la DPSD ? » « Oui. » « Dans le même service que vous ? » « Oui. » « Vous avez déjà réalisé des filatures ensemble ? » « Oui. » « Pourriez-vous m'en raconter une… » « Un jour, nous avons joué un couple marié dans un bar pour observer une cible. » « C'est drôle ! Vous étiez un vrai faux couple… » « Oui. Former un faux couple avec son vrai mari, c'est plus facile. » « Ça vous a fait rire ? » Elle sursaute, étonnée par ma mine amusée : « Non, nous étions concentrés sur notre mission, ce n'était pas une soirée en amoureux. »

« Vous semblez hypervigilante. Vous ne lâchez jamais, même en vacances ? » « Oui, c'est une déformation professionnelle. Quand je vais voir un match de basket avec mon fils, je regarde instinctivement les issues de secours. Et lorsque je viens travailler, je n'utilise jamais le même trajet. Au restaurant, je veille à ne pas apparaître sur les vidéos de surveillance. Et je géolocalise mon fils grâce à son téléphone. Même au collège, je lui demande de garder son téléphone allumé, en mode silencieux, même si c'est théoriquement interdit. Pour moi, c'est le minimum. Mes années au contre-espionnage ont laissé des traces. »

« Pourquoi cette surprotection dans votre vie privée ? » « Parce que le père de mon fils (mon premier mari), travaille à la DGSE. Mon fils, sans le savoir, est immergé dans l'espionnage. Je surprotège les miens aussi parce que depuis les attentats du 13 novembre, les familles de militaires sont devenues des cibles. »

« En tant que mère, qu'est-ce qui est le plus difficile dans votre travail ? » « Ç'a été de partir pour six mois en opex au Tchad, dans le cadre de l'opération Épervier, et de le laisser. Il avait 9 ans. J'avais tout préparé, je lui ai longuement parlé. Avant mon départ, il m'a posé une seule question : "Est-ce que tu vas mourir, maman ?" Je lui ai répondu que non, j'ai menti en lui disant que je ne sortirais pas du camp. Mais forcément, j'ai culpabilisé. J'avais conscience de faire porter quelque chose d'absolument pas naturel à mon enfant. »

Lieutenant Camille

Dois-je y voir un nouveau message subliminal ? Ma deuxième candidate s'installe le plus loin possible de moi... Carrément de l'autre côté de l'immense table de réunion ! Pour une interview intimiste, ce n'est pas l'idéal. Je la hèle : « Excusez-moi, si vous ne vous rapprochez pas de moi, nous devrons crier pour nous parler... » Elle finit par s'approcher. À 48 ans, Camille travaille depuis dix-sept ans à la DPSD, où elle occupe le poste d'officier recherche en sécurité économique.

« Comment se passent vos journées ? » « Bien. » Elle se tait. Je gigote sur ma chaise. Déjà passablement agacée par les ellipses de Marion, je masque mon impatience grandissante et m'arme de patience. Je lui suggère : « Camille, j'ai besoin d'avoir des détails... C'est une interview. » « Oui, bien sûr. Je dirige deux équipes d'inspecteurs de sécurité de la défense (ISD), composées à 80 % d'hommes et à 20 % de femmes. »

« Vous travaillez dans le contre-espionnage économique. Quels risques pèsent sur l'industrie de la défense ? » « Ils sont multiples. Ils viennent d'États, de services secrets ou de concurrents étrangers. Ces derniers peuvent voler du savoir-faire, réaliser des cyberattaques ou dérober des documents classifiés… Une TPE innovante qui fabrique un petit boîtier intégré au Rafale dans l'est de la France peut être visée tout comme une entreprise qui construit le char Leclerc. L'espionnage à l'ancienne n'a pas disparu. Il se porte même mieux que jamais. »

« Quelles menaces vous inquiètent le plus ? » « Les attaques cyber. Il ne sert à rien d'avoir des portes blindées si nos ordinateurs sont vulnérables. Mais derrière une menace cyber, il y a toujours une faille humaine, une négligence. Mal informé, un employé peut ouvrir un mail piégé qui libère un virus dans l'intranet de la société. Ou une malveillance, quand un salarié d'une entreprise sensible tombe sous l'influence d'un service de renseignement étranger. »

« Qu'est-ce qui vous plaît dans votre métier de contre-espionne ? » « L'anticonformisme. Je ne voulais pas d'un métier banal. » « Avez-vous le sentiment d'avoir repoussé vos limites ? » « Oui. Quand j'ai démarré, j'étais timide. Mon métier m'a changée. Je me surpasse un peu plus à chaque mission. J'ai vécu des situations limites, quand j'étais en opex au Kosovo. » Je hausse les sourcils : « Au Kosovo ? Pendant la guerre ? » « Oui, peu de temps après, pendant l'opération Trident. J'ai aussi été projetée en Côte d'Ivoire sur l'opération Licorne. Et au Tchad, sur l'opération Barkhane. »

« Qu'est-ce qui vous le plus marquée ? » Perplexe, elle lève les yeux au plafond, comme si je lui posais une question très compliquée. Au bout de longues secondes, elle finit par lâcher : « Au Kosovo, j'ai vécu des situations périlleuses. Un soir, tous les camps français ont fermé leurs portes. Impossible de rentrer : nous étions enfermés à l'extérieur. Nous nous sommes repliés dans les rues de Mitrovica. Mais une attaque a éclaté. Nous étions pris entre les tirs des Serbes et des Albanais. » « Et sur Barkhane ? » « J'étais sur le marché de N'Djamena quelques jours avant un attentat meurtrier. Quand on part en opex, on intègre l'idée que l'on peut ne pas rentrer. »

« Quel est votre rôle ? » « À chaque fois qu'il y a des unités sur un théâtre d'opérations, la DPSD assure la protection des forces. On étudie l'environnement local pour savoir qui peut espionner nos forces pour leur nuire. On s'intéresse aux employés recrutés sur place pour le soutien et les travaux. Sur Barkhane, les groupes armés terroristes d'Aqmi pratiquent eux aussi l'espionnage. Ils peuvent faire pression sur les familles du personnel qui travaille pour nous. »

« Et en Côte d'Ivoire ? » « Typiquement, après les attentats au Grand Bassam, on a conseillé à nos militaires d'éviter cet endroit. Et l'on réévalue ce risque dans le temps. » « Vous recrutiez des sources à Abidjan ? » « Oui, bien sûr. La DPSD est un service de renseignement humain. Sur un théâtre d'opérations, la vulnérabilité d'une base militaire ne sera pas donnée au premier "blanc" venu. On recrute des sources pour avoir des éléments d'ambiance sécuritaire, pour savoir, par exemple, quel quartier éviter à telle heure. »

« Vous êtes partie six mois à chaque fois ? » « Oui. » « Vous avez des enfants ? » « Oui. » « C'était difficile ? » « Oui. » À court de questions, je balbutie : « Et… » « La première fois que je suis partie, mon fils avait 5 ans. Je lui ai parlé, avec des mots simples. Il a compris. » « Est-ce plus dur pour une femme ? » « Oui, surtout à cause du regard des autres. J'ai eu des réflexions, ici à la DPSD, d'hommes et de femmes qui ne comprenaient pas pourquoi une maman laissait son enfant pour partir sur un théâtre d'opérations. Or pour un militaire comme moi, ne pas partir en opex, c'est un vrai manque. J'ai besoin de vivre des moments intenses. »

CHAPITRE 7

Au cœur de la DGSE

> *« Lorsqu'un chef entre dans un bureau où il y a des femmes, il nous lance : "Salut les belettes !" Dirait-il "Bonjour les blaireaux !" à des hommes ? »*
>
> Colonel Nathalie, 50 ans

J'arpente de nouveau le boulevard Mortier avec mes carnets de notes et de nouvelles questions qui assaillent mon esprit. C'est ici que j'ai démarré mon enquête, il y a un an, une semaine après les attentats de *Charlie Hebdo*, au tout début de l'actuel cycle de terreur. Et c'est ici que je la termine, en mars 2016, au moment où le rythme des attentats s'intensifie sur la planète. Paris, Bamako, Ouagadougou, Grand-Bassam, Bruxelles, Lahore… Cette proximité de la violence, inédite pour nous, compose depuis longtemps le quotidien des agents de la DGSE. Comment ce service d'élite, le plus puissant de la communauté du renseignement, traverse-t-il cette spirale meurtrière ? Comment peut-il déjouer les plans macabres de Daech ? C'est avec cette actualité brûlante en toile de fond que je reviens à la DGSE, pour l'ultime phase de mon enquête, et probablement la plus cruciale, au cœur de ces luttes invisibles.

Je longe encore une fois ces hauts murs hérissés de piques, de barbelés et de caméras de surveillance. Je me plante à l'entrée : le lourd portail blanc coulisse silencieusement devant moi. J'observe les agents de la DGSE qui traversent les quatre portiques sécurisés, en apposant leur badge et leur index sur un système de reconnaissance digitale. J'actionne l'interphone et pénètre dans un premier sas de sécurité. Derrière une vitre blindée, une dizaine de colosses armés et en uniforme, avec oreillettes et gilets pare-balles, contrôlent les visiteurs et surveillent minutieusement les abords de la DGSE devant des écrans vidéos. Je colle mon passeport à la vitre. Une fois mon identité vérifiée, j'entre dans un tube sphérique à rayons X, pendant que mon sac à main est fouillé et scanné. Dernière étape, je dépose à l'accueil mon iPhone, ma clé USB et mon passeport. Je démarre mon immersion au cœur de cette CIA à la française.

Ici, le mot « service secret » prend tout son sens. Avec ses 6 000 agents et ses presque 800 millions d'euros de budget, la DGSE agit hors de nos frontières, en eaux très profondes. Elle déploie plusieurs centaines d'agents secrets à l'étranger, qui transmettent par télégrammes cryptés les secrets glanés dans les zones sensibles de la planète. Elle infiltre ses agents clandestins au cœur des États les plus opaques du globe, le long d'un arc de crise qui va du golfe de Guinée aux contreforts de l'Himalaya. Elle recueille, analyse et diffuse du renseignement stratégique – environ 7 000 notes par an – en particulier au président de la République et au gouvernement, qui définissent la politique étrangère de la France.

Dans la communauté du renseignement, c'est le service dominant, le mâle alpha. Ce service héritier du BCRA[1], du général de Gaulle, et du SDECE, charrie une histoire longue, complexe, ambiguë, tissée à la fois de barbouzeries et de coups

1. Ancêtre de la DGSE, le Bureau central de renseignement et d'action de la France libre. Créé par le général de Gaulle en 1940, ce service a joué un grand rôle dans la Résistance.

d'éclat, de neutralisations de IHV (Individus de haute valeur) et de libérations d'otages, d'ennemis froidement éliminés et de vies sauvées. Ses échecs retentissants, comme le *Rainbow Warrior*, ce navire de Greenpeace coulé en 1985 dans la baie d'Auckland en Nouvelle-Zélande, ont souvent éclipsé ses succès, moins médiatisés. En 2003, la France a refusé d'intervenir en Irak aux côtés de l'armée américaine, parce que la DGSE a informé le président français Jacques Chirac de l'absence d'armes de destruction massive dans ce pays. La DGSE a aussi joué un rôle clé dans les libérations d'otages, comme celles des journalistes Christian Chesnot, Georges Malbrunot, Florence Aubenas, kidnappés en Irak, d'Hervé Ghesquière et de Stéphane Taponier, enlevés en Afghanistan. Ou encore de Didier François, d'Édouard Elias, de Nicolas Hénin et de Pierre Torrès, retenus en Syrie.

J'emboîte le pas de l'huissier pour traverser l'esplanade centrale de la DGSE, plantée de cerisiers sauvages, de bouleaux et de cèdres du Liban. Est-ce à cause de l'origine militaire de ce service, qui dépend du ministère de la Défense ? À la « Boîte », la « Centrale » ou le « Service », comme l'appellent les agents, les femmes sont arrivées assez tard, au début des années 1990. D'abord cantonnées aux bureaux parisiens, les premières sont parties en poste à l'étranger au début des années 2000. Elles se sont imposées à tous les postes de la DGSE, aussi bien sur le terrain que dans l'encadrement. En revanche, les postes de direction s'ouvrent au compte-gouttes. Une seule femme est numéro 2 d'une direction, la moins opérationnelle de toutes, celle de la stratégie.

Depuis trente ans, leur nombre a quadruplé, jusqu'à représenter désormais 26 % des effectifs. Et la tendance ne faiblit pas, au contraire. En 2015, notamment depuis les attentats de *Charlie Hebdo*, 40 % des candidatures spontanées reçues par le Service sont féminines. Et elles sont 50 % à réussir le prestigieux concours d'entrée à la DGSE. Aujourd'hui, plus de 1 500 femmes travaillent donc sous identités protégées dans cette enceinte ultrasécurisée. Elles participent à toutes les missions de la DGSE, même les plus secrètes : démanteler les réseaux de grande criminalité, lutter contre la prolifération des armes de destruction massive, traquer les terroristes les plus recherchés de la planète. Le soir, quand elles quittent la Centrale, elles rentrent dîner en famille et embrasser leurs enfants, sans révéler un mot de leur journée à leur conjoint. Leur famille ne sait rien de leurs dossiers confidentiels, ni où elles disparaissent pendant plusieurs jours pour des missions à hauts risques.

Certaines partent longtemps, en missions de longue durée. Pour elles, la clandestinité est devenue un art de vivre, une seconde nature. Ces authentiques espionnes traversent des frontières avec des faux passeports, vivent pendant des années sous identité fictive, manipulent des sources humaines (des informateurs). Elles infiltrent parfois des mouvements terroristes au Moyen-Orient pour obtenir des informations cruciales sur un réseau djihadiste, la localisation d'un IHV ou la préparation d'un attentat. Pour mener à bien leurs missions, elles utilisent toutes les méthodes de l'espionnage, élaborées par un service spécial digne de « Q » dans James Bond : caméra-bouton cousue à une veste ou à un sac à main, dictaphone miniature glissé dans la doublure d'un manteau, écoutes, boîtes aux lettres mortes, télégrammes cryptés, maquillage pour changer d'apparence...

Plus surprenant encore, le très fermé Service Action – dont les effectifs exacts ne sont pas connus mais on parle d'un millier d'agents – compte désormais près de 80 agents féminins. Elles font donc partie de ce bras armé de la France, qui réalise des opérations d'entrave (arraisonner un bateau dans un port, poser des explosifs sous la voiture d'un terroriste...) et traque les HVT – *High Value Target*. Ces femmes du Service Action, formées au maniement des armes les plus diverses et à des techniques de combat rapproché, sont prêtes aux actions les plus dangereuses.

En moins de vingt ans, ces femmes ont donc forcé les portes de cet univers survirilisé de l'espion. Ce métier de voyou exercé par des gentlemen est désormais aussi pratiqué... par des *ladies*.

Le directeur général Bernard Bajolet le confirme : « Les femmes de la DGSE représentent un atout. Comme elles sont moins nombreuses, elles en veulent plus. Plus déterminées, plus dynamiques, plus imaginatives que les hommes, elles voient des choses qu'ils ne voient pas. Récemment, une cellule opérationnelle pilotée par des femmes ciblait un terroriste dans un pays sensible. Elles n'ont pas lâché leur objectif et l'ont empêché de nuire. J'ai vu chez elles une patience, une obstination, une précision et une pugnacité rares. En matière de parité, nous avons progressé : j'ai des femmes chefs de poste dans trois des pays les plus importants pour le Service, d'autres le sont encore dans des pays que nous suivons avec attention. Mais c'est encore insuffisant. Je veux, par exemple, augmenter le vivier de hauts potentiels féminins pour des fonctions de direction. À l'étranger, j'ai aussi été très marqué par des femmes qui occupent des postes clés dans les services secrets étrangers. Par exemple, j'ai rencontré à Langley Avril Haines, la numéro 2 de la CIA devenue conseillère sécurité de Barack Obama. Pour protéger la société française, notre service doit la représenter de manière équilibrée. »

Pour mener mes entretiens, je m'installe dans les fauteuils club du salon que je baptise d'emblée « salon John le Carré ». Sa déco virile et surannée, héritage de l'ancien directeur général Alexandre de Marenches, me plonge dans l'atmosphère des romans du maître de l'espionnage, avec ses statuettes africaines, ses mappemondes anciennes et ses bouteilles de whisky millésimées. Pour ma part, à la place des alcools forts, j'opte plutôt pour la Cristalline ou le thé vert. Je dois garder toute ma lucidité pour rencontrer mon panel de femmes expérimentées, les mieux formées et les plus redoutables de toutes mes espionnes. Certaines ont trente ans de « boîte ». Mon objectif ? Garder le contrôle des entretiens et ne pas tomber dans les pièges de ces expertes de la manipulation. Plus encore que dans les autres services, je dois me montrer d'une vigilance extrême pour tenter de percer la carapace de ces agents aguerries, pour aller traquer les zones de friction, les tensions entre leur vie de femme et leur métier. Armée de mes stylos, de mes carnets de notes et de ma détermination, je m'aventure dans la double vie de ma première espionne : le colonel Nathalie.

Colonel Nathalie

Ma première candidate me lance un tonitruant « Bonjour ! » qui me fait sursauter comme une grenade dégoupillée. Pour mon premier round à la DGSE, je démarre avec une militaire de carrière sacrément *punchy*, au débit mitraillette : le colonel Nathalie. À 54 ans, cette pionnière affiche vingt-quatre ans de service. Entrée à la DGSE à la fin de la guerre froide, elle incarne la caste des militaires qui dominait la Centrale avant l'arrivée des civils. Les battantes qui se sont imposées à l'époque dans ce contexte hostile aux femmes représentent une mine d'infos pour mon enquête. Et Nathalie ne se fait pas prier. Dès les premières secondes de l'entretien, je constate avec satisfaction qu'elle aime se raconter. Je ne pouvais pas rêver mieux pour démarrer à la DGSE. J'ai devant moi une excellente « cliente », comme on qualifie dans le journalisme ces personnalités affables ou extraverties. « Ah, ça oui, j'adore parler », confirme cette quinquagénaire truculente. Impatiente de se confier, elle se cale dans le canapé comme sur des starting-blocks. Et m'annonce avec délectation : « Je suis une dinosaure de la DGSE. »

Je m'assieds près d'elle. Avec son tailleur bleu marine, son foulard en cachemire et ses escarpins à bouts ronds, le colonel Nathalie ressemble davantage à une grand-mère espiègle et volubile qu'à une haut-gradée de l'armée de terre. Mais l'énergie qui émane de son corps contredit son apparence assez sage. Tout chez elle évoque le mouvement : la vivacité de ses petits yeux noirs, la nuée de fils argentés qui s'échappent de son chignon noué à la va-vite et ses éclats de rire qui secouent tout son corps. Difficile de résister à sa jovialité. D'emblée, je sens qu'elle installe une sensation d'intimité entre nous. Mon instinct m'alerte. Attention, pas trop d'empathie ! Nathalie le dit elle-même, avec un plaisir malicieux teinté d'autodérision : « Mon look de mamie Tricot m'est bien utile pour endormir la méfiance et obtenir des renseignements. Qui imaginerait, lors d'un dîner mondain, qu'une grand-mère viendrait vous soutirer des infos sur le programme nucléaire d'un pays proliférant… »[1].

Au lieu des points de croix et des mailles jersey, « mamie Tricot », comme elle se décrit elle-même, bataille sur des nœuds bien plus complexes : elle supervise un bureau opérationnel dédié à la recherche humaine, au sein de la Direction du renseignement, le centre névralgique de la DGSE. Son équipe, de plusieurs dizaines d'officiers traitants, lutte contre la prolifération des armes de destruction massive : nucléaires, balistiques, bactériologiques et chimiques. J'imagine qu'une partie de ses missions pourrait concerner le nucléaire iranien ou le chimique syrien, selon des éléments que j'ai recueillis auprès d'experts externes à la DGSE.

À ma grande surprise, son look de grand-mère, qu'elle cultive méticuleusement, s'avère précieux dans ce domaine : « C'est particulièrement efficace au Moyen-Orient et en Afrique du Nord. Là-bas, les hommes ont pour les femmes de mon âge une forme de respect maternel et de confiance naturelle. Cela facilite les confessions. »

Ses problématiques ? « Répondre à des questions géopolitiques clés, explique-t-elle. Par exemple, est-ce que tel pays est au seuil d'avoir la bombe atomique ? Où en sont les pays proliférants, et les États dits du seuil ? Est-ce que tel groupe terroriste peut utiliser des armes chimiques ou bactériologiques contre la France ? » Pour obtenir des réponses, Nathalie envoie sur zone ses officiers traitants. « Ils sont chargés d'approcher et de recruter des sources humaines potentielles, qui pourraient nous renseigner sur ces questions », précise-t-elle. Un travail d'autant plus difficile que, dans des États opaques, les services de contre-espionnage locaux surveillent étroitement

1. Iran, Pakistan, Inde, Corée du Nord… NDLR.

tout étranger qui approcherait un peu trop près leur personnel scientifique. Leurs cibles ? « Des ingénieurs, des chercheurs ou des businessmen, tout individu "sachant" qui aurait des responsabilités dans une institution militaire, scientifique ou politique, et donc accès à des informations classées "secret défense", souligne-t-elle. Nous nous intéressons aussi à la cuisinière ou à la femme de ménage de tel laboratoire sensible. »

Dès qu'une source dite « vulnérable » est repérée, un officier traitant du service de Nathalie établit le contact, souvent dans des lieux publics – cafés, salles de sport, parcs... – et le « tamponne ». « Recruter une source consiste à prendre le contrôle de cette personne en lui offrant un pont d'or : nouvelle vie en Occident, garantie de sa sécurité à vie, scolarité payée pour ses enfants et un job pour sa femme », poursuit-elle. Sur le terrain, les équipes de Nathalie travaillent de manière clandestine. « Avec tout ce que cela implique : fabrication de "légendes" et de couvertures pour des missions courtes, sur toutes les zones où la DGSE intervient. » Son objectif ? « Trouver des documents classifiés, comme des organigrammes ou des plans de sites nucléaires, chimiques ou biologiques... » Elle se rétracte : « Désolée, je n'ai pas le droit de vous donner plus de détails sur notre mode opératoire. »

Je bifurque vers des questions plus personnelles. « Quels types de sources avez-vous traitées vous-même ? » Elle réfléchit avant de répondre, en pesant ses mots, avec un regard soudain grave : « Je peux vous dire que j'ai souvent serré la main du diable. Il m'est arrivé de mépriser certaines de mes sources. Ce sont des personnes en lisière de la légalité, dont la vie est tournée vers elles-mêmes. Certains sont uniquement intéressés par l'argent ou se comportent mal vis-à-vis de leur famille. Mais personne n'est tout blanc ou tout noir. Je fais ce métier parce que j'adore le contact humain. À chaque fois, j'essaie de comprendre les motivations et les aspirations de la personne que j'ai en face de moi. Une source est une personne qui va trahir son pays pour quelque chose que vous allez lui apporter : de l'argent, une vie plus facile, la possibilité de soigner son enfant malade ou pour assouvir un intérêt personnel, comme s'acheter une belle voiture. Même l'être humain le plus vil a ses motivations propres. Mon job est de les cerner, si je veux lui soutirer des renseignements. »

Et la compromission, le *c* du fameux Mice ? Elle rigole : « Non, je n'ai jamais envoyé de prostituée dans les bras d'une source, comme Sandrine Kiberlain dans *Les Patriotes* d'Éric Rochant. Plus sérieusement, la compromission, je l'utilise rarement. On peut piéger une source en lui donnant de l'argent qu'elle n'aurait pas dû recevoir. Mais ce type de pression ne permet pas de construire une relation sur le long terme, souvent les plus fructueuses en matière de renseignement. Cela dit, je ne suis pas une enfant de chœur, précise-t-elle. Mon but est d'amener des personnes à commettre des actes illégaux au regard de la loi de leur pays. »

Comment est-elle devenue espionne ? À 20 ans, Nathalie, fille de militaire, suit les traces de son père et s'engage dans l'armée de terre. Le SDECE, l'ancêtre de la DGSE, attire fortement cette polyglotte, qui parle anglais, espagnol, serbo-croate et grec : « À 27 ans, je rêvais d'entrer au Service Action. Je voulais le top du top. J'ai passé les tests. Mais comme j'étais une jeune maman, on m'a répondu que je n'avais pas le profil. »

« Vous avez dû être déçue… » « Oui, grimace-t-elle. J'ai suivi la voie classique : je suis devenue analyste, puis officier traitant. Finalement, ça m'a plu. » Persévérante, Nathalie tente à nouveau de partir en mission sur des zones sensibles. « Mon mari était prêt à assumer pendant six mois la charge de nos enfants, alors âgés de 18 mois et 3 ans ». Las ! Nouvelle frustration : « Mes multiples demandes sont restées sous le coude de mon chef, grimace-t-elle. Elles ne sont jamais sorties de la bannette du service. À l'époque, on n'envoyait pas les "minettes" en zone de guerre. On n'exposait pas les mères de famille. » « Votre chef vous a-t-il expliqué pourquoi ? » « Il voulait me protéger. Aujourd'hui, ces blocages sont tombés. La gestion des carrières s'est professionnalisée. Si un agent veut partir à l'étranger, et même sur des zones à risques, on considère que c'est un choix personnel. On envoie même des mères de famille en Afghanistan ! »

« Pourquoi la guerre vous attire-t-elle tant ? » « Le renseignement que l'on recueille sur place a un impact plus fort. Il sauve davantage de vies. C'est aussi un challenge personnel. J'aurais aimé savoir ce que l'on ressent lorsqu'on est en danger de mort. Aurais-je paniqué ou gardé mon sang-froid ? Si j'avais été confrontée à un vrai combat, au vrai risque, à la vraie vie, qu'est-ce que j'aurais appris de moi ? Je quitterai le Service sans le savoir. Je n'ai jamais risqué ma vie. Et je le regrette. »

« Vous avez quand même pris des risques… » « Oui, parfois. Au début des années 1990, mon chef m'a convoquée dans son bureau. Ma mission : infiltrer une association d'un pays des Balkans qui recrute des mercenaires à Paris pour les envoyer se battre en ex-Yougoslavie. Enfin de l'action ! C'était la guerre. Je me suis alors construit une “légende”. Comme je connaissais le milieu associatif, j'ai créé une ONG fictive et j'ai contacté l'organisation basée en région parisienne. Je leur ai fait croire que leur combat m'intéressait, que je partageais leurs idées et que j'étais de tout cœur avec eux. Je leur ai proposé d'envoyer une aide dans les Balkans. » « Quel était votre but ? » « Trouver des informateurs sur zone pour mieux comprendre l'évolution du conflit. » « Et vous avez changé d'identité ? » « Oui, j'avais Emmanuelle comme prénom fictif. Du coup, les collègues m'ont surnommée sœur Emmanuelle ! »

« D'autres missions vous ont marquée ? » Elle réfléchit. « Au début des années 2000, le Service suspectait un pays d'Asie de développer des armes chimiques ou bactériologiques. Mon chef m'a envoyée là-bas pour ramasser des échantillons de cailloux. Je devais les ramener à Paris pour les faire analyser. » « Et quelle légende vous êtes-vous créée cette fois-ci ? » « Je suis devenue créatrice de bijoux. Pour être crédible, une identité fictive doit avoir une part de vérité. C'est facile : j'adore les bijoux ! » « Quel était votre but ? » « Traverser la frontière avec des sacs remplis de cailloux, sans attirer l'attention des douaniers. Pour crédibiliser ma légende, j'ai écumé les musées et glissé des croquis de bijoux dans ma valise. Et j'ai passé la frontière sans encombre avec mes bagages bourrés de cailloux potentiellement radioactifs ! »

« Et la séduction ? Est-ce toujours une arme pour une espionne, ou est-ce un cliché éculé ? » « Un jour, un collègue m'a transmis une source qui n'avait jamais travaillé auparavant avec un officier traitant féminin. J'étais alors jeune et belle. Lors du premier déjeuner, il a carrément glissé sa main sous ma jupe ! Il a cru qu'une femme exerçant ce métier était forcément légère. Par chance, je portais ce jour-là des talons aiguilles. Pour le dissuader d'aller plus loin, je lui ai planté un bon coup de talon dans le pied. Il doit encore s'en souvenir. » J'insiste : « Donc, jamais de séduction ? » « Si, bien sûr, elle existe dans la relation de l'officier traitant avec sa source, mais de façon très contrôlée. Il est arrivé que des sources tentent de flirter avec moi. Mais je les recadre vite. À partir du moment où ils comprennent que je maîtrise mes dossiers, que je connais les zones dont on parle, les noms de telle ou telle tribu en Afrique, les enjeux économiques et géopolitiques de tel ou tel pays, la relation change. Cela dit, j'ai aussi tiré profit des mecs qui se la racontent et roulent des mécaniques en essayant de vous impressionner. Du coup, sans s'en rendre compte, ils passent à table bien plus vite qu'ils ne l'auraient imaginé. On a parfois de grands moments de rigolade intérieure dans ce boulot. »

« Vous êtes une experte en manipulation. Quand vous rentrez chez vous, vous n'êtes pas tentée de manipuler votre mari ou vos enfants, pour qu'ils vous obéissent au doigt et à l'œil ? » Nathalie s'esclaffe : « Vous avez raison. Quelle mère de famille n'en rêve pas secrètement ? Et vous savez quoi ? J'en rêve aussi. Je peux vous dire que le chantage et les bakchichs, en famille, ça ne marche pas. Talleyrand disait : “On peut tromper tout le monde une fois. On peut tromper une personne tout le temps. On ne peut pas tromper tout le monde tout le temps.” Vous savez, j'exerce un métier de voyou. On contraint nos sources à faire ce qu'elles n'ont pas le droit de faire, avec des moyens immoraux ou illégaux. La couverture, la légende, poser un micro dans une chambre d'hôtel, s'envelopper dans un châle, passer une frontière avec un faux passeport sous identité fictive, c'est rigolo, c'est excitant, mais ce n'est pas le fond de notre métier. Le plus intéressant, ce sont les ressorts psychologiques. Comme on fait un métier de voyou, non pour son intérêt personnel mais pour un bien commun, un intérêt qui nous dépasse, il faut avoir en contrepoint un socle moral et de conviction solide. C'est déjà dur de mener une vie de couple dans ces conditions. Si, en plus, on entre dans des relations sournoises ou perverses, on a toutes les chances de tout faire exploser. Et comme toutes les mères, je me suis fait manipuler par mes enfants. Sauf que j'en ai parfaitement conscience ! »

« Le mensonge est au cœur de votre métier. Avez-vous eu le sentiment de transgresser votre éducation en devenant espionne ? » « C'est vrai que j'ai grandi avec des règles strictes : on ne triche pas, on ne ment pas, on ne vole pas. Quand je transgresse ces règles dans mon travail, c'est pour une cause noble. » « Comment vos enfants ont-ils appris votre vrai métier ? » « Par une indiscrétion d'un collègue, dans une ambassade, grimace-t-elle. Un jour, mon fils est revenu de l'école triste et abattu. Son meilleur copain, le fils de mon collègue diplomate, lui a dit que j'étais une “moustache”. Il ne savait pas que, dans notre jargon, cela désignait les espions ! Son père avait trop parlé. J'étais furax. »

« Quand vous rentrez le soir, chez vous, vous arrivez à couper avec le boulot ? » « Chez moi, je n'ai aucune envie de regarder les infos. Et vous allez rire… Pour me détendre, je tricote ! Des pulls, des écharpes, des gilets, en regardant des feuilletons policiers. Surtout pas de série d'espionnage, ça me met en rogne. J'ai regardé le premier épisode de *Homeland* et, pour moi, c'est insupportable. Les invraisemblances me sautaient aux yeux. Par exemple, l'héroïne Carrie Mathison, un agent pourtant expérimenté de la CIA, se rend à un rendez-vous sensible avec son téléphone portable. Quelle imprudence ! En plus, en sortant du café, elle appelle son chef pour lui donner les infos ! Elle viole la première des règles de sécurité. Si un de mes officiers traitants se comportait ainsi, je l'enguirlanderais copieusement. »

« Comment vivez-vous le poids du secret dans votre couple ? » Le regard de Nathalie s'assombrit. « C'est dur, je vous l'avoue. Heureusement, mon conjoint est quelqu'un de "stable au vent". C'est mon roc. Quand nos enfants étaient petits, je pouvais partir une semaine sans lui dire où j'allais. Il a bien essayé de le savoir, je ne vous le cache pas. Mais on a passé un accord. Il ne demande qu'une chose : savoir si c'est un pays dangereux ou pas. Et avoir un point de contact à la DGSE. Du coup, je lui ai donné les coordonnées d'un collègue. Notre métier exige d'avoir un couple solide et confiant. Mon mari ne m'a jamais fait de reproches sur le mode de l'infidélité. » « Qu'est-ce qui est le plus difficile pour vous ? » « D'inquiéter mes proches. Heureusement, mon mari a toujours réagi avec humour. Un jour, lors d'un dîner chez un collègue, il a tendu la main à notre hôte en lui disant : « Vous aussi, comme Nathalie, vous travaillez dans un garage ? » Mon collègue lui a répondu : "Oui, je suis le mécano." J'admire mon époux. Il peut endosser ce qui lui est imposé et en faire, en quelque sorte, un manteau à sa taille. Quand une femme fait carrière dans le renseignement, c'est parce que son mari l'a épaulée à la maison. »

« Avez-vous le sentiment que votre carrière a été freinée ? » « Je n'ai pas fait tout ce que j'aurais voulu faire, c'est certain. À 40 ans, j'avais postulé sur une zone sensible. J'avais la langue, les connaissances de la zone et les capacités. La Centrale a préféré envoyer un homme. Je me suis fait souvent passer devant par des hommes moins compétents. Nous, les pionnières, avons eu notre petit lot d'humiliations. » Elle hoche la tête : « À la DGSE, la bataille de l'égalité n'est pas encore gagnée. Quand un chef entre dans une salle de réunion, il dit systématiquement : "Bonjour messieurs." Même s'il y a des femmes devant lui ! Et s'il entre dans un bureau où il n'y a que des filles, il dit : "Bonjour les belettes !" Devant des hommes, dirait-il : "Bonjour les blaireaux" ? Le Service a changé, mais pas les mentalités. »

Je lui pose une ultime question : « Quel message aimeriez-vous adresser aux femmes ? » Elle répond sans hésiter : « Le même que Nathalie Loiseau, la directrice de l'ÉNA, dans son livre *Choisissez tout*. Ne vous interdisez rien. Jamais. Luttez contre l'autocensure. Les femmes doivent se libérer de cette mentalité de première de la classe. Moi la première. Par exemple, j'ai besoin qu'on apprécie mon travail. Ce besoin de reconnaissance est une faille, une vulnérabilité qui me rend manipulable – je sais de quoi je parle. Je travaille dessus. Les femmes doivent s'autoriser l'échec. Et faire comprendre aux hommes qui nous attendent au tournant que ce n'est pas parce qu'on s'est trompée qu'on est finie. J'ai presque trente ans de métier, et je doute encore d'avoir fait de mon mieux. J'appartiens à une génération qui a eu besoin de prouver doublement ses compétences. Je n'ai pas choisi la voie la plus facile. Mais je ne le regrette pas. »

« Comment voyez-vous l'avenir des femmes dans le renseignement ? » « Les filles sont meilleures à l'école et dans les promotions de Sciences Po, où recrute beaucoup la Centrale. Logiquement, la DGSE devrait recruter 50 % de femmes. Face aux grandes menaces d'aujourd'hui, on ne peut pas se passer de la moitié des talents féminins. » Elle conclut, les yeux brillants, étonnée de sa propre réaction : « Vous parler a été très libérateur. Je n'en ai tellement pas l'habitude que je me suis lâchée ! »

Agnès

Après le feu, la glace. Je soupire. Visiblement, je me suis réjouie trop vite. Aux antipodes de la volubile Nathalie, ma prochaine espionne est une taiseuse, qui ne manifeste aucune envie de se confier. Au contraire, même. Lorsqu'elle s'assied près de moi, le dos bien droit calé sur le canapé, elle m'offre un visage cordial, poli, mais fermé : celui d'une technicienne du renseignement. Bras et jambes croisés, le corps tout en contrôle dans son tailleur-pantalon bleu marine, elle dégage une forme de froideur calculée et assumée qui ne m'offre aucune prise. Je redoute ce genre de personnalité totalement cadenassée qui, je le sens d'emblée, ne me cédera pas un pouce de terrain.

Agnès est une cérébrale, qui pèse chaque mot. Avec elle, aucune place pour l'improvisation ou la spontanéité. Je perçois quasi physiquement l'épaisse carapace psychique qu'elle a dû se construire pendant ses trente-quatre ans passés à la DGSE. Je vais devoir ferrailler dur pour y ouvrir une brèche.

Assise à côté d'elle, je n'en mène pas large. Je mordille nerveusement le capuchon de mon stylo en observant cette diplomate aguerrie et lisse qui ne laisse paraître aucune émotion. Par quel angle vais-je bien pouvoir attaquer cette femme au regard d'aigle ? Sur mes genoux, mon carnet de notes pèse une tonne. Autant escalader la face nord de l'Annapurna avec un cure-dent pour piolet... Mission impossible. Un bref instant, je me décourage. Quelle folie m'a prise d'essayer de percer des espionnes de haut vol surentraînées au secret et programmées au silence ? Espionnes... Le mot fait soudain « tilt » dans ma tête. Que ferait, à ma place, un agent de renseignement comme Agnès, face à une source potentielle récalcitrante et fermée ? Elle tenterait de trouver une faille dans l'armure, le point de vulnérabilité... Et si, moi aussi, j'essayais ? L'idée m'amuse et m'arme de courage. Je jauge à nouveau Agnès du regard. De toute façon, je n'ai rien à perdre, à part risquer de m'ennuyer.

Depuis deux ans, Agnès occupe le poste d'adjointe d'un chef de service important en lien avec plusieurs grands services de renseignement étrangers. « Vous ne travaillez qu'avec les services amis ? » « Nous n'avons pas d'amis, que des alliés, corrige-t-elle. Je noue des partenariats avec eux. » « Quel est votre parcours ? » « Je suis un pur produit de la DGSE », démarre-t-elle. Aïe, Agnès m'envoie une première volée de langue de bois dans la figure. Pour échapper au discours trop institutionnel, je bifurque vers un terrain plus personnel. « Et vous venez d'où ? » « Je suis née en région parisienne. Mon père avait une petite entreprise d'électronique. Et ma mère nous a élevés. J'étais une petite fille gaie, souriante, studieuse. » Elle décrit une enfance « normale », une adolescence « normale », en insistant sur ce mot pour que je l'intègre. Je griffonne machinalement sur mon cahier, la tête ailleurs. Comment vais-je bien pouvoir rendre exaltante une vie aussi lisse ? Je rame sec. Une espionne sans aspérités, « normale », pour moi, c'est l'ennui assuré. « Mon père voulait que je le rejoigne dans son entreprise d'électronique, poursuit Agnès sans deviner mon désarroi. Moi, je voulais devenir ingénieur agronome en zone tropicale, pour voyager et voir d'autres horizons. » J'entrevois une lueur d'espoir à travers ce désir d'ailleurs. Je m'y raccroche. Agnès n'a peut-être pas une vie aussi « normale » qu'elle l'affirme.

À 20 ans, Agnès passe un concours du ministère de la Défense. « Mon père connaissait quelqu'un à la DGSE. C'était l'époque de la guerre froide. J'ai fait partie des premiers recrutements de civils. L'ambiance était militaire et masculine. Les rares femmes présentes au Service avaient des fortes personnalités. Par exemple, j'ai connu les dernières secrétaires du BCRA, des femmes discrètes et de grandes résistantes, avant qu'elles ne partent à la retraite. » Intriguée, je me laisse finalement porter par le récit d'Agnès, qui devient passionnante dès qu'elle parle de son travail. Au contact de ces pionnières, la jeune espionne découvre le métier. « Il y avait peu de femmes, mais de grandes femmes. L'une d'elles m'a prise sous son aile. Elle m'a formée et appris à naviguer dans le Service. » Elle rencontre aussi Marie Murat, une soviétologue du Service qui a marqué son histoire : dès le début des années 1980, elle a prédit la chute du Mur de Berlin. À tel point que François Mitterrand lisait ses analyses avec la plus grande attention.

Agnès monte d'un cran dans mon intérêt. J'entrevois une piste d'attaque : elle a connu l'époque des barbouzeries et des scandales d'État. Autant y aller franco. Je la pousse sur ce terrain : « Vous étiez donc à la DGSE pendant l'affaire du *Rainbow Warrior*[1] ? » « Oui, j'y étais. J'ai très mal vécu cette

1. Le 10 juillet 1985 dans le port d'Auckland, en Nouvelle-Zélande, deux bombes éventrent le *Rainbow Warrior*, chalutier de Greenpeace. Elles ont été posées par les services secrets français, pour empêcher l'association de perturber les essais nucléaires français à Mururoa, dans le Pacifique. Le naufrage fit un mort : Fernando Pereira, photographe et membre de l'équipage de Greenpeace. Et provoqua un énorme scandale politique.

affaire, qui a ébranlé l'ensemble des collaborateurs. Nous étions peu nombreux. Il y a eu des erreurs de faites. Ç'a été très violent pour le Service. » « À quel niveau ? » « Dans la façon dont le directeur général est parti. Et dont toute cette affaire a été médiatisée, dans des magazines de grande diffusion comme *VSD* ou *Paris Match*. C'était la première fois que l'on parlait de la DGSE publiquement. Cet étalage a été vécu comme une agression. » « Avez-vous connu Dominique Prieur, l'agent du Service Action impliquée dans cette affaire ? » « Oui. Je l'ai croisée dans les couloirs. Mais je n'en garde pas un souvenir particulier. Mais je ne peux pas vous en dire plus. » Aïe, terrain miné, Agnès se referme. Bon, elle reconnaît des « erreurs » du Service dans cette affaire, c'est déjà intéressant dans cet univers clos où, quoi qu'il arrive, on ne critique pas la « Maison ».

« Je trouve dommage que la seule espionne connue soit impliquée dans un échec... Pensez-vous que Dominique Prieur a subi une forme de machisme ? Le journal *Libération* l'a comparée à une "gourgandine de Prisunic". » Agnès m'écoute avec attention mais ne réagit pas. Je poursuis : « Et vous, avez-vous subi du sexisme dans votre carrière ? » Son regard se rembrunit. Le sujet la touche. Voici la fêlure que je cherchais, qui la rend plus humaine à mes yeux : « Oui, j'ai été victime de misogynie. Quand je suis arrivée comme jeune analyste au service Afrique, il était inimaginable qu'une femme aille sur le terrain comme officier traitant. C'était un territoire réservé aux hommes. J'ai travaillé d'arrache-pied pour leur prouver le contraire. J'ai vu nombre de mes collègues masculins partir. Au bout de plusieurs années, mon chef a fini par me dire : "Pourquoi ne partirais-tu pas en Afrique ?" J'étais interloquée. Je me suis rendu compte que j'avais intériorisé cette barrière arbitraire. Je me suis dit : "Ma pauvre fille, en seras-tu capable ? Seras-tu à la hauteur ?" Je doutais de ma légitimité. » « Vous avez ressenti le syndrome d'imposture, qui freine souvent les femmes dans leur progression de carrière... » Agnès hoche la tête : « Certains hommes le ressentent aussi. Mais les femmes osent plus facilement l'avouer que les hommes. Heureusement, mon mari, que j'ai connu à la DGSE, m'a soutenue et encouragée. Je me souviens de ses mots : "Ma carrière est faite. La tienne reste à construire. Je te suis en Afrique." J'ai acquis une certitude : une femme ne peut pas avancer dans cet univers sans le soutien inconditionnel de son mari. J'ai finalement répondu à mon chef d'une petite voix : "Oui, je veux partir." »

En 2001, Agnès s'envole pour l'Afrique, où elle devient la première femme officier traitant de l'histoire de la DGSE : « J'avais une lourde responsabilité, car je savais que ma hiérarchie m'observait avec attention, et encore plus parce que j'étais une femme. Je ne devais pas échouer. Non seulement pour moi, mais aussi pour toutes les autres femmes du Service. » Agnès démarre son job sous couverture diplomatique : « J'étais officiellement conseiller chargé de la politique et de la sécurité à l'ambassade de France. Plus le titre est vague, mieux c'est. Je passais bien dans le paysage. Je ne peux pas vous dire précisément dans quels pays j'ai travaillé. J'ai sillonné l'Afrique de l'Ouest et l'Afrique australe. » Rigoureuse, méthodique, professionnelle, Agnès s'impose sur le terrain. « J'ai beaucoup joué sur l'ego masculin. Là-bas, quand une femme blanche s'intéresse à un homme, c'est flatteur. Mais c'est un levier délicat, car il faut lever immédiatement toute ambiguïté et faire taire un éventuel fantasme. Quand je tamponne une source, je suis un protocole très précis, avec ce qu'on appelle des canons conformes. Je dois détecter la source, l'apprivoiser, vérifier qu'elle a le potentiel que je recherche et qu'elle a les bons accès aux renseignements dont j'ai besoin. Dans ma carrière, j'ai utilisé tous les leviers de manipulation : ego, argent, compromission, idéologie. Tant que j'estimais que je n'avais pas assez ferré l'intéressé, je ne dévoilais pas que je travaillais à la DGSE. Je faisais tomber le masque seulement lorsque j'étais sûre que la source acceptait de jouer le jeu. »

« Votre travail vous permet de transgresser les lois des autres pays à l'étranger. Comment vivez-vous cette transgression autorisée ? » « Je n'ai pas cambriolé moi-même, mais j'ai fait voler des documents dans des ministères. Une source, ça sert à ça. En la manipulant, j'ai aussi volé les informations qu'elle avait dans sa tête. » « Vous avez eu le sentiment de transgresser votre morale personnelle ? » « Au fond, il y a deux Agnès. La femme dans sa vie privée, et l'officier traitant. La seconde fait des choses que la première ne fait pas dans son quotidien. Mes repères moraux personnels n'ont pas changé. Mais mon travail à la DGSE demande une adaptabilité qui fait partie de nos valeurs de la Centrale. Je n'ai aucune attirance personnelle pour la transgression, si c'est cela que vous voulez savoir. Au contraire. Je travaille pour une cause noble. Il faut un fort équilibre personnel, une grande solidité morale pour être au clair avec soi-même. » Elle marque une pause : « Vous savez, l'OT diffuse une image qui n'est pas la réalité. On se met dans une configuration psychique qui évite toute confusion avec le privé. Être agent, c'est enfiler un costume. Au fond, on joue un rôle. Et c'est ce qui nous sauve. » « Le Service vous a-t-il déjà demandé des actes contraires à votre morale personnelle ? » « Non, jamais. Vous savez, un agent peut toujours refuser une mission, ou l'adapter. On m'a proposé des missions pour lesquelles j'ai répondu : "Oui, mais pas de cette manière." Nous avons une marge de manœuvre et de concertation. Je vous rassure : je n'ai pas été "tordue" par la DGSE ! »

« Quels enjeux avez-vous traités ? » « J'ai tout fait, soupire-t-elle, soudain nostalgique. J'ai suivi des coups d'État, des rébellions, des guerres civiles, des mutineries dans l'armée. Quand la Centrale le demande, cela implique parfois d'aller chercher des renseignements de toute urgence auprès de vos sources. Il faut alors organiser les rendez-vous dans des conditions particulières pour assurer la sécurité de la source. Quand on gère une source, on suit une méthode, des mesures de sécurité, on établit un plan de liaison avec elle. Rien n'est laissé au hasard. Les sources sont des diamants qu'il faut protéger. » À force de travail, Agnès grimpe dans la hiérarchie. Elle devient la première femme chef de poste en Afrique, puis la première chef du secteur Afrique. « J'ai dirigé une équipe de quelques dizaines de personnes. Rien ne m'amusait autant que de voir la surprise sur le visage de nos partenaires étrangers quand ils comprenaient que le "chef de secteur" était une femme. »

À ce poste, Agnès rencontre les grands acteurs de l'Afrique contemporaine, des chefs d'État, des opposants, des éminences grises… « C'est stimulant. À un infime niveau, on se sent soi-même acteur de l'Histoire. Il y a une véritable école Afrique à la DGSE. » Mais sa phrase provoque un autre déclic dans ma tête. Je songe tout d'un coup aux nombreuses dérives de la Françafrique du temps de Jacques Foccart, « Monsieur Afrique » et éminence grise à l'Élysée du général de Gaulle puis de Pompidou. Cet homme de réseaux très controversé a mené une politique de soutien très active aux dirigeants les plus dociles, mais pas forcément les plus démocrates, notamment dans les anciennes colonies françaises d'Afrique subsaharienne. Le but ? Permettre aux entreprises françaises d'exploiter les ressources minières et énergétiques de cette zone. Une politique de soutien à des dictateurs corrompus et entachée de scandales, comme les diamants que Jean-Bedel Bokassa, le président de Centrafrique, avait offerts au président français Valéry Giscard d'Estaing.

Je lui dévoile mon sentiment plus que mitigé sur le sujet : « Avec la Françafrique, vous n'avez pas le sentiment que les services de renseignements français ont souvent agi à rebours de l'histoire de ce continent ? » Elle ne sourcille pas : « Une démocratie comme la France doit établir des liens même avec des personnes infréquentables. Dans un monde globalisé, il faut avoir ce genre de liens secrets et privilégiés. Après les indépendances, le Service a joué un rôle majeur dans la politique africaine de la France pour défendre les intérêts français. Nous avons toujours recherché ce qui est le mieux pour le pays, et le mieux pour la France. » Nouvelle volée de langue de bois. Je ne me décourage pas : « Même en soutenant des dictatures plutôt que des démocraties ? » « Si une dictature défend mieux les intérêts de la France, il faut se poser la question. Et aussi s'interroger : qu'est-ce qu'une démocratie ? » C'est une parade facile. Agnès tente de noyer le débat. J'insiste : « Vous ne répondez pas à ma question… » « Je vais éclaircir mon propos. Faut-il plaquer un modèle de démocratisation occidentale dans un continent qui n'est pas prêt à l'absorber ? On ne peut pas demander aux pays africains de devenir des démocraties en dix ans alors que cela nous a pris deux cents ans. Ce serait balayer les cultures locales, celle des chefs de village et des palabres… Le suffrage universel est-il le meilleur modèle en Afrique, dans des pays où le vote est fondé sur des bases ethniques ? » Son analyse, réactionnaire et décomplexée, me glace totalement.

Je la relance : « Vous avez vécu le génocide au Rwanda ? » « Oui, j'étais rentrée à Paris. Vous savez, si les gens ont envie de s'entretuer, pourquoi et comment les arrêter ? Cela peut vous sembler caricatural, mais c'est ce que je pense. L'homme reste un homme, et c'est un animal. Et les femmes aussi. » Son cynisme me laisse coite. Je savais que le renseignement ôtait toute illusion sur la nature humaine. Mais je n'imaginais pas à ce point-là.

Je tente un nouvel angle d'approche : « Et le terrorisme ? J'imagine que vous avez assisté aux premières loges à l'émergence de groupes islamistes comme Aqmi ? » Elle hoche la tête. « Bien sûr. J'ai suivi cette montée en puissance du terrorisme dès 1998 avec la création du GSPC[1] en Algérie, devenu Aqmi en 2007. » Ces groupes armés terroristes (ou GAT, dans le jargon du renseignement) sévissent dans la bande sahélo-saharienne : Mauritanie, Niger, Mali, Tchad et Burkina-Faso. Le 1er août 2014, la France a lancé l'opération militaire Barkhane, pour aider ces cinq pays à lutter contre le terrorisme. « J'ai aussi travaillé sur le dossier d'un des plus importants chefs terroristes. » Mes antennes pointent. Agnès a participé à la

1. Groupe salafiste pour la prédication et le combat.

traque d'un IHV recherché par tous les services occidentaux ? Ce djihadiste toujours actif est responsable de nombreux attentats en Afrique. Il est une des cibles principales des services secrets français. Et sa tête est même mise à prix par les États-Unis. « Vous avez été à deux doigts de l'attraper ? » « Je ne peux pas vous le dire. » « Comment ce terroriste échappe-t-il aux plus puissants services secrets de la planète ? » « Il évolue sur un terrain très vaste qu'il connaît par cœur. Il use de tous les moyens que lui offrent ses réseaux et ses amitiés au Maghreb et au Sahel. Nous essayons de trouver un grain de sable qui se fond dans le désert. »

« Que pensez-vous de la rivalité entre Daech et Aqmi ? Ils sont dans une surenchère en matière d'attentats... » « Ils recherchent tous deux la notoriété, et ont en commun la haine de l'Occident. Mais ils ne luttent pas avec les mêmes moyens. Daech tire ses revenus du pétrole. Pas Aqmi. Ce système mafieux et sectaire prend racine sur un terreau de frustrations locales, de désœuvrement, de précarité, d'absence d'avenir. Aqmi offre aux jeunes laissés pour compte d'Afrique subsaharienne et du Maghreb un statut social. J'ai vu des jeunes enrôlés, et qui en sont sortis quelques mois plus tard. Eux qui n'étaient personne, ils deviennent quelqu'un, pour une arme et quelques milliers de CFA. Le Service suit cette internationalisation du terrorisme depuis longtemps. Les approches de lutte contre le terrorisme changent à l'épreuve des faits. Ce que je vais vous dire est terrible : il a fallu des attaques comme celles de *Charlie Hebdo* et celles du 13 novembre pour qu'il y ait une mobilisation. Malheureusement, on a pris du retard. »

« Avez-vous participé à des libérations d'otages ? » « Oui. » Elle s'arrête net. J'insiste : « Lesquelles ? » « Je ne sais pas si je peux vous en parler. » « J'aimerais bien montrer que les femmes du renseignement ont participé à des succès. En tant que chef de poste en Afrique, vous avez dû jouer un rôle dans la libération des otages d'Areva enlevés par Aqmi au Niger en 2010... » Elle hésite. Au bout de quelques secondes de silence, elle finit par concéder : « En effet, mes équipes ont participé à la collecte de renseignement dans le dossier des otages français d'Areva libérés en 2013. » Je jubile. Voilà une belle info ! Je persiste : « Vous pensez à d'autres dossiers ? » Agnès se lâche enfin : « Oui, il y a eu plusieurs prises d'otages de personnels d'ONG au Darfour. » Je me remémore rapidement les faits. En 2009, deux humanitaires d'une ONG irlandaise ont été enlevées au Darfour-Nord par un groupe terroriste armé. Elles ont été libérées après cent jours de captivité. « Mon service s'est aussi fortement mobilisé sur ce dossier. C'est un vrai travail d'équipe. » Un détail m'alerte : Agnès refuse de dire « je ». Elle ne veut pas tirer la couverture à elle. Un homme s'enorgueillirait spontanément de ces faits d'armes. Pas Agnès. Derrière la technicienne froide, je sens une femme perfectionniste, passionnée par son métier, profondément marquée par ses vingt ans d'expérience africaine, peut-être plus qu'elle ne veut me l'avouer.

Je conclus : « Vous ne dites jamais "je". Ces trois décennies à la DGSE vous ont-elles forgé une carapace ? » Agnès me regarde, surprise par mon analyse : « C'est l'impression que je vous donne ? Je ne sens pas de carapace en moi… » Elle réfléchit : « C'est vrai que j'ai acquis des réflexes de discrétion et de réserve. Je reconnais que j'ai appris à mettre de la distance entre moi et les autres, à moins me confier. J'ai l'habitude de garder les choses pour moi, de ne pas donner de levier à l'autre. » « Par peur ? » Elle sourit, énigmatique : « Qui sait ? »

Lise

Pour mon troisième round à la DGSE, je ne me doute pas qu'un nouveau piège des apparences m'attend boulevard Mortier. Cette illusionniste de haut vol s'appelle Lise. La première fois que je l'ai vue, j'ai songé : bonne pioche ! Une espionne BCBG assez fantasque, avec de l'autodérision, qui ne craint pas de jurer comme une « titi » parisienne, bref une personnalité contrastée, haute en couleur, facile à croquer en portrait… Raté. J'ai sous-estimé ma cible. Contrairement aux apparences, Lise m'a donné du fil à retordre. Il m'a fallu trois rendez-vous avec elle pour comprendre son job. Aux deux premiers, elle m'a servi avec virtuosité des anecdotes drôles et truculentes sur sa double vie d'espionne et de mère, dont je me suis délectée. J'étais ravie, complètement sous le charme de Lise. Au troisième rendez-vous, j'ai compris qu'il me manquait un élément clé pour reconstituer le puzzle « Lise », en réalité beaucoup plus complexe que je ne le pensais. Entrée à la DGSE à l'âge de 24 ans, elle fait partie, comme Agnès, des premières civiles recrutées par le Service après la chute du Mur de Berlin. Elle a grimpé dans la hiérarchie pour occuper, à 47 ans, un poste qui restait flou pour moi : « Chef d'un secteur géographique à la direction du renseignement ». Sur lequel elle ne s'épanchait pas. Au bout de trois heures d'entretien, je ne savais toujours pas sur quelle problématique elle travaillait.

J'ai tout simplement sous-estimé le savoir-faire de l'officier traitant (OT) aguerrie qu'est Lise. Une phrase d'Agnès me revient en mémoire : « L'OT diffuse une image qui n'est pas la réalité. » Perplexe, je m'interroge : Lise m'a-t-elle manipulée, comme elle le fait avec ses sources ? En tout cas, elle a endormi ma vigilance, en m'installant dans une conversation mondaine et ouatée… Jusqu'au troisième rendez-vous. Ce jour-là, j'arrive en avance boulevard Mortier. Quand je pénètre dans le salon « John le Carré », elle m'attend déjà, avec son manteau Burberry soigneusement replié sur son bras gauche. Son visage se fend d'un large sourire. « Bonjour Dalila ! Comment allez-vous ? » « Très bien ! Et vous-même ? » « Je suis un peu souffrante, confie-t-elle. Les premiers frimas ont eu raison de moi. » Je m'inquiète poliment : « Vous êtes fiévreuse ? » « Non, mais la nuit, quand je m'allonge, je me sens un peu en apnée… » Moi : « Pourquoi avez-vous choisi Lise comme prénom fictif ? » Elle : « Si j'avais eu une fille, je l'aurais appelée ainsi. C'est court, ça claque, et c'est doux en même temps. Alors que mon vrai prénom a trois syllabes… »

Dans ma tête, une lumière rouge clignote furieusement. Attention ! Gare à la superficialité, ne pas s'engluer dans les banalités, chaque minute compte, aller à l'essentiel. Je recadre l'entretien : « Lise, nous avons peu de temps. On y va ? » « Oui, bien sûr. Pardon, je suis trop pipelette… » Elle se penche vers moi : « Mais je sais garder un secret, souligne-t-elle avec malice. Quand j'entends dire que les femmes parlent à tort et à travers, ça me fait doucement rigoler. » Aux antipodes de la taiseuse dont il faut déverrouiller la parole au pied-de-biche, Lise adore parler. D'elle, de son métier, du Service. Comme elle doit rarement avoir l'occasion de s'épancher, je compte pousser la confidence le plus loin possible, en évitant les pièges.

Je scanne rapidement sa silhouette. Grande, blonde, d'une élégance très « Rive gauche », Lise détonne dans cet univers du renseignement où les femmes remisent souvent leur féminité au fin fond de leur poche d'agent secret pour surjouer les mecs. Elle revendique même sans complexe un style *girly*-chic : « J'aime les trucs de filles, et je l'assume. » Avec sa veste en tweed, son carré Hermès, sa pochette rouge et sa bague Chaumet en diamant et or blanc, il me serait facile de verser dans le cliché et de camper Lise en grande bourgeoise du 16e qui s'encanaille en jouant les espionnes. Mais je soupçonne une personnalité bien plus complexe. Lise ne met pas de distance, ne manifeste aucune froideur, au contraire même. Elle a le visage expressif d'une grande émotive, ce qu'elle me confirme avec une candeur touchante : « Oui, je suis sensible… » Avant de blaguer comme si de rien n'était. Elle se penche vers moi : « La pince à cheveux dans la serrure, j'ai essayé, ça ne marche pas, plaisante-t-elle. On mythifie l'espionne. Nous sommes juste des femmes normales dans un métier hors normes. » Normale ? Lise possède une étonnante capacité à jouer avec ses émotions comme si elle composait une partition au piano.

Impatiente d'en savoir plus sur elle, je m'installe sur le canapé avec mon stylo et mon carnet de notes sur les genoux, sur des starting-blocks. Lise s'assoit près de moi avec précaution, presque intimidée. « Vous savez, je vous ai déjà tout dit les dernières fois... » Nouvelle alerte rouge dans ma tête. Je tente de la rassurer – et moi aussi, par la même occasion : « Ne vous inquiétez pas, Lise, j'ai encore beaucoup de questions à vous poser. » Je la fixe droit dans les yeux : « À ce propos, je ne comprends pas bien votre fonction. Que faites-vous précisément ? » J'insiste sur ce dernier mot. Lise hésite : « Je peux vous donner un indice... » « Dites-le moi franchement, Lise, j'ai besoin de savoir. Sinon, votre portrait sera flottant... » Je finis par comprendre qu'elle travaille sur les tensions politiques entre deux grandes puissances, dont elle ne peut pas me dire le nom.

« Reprenons du début. Dites-moi comment vous êtes arrivée ici... » Elle se détend : « Par hasard ! C'était en 1991. Après mes études de langues, j'ai répondu à une annonce sibylline de l'APEC, un service d'offres d'emploi pour les cadres. "Grande institution recherche experts en relations internationales". J'ai été recrutée. Le premier jour où je suis entrée dans cette zone pleine de militaires, j'ai écarquillé les yeux. L'officier qui m'a accueillie m'a dit : "Bienvenue à la Piscine !" J'ai répondu, interloquée : "La... quoi ?" J'avais 24 ans et j'ignorais que j'entrais dans les services secrets français ! » Le Mur de Berlin venait de tomber. « Le Service était encore marqué par la guerre froide, se souvient-elle. Nous étions les hooligans universitaires qui débarquaient parmi les militaires. C'était un choc des cultures ! » Elle découvre aussi le culte du secret : « En atterrissant dans cette structure assez excitante, j'étais frustrée de ne pas pouvoir parler de mon job d'espionne à mes copines de fac. »

Quand elle débute sa formation d'agent, Lise apprend le self-défense, le tir, à maîtriser le double, voire le triple langage, et à utiliser les leviers de la manipulation psychologique. « Pour se former, on réalise ce qu'on appelle des exercices café, raconte Lise. Il s'agit, par exemple, d'aborder un inconnu dans un café et de le convaincre de nous donner son portable en un temps record. Les instructeurs testent notre faculté de persuasion. Ils nous poussent à l'indiscrétion, et donc à transgresser notre éducation. »

En matière de filature, les instructeurs terrain se montrent très dubitatifs vis-à-vis de Lise. Ils ne ratent pas une occasion de lui dire : « Tu es trop grande, trop blonde, on va te voir comme le nez au milieu de la figure. C'est pas un job de nanas, c'est un métier de seigneurs ! » Un jour, lors d'un exercice terrain, elle réalise une filature dans les rues de Paris. « J'ai cherché désespérément un endroit où me cacher. Et puis j'ai vu une grand-mère sortir du porche de son immeuble avec son chien. Je me suis jetée sur le roquet pour le caresser, au risque de me faire mordre, en faisant mine de papoter avec la grand-mère. Le formateur que je suivais ne m'a pas repérée, alors que j'étais dans son champ de vision ! »

Lise s'avère aussi redoutable en désilhouettage. « En un clin d'œil, je passais d'un style sophistiqué à un look jean-baskets. Ou alors j'enfilais un pull rouge, je m'attachais les cheveux, des lunettes de soleil et un peu de maquillage, je devenais vamp. Être une femme offre davantage de possibilités pour semer ses adversaires. Sur le terrain, nos ennemis se méfient moins des femmes. Qui se soucierait d'une ménagère avec son caddie ? »

Lise suit alors le parcours classique des agents de la DGSE. Après quelques années comme analyste, elle devient officier traitant, spécialisée en matière de sécurité économique. À la DGSE, pour progresser dans la carrière, un départ en expatriation est incontournable. « Mon mari m'a encouragée. Il s'est mis en congé formation pour me suivre. Je suis partie sous couverture diplomatique. J'ai travaillé dans des pays où opéraient des criminels en col blanc, dans la finance et les entreprises, qui blanchissaient l'argent de la drogue et des trafics. Quand un document classifié m'intéressait, j'identifiais une personne qui y avait accès : la personne qui a rédigé le document ou la femme de ménage qui nettoie son bureau. Je ne subtilisais pas de documents, mais je le faisais faire. » « Vous avez travaillé dans une forme d'illégalité à l'étranger. Comment l'avez-vous vécu ? » « J'ai agi aux frontières de la légalité, mais avec des garde-fous : ceux du Service. Je ne me sens pas mal à l'aise avec mes actions, au contraire même.

J'ai le sentiment de servir mes valeurs, la démocratie, l'État français, un idéal noble. Sur le terrain, j'étais un peu tendue, certes, mais je suis formée pour cela. Je ne ressens pas de peur. Je sais gérer mon stress quand une situation *buggue* ou dérape. »

« Vous avez des exemples ? » « Oui, un jour, une de mes sources a pété un câble dans un restaurant. Il divorçait, il avait perdu la garde de ses enfants, il accumulait les difficultés. Il s'est mis à parler fort, alors que moi, je n'avais pas du tout envie de me faire remarquer. J'ai dû très vite trouver les mots pour le rassurer et le calmer. Dans ce métier, parfois, je suis un peu psy ou assistante sociale. C'est important de montrer de l'empathie envers une source, de la soutenir pendant les crises. Elle sera d'autant plus reconnaissante qu'on a traversé la crise ensemble. » « Quels sont les pièges quand on gère une source ? » « Ne pas devenir trop ami. Il faut toujours bâtir une relation en pensant à transmettre la source à l'agent qui va vous succéder. Si la source s'attache trop à vous, vous ne pourrez pas la transmettre. Il faut garder cela à l'esprit. Au bout de trois à cinq ans, il faut abandonner sa source et faire en sorte qu'elle soit transmissible. »

« Vous utilisez un mot fort : "abandonner". C'était le moment le plus difficile pour vous ? » Son regard chavire. J'ai touché un point sensible. « J'ai un côté très émotif, reconnaît-elle avec franchise. Parfois, je m'attache à des sources. J'aimerais les garder comme amis, mais je ne peux pas. Je connais les règles du jeu. C'est un métier de frustration. À la fin d'une mission, une source doit être transmissible. Certains me disent : "Lise, on se reverra ?" Je reste très évasive : "Peut-être, au hasard de la vie." Mais je ne laisse pas beaucoup d'espoirs. Je n'aime pas mentir. Il y a une différence entre mentir et ne pas dire toute la vérité. Pour moi, parfois, j'ai vécu un déchirement. »

Je la sens sincèrement émue. Je marque un silence pour ne pas la brusquer. Puis je poursuis : « Vous avez démantelé des réseaux criminels ? » « Oui, mais je n'ai pas le droit de vous en parler. » Je reste de marbre. « J'ai travaillé sur de grosses affaires qui sont sorties dans les médias... », poursuit-elle. Double frustration. « Et ensuite ? » « J'ai dirigé le bureau de la recherche protégée, le service des clandestins. » Mes antennes pointent à nouveau. J'ouvre de grands yeux : « Comme dans le *Bureau des légendes*[1] ? » « Oui, tout à fait. Dans ce service, c'est du sur-mesure, de la haute-couture. Cela nécessite une grande finesse de travail. » « Mais encore ? » Je suis tendue comme un ressort. Va-t-elle me révéler un secret sur ce service mythique ? « Ce sont des agents déployés à l'extérieur mais qui ne bénéficient pas de l'immunité diplomatique. » « Certains ont été repérés ? » « Aucun de mes clandestins n'a été arrêté. Ils réalisent les missions les plus dangereuses et évoluent dans des milieux pas très honorables. » Je suis pendue à ses lèvres. Elle hésite à poursuivre, mais se ravise, gênée : « Vous savez, les clandestins, même dans la Boîte, on n'en parle pas... » Je comprends le message et n'insiste pas, de peur qu'elle se rétracte.

« Quand vous étiez officier traitant, est-ce qu'un service adverse a déjà essayé de vous retourner ? » « Non, jamais. Je verrais cela comme une provocation. Sur le terrain, avec les services amis en tout cas, il y a un pacte de non-agression. Il m'est arrivé de croiser un diplomate dans un cocktail mondain. J'ai vite compris qu'à son parcours atypique, il devait être lui aussi un agent secret. Dans ces cas-là, on réagit comme les deux "plus" d'une pile électrique : on se fuit pour ne pas se gêner. » « Avez-vous déjà eu peur pour votre vie ? » « Honnêtement, non. Je n'ai pas fait de contre-terrorisme, ou été au contact de djihadistes, comme certaines de mes collègues féminines. Même si je n'ai jamais utilisé mon arme, j'adore le tir pour m'entraîner ! Je vais souvent au stand de tir du Service. Avec un Beretta dans les mains, je vide mon chargeur sur la cible, comme un défouloir. »

Et la séduction ? Elle lève les yeux au plafond et se récrie : « Surtout pas ! C'est la plus mauvaise méthode. Approcher une cible est plus facile parfois pour une femme. Même si cela commence par de la drague. Un homme s'assoit près de moi

1. La série d'espionnage d'Éric Rochant, sur le service des clandestins de la DGSE, diffusée sur Canal+.

lors d'une conférence sur un sujet sensible, et je m'aperçois qu'il peut m'être utile. À moi de transformer la relation. Devant une source potentielle, j'enlève rapidement toute ambiguïté. Surtout quand je dois le débriefer toute seule dans une chambre d'hôtel ! Je me montre hyperpro dès le premier rendez-vous de travail. » Elle sourit à l'évocation d'un souvenir : « Plus jeune, j'ai eu à traiter une source, qui était un homme réputé très cavaleur. J'allais aux rendez-vous avec un col roulé, en étant le moins sexy possible. » Elle marque une pause. « Une autre source m'a dit un jour : "Ah, vous faites du sport ? Et vous pratiquez aussi le sport en chambre ?" Je l'ai toisé durement avec un air de mère pète-sec et je l'ai aussitôt remis dans l'axe. »

Et la misogynie ? « Oui, comme beaucoup à l'époque, j'en ai fait les frais. Un jour, je me suis retrouvée en mission avec un collègue plus âgé. En entrant dans un immeuble, il a dit à la concierge, avec un clin d'œil : "C'est ma nièce." C'était complètement gratuit. J'étais furieuse car il m'avait coincée. Je lui ai dit : "Tu ne me refais plus jamais ce coup-là." » Lise a aussi vu les missions les plus intéressantes lui échapper. « Mes collègues me disaient : "On ne peut pas t'emmener au contact d'une cible masculine." Ou alors : "Tu ne vas pas arriver au bout de ce type." À l'époque, on se demandait encore si une femme pouvait avoir de l'ascendant sur un homme. Aujourd'hui, la question ne se pose même plus. Que l'on soit un officier traitant homme ou femme, cela ne fait aucune différence. C'est une victoire. » Comment garde-t-on le pouvoir sur sa source ? « Par exemple, en ne se laissant jamais inviter. C'est moi qui payais toujours l'addition. Surtout avec les sources les plus âgées. »

Et puis il y a le souci de l'âge, poursuit Lise : « Quand vous passez la quarantaine, c'est comme "*the last fuckable day*" des actrices américaines. Elles deviennent trop vieilles pour partager le lit du héros, et aussi pour les contrats. À la Boîte, avant 40 ans, on me disait : "Lise, tu es trop jeune pour cette mission." Après 40 ans, j'étais trop vieille. » « Est-ce que la maternité a eu un impact sur votre carrière ? » « Quand mon fils est né, à 18 h 30, mes collègues masculins me disaient :

“Lise, tu es encore au bureau ?” Mon chef hésitait aussi à me donner des responsabilités sous prétexte que j’étais maman. J’ai dû montrer que j’étais aussi disponible et opérationnelle que les hommes. J’ai passé des nuits entières au Service pour prouver que j’étais aussi capable que les hommes d’exercer ce métier de “seigneurs”. »

« Et votre mari ? Comment l’avez-vous rencontré ? » « Au Service. Il est issu du contre-espionnage, l’entité dure, fermée, à part, de la DGSE. Nous étions dans deux services un peu concurrentiels. C’est comme dans *Mr. et Mrs. Smith*, mais en moins violent et en plus serein », s’amuse-t-elle. « Comment vivez-vous le poids du secret ? » « Mieux avec l’âge, admet-elle. Mais cela donne des scènes parfois cocasses. Je me souviens d’un couple d’agents anglo-saxons qui, un jour, ont avoué à leurs trois ados qu’ils étaient tous les deux agents secrets. Les jeunes ont éclaté de rire ! Ils ne croyaient pas un mot de ce que disaient leurs parents, car le père, assez bedonnant, n’avait pas le physique de James Bond ! »

Au fil des années, Lise a appris à vivre dans une forme d’hypervigilance, même quand elle rentre chez elle. Son job d’agent secret lui colle intimement à la peau. « C’est comme apprendre à nager. Après, on ne peut plus revenir en arrière. J’ai en permanence besoin de contrôler mon environnement, c’est une déformation professionnelle. Quand je fais du shopping dans Paris, je réalise des points de contrôle. Je regarde dans les vitrines des magasins pour vérifier que je ne suis pas suivie. Au restaurant, avant de parler avec mes amis, je regarde autour de moi pour vérifier qu’il n’y a pas d’oreilles indélicates. Et j’ai interdit à mon fils de 11 ans d’ouvrir aux pompiers qui vendent les calendriers en début d’année. Je n’ai pas envie de retrouver les services adverses en bas de mon domicile. En tant qu’agents, nous sommes des cibles, même à Paris. Encore plus depuis les attentats du 13 novembre. J’essaie néanmoins de garder une distance, une autocritique, de ne pas sombrer dans la parano. »

« Qu’est-ce que les attentats du 13 novembre ont changé dans votre vie ? » « C’est l’équivalent de notre 11 septembre.

Plus rien ne sera comme avant. C'est une bascule franche. À l'étranger, dans mon métier, on prend des risques. En rentrant à Paris, je songeais que la France était mon sanctuaire. Ce n'est plus le cas. Ce métier m'a rendue pessimiste. Même s'il y a eu une prise de conscience collective et nationale après le 13 novembre, à la Boîte, nous savons depuis plusieurs années que le terrorisme est un problème majeur. Comme les policiers, on ne voit que le côté obscur de la réalité. On démystifie la condition humaine. Après les attentats, j'ai ressenti un grand sentiment d'impuissance. Mais heureusement, nous avons des petites victoires qui nous confortent dans l'utilité de notre métier. Connaître le dessous des cartes, c'est à la fois rassurant et inquiétant. »

« Que faites-vous concrètement ? » « Je gère plusieurs dizaines de civils et de militaires, à la fois des officiers traitants et des analystes. C'est un service géopolitique : nous suivons les grands acteurs politiques dans le monde, pour éclairer nos autorités dans leurs décisions de politique étrangère. La France, qui est membre permanent du Conseil de sécurité de l'ONU, vote des sanctions à l'égard des *rogues states*[1]. Nous devons comprendre l'évolution de ces pays souvent fermés. Quelle est la personnalité de tel ou tel leader ? Quelles conséquences pour la France ? J'essaie de répondre à ces questions. »

« Agent secret : n'y a-t-il pas aussi une forme d'orgueil à choisir ce métier ? » « Pas pour moi. Quand je rentre de mission, je ressens plutôt une forme de gratification, de satisfaction du travail accompli, de fierté même. Avec beaucoup de frustrations. On ne peut pas régler tous les problèmes. Pour ma part, je prends les petits plaisirs qui s'offrent à moi : une annotation du directeur général sur une de mes notes ; ou quand j'apprends que le président de la République ou tel ministre a apprécié mon analyse. Nous sommes les petites mains d'une vision du monde haute couture, nous travaillons sur mesure pour une grande cause. Pour moi, cela compense la frustra-

1. États opaques ou voyous, NDLR.

tion de ne pas partager avec mes copines le côté *glam-shine* de mon métier. »

Anne

Aïe ! Ce matin, perdue dans mes pensées, je manque de bousculer un « costume-cravate » en arrivant boulevard Mortier. Dans le sas d'entrée, je tombe sur un embouteillage. Je blêmis : c'est l'heure de pointe à la DGSE. Une enfilade de visiteurs et de techniciens en bleu de travail patientent devant le poste de sécurité. À tour de rôle, ils collent leur pièce d'identité à la vitre. Tandis que les agents vérifient chaque papier un à un, je piaffe d'impatience devant les minutes qui s'égrènent, inquiète à l'idée de perdre ne serait-ce qu'une seconde avec mon espionne du jour. Je passe enfin la sécurité et emboîte le pas de Paul, l'huissier. D'une foulée rapide, je traverse le terre-plein central aux arbres squelettiques figés dans une brume opaque. Aujourd'hui, je change de décor. Paul me conduit à l'étage de la direction, dans la salle de réunion high-tech de la DGSE, dédiée aux briefings de crise. Je pénètre dans le centre névralgique du Service. Une grande table en U entourée de gros fauteuils en cuir noir encadre un pupitre surélevé sur une estrade. Derrière, le logo de la DGSE s'affiche en grand sur un écran géant : un rapace stylisé aux serres ouvertes qui porte sur ses ailes un globe terrestre. Des horloges murales digitales donnent les heures dans les pays qui intéressent la DGSE : New York, Bombay, Dakar, Islamabad, Pékin, Bamako, Kaboul… Celle de Paris indique 9 h 30. J'ai à peine le temps de poser mon sac que la lourde porte sécurisée s'ouvre d'un coup sec. Anne arrive pile à l'heure.

Elle s'avance vers moi en trois enjambées. D'un coup d'œil, j'analyse sa silhouette de grande brune un peu androgyne, au corps athlétique moulé dans une minijupe noire. Des bottes en cuir et un long manteau noir à la *Matrix* lui donnent un look punk-rock à la Patti Smith, qui tranche dans l'atmosphère feutrée du Service. Son regard d'un bleu acier me harponne.

« Salut, Dalila ! On se tutoie ? » Je sursaute. Et comment ! Je n'en espérais pas tant. J'accepte volontiers. Son énergie me fait penser à celle de Carrie Mathison, l'héroïne de *Homeland*. Anne rigole : « C'est ce que me disent aussi mes potes. Mais ressembler à une espionne malade qui prend des cachetons, ce n'est pas tout à fait à mon honneur. »

À 43 ans, Anne fait partie des hauts potentiels féminins de la DGSE. Experte des filières terroristes, elle occupe un poste clé : celui de chef adjointe d'un service de renseignement technique. Anne fait donc partie de la direction technique, qui monte en puissance ces dernières années, au détriment, regrettent certains experts, du renseignement humain. Dans son service, Anne gère une équipe de plusieurs centaines de personnes, composée d'ingénieurs et d'analystes. « Je vais encore recruter plusieurs dizaines de personnes d'ici 2019. Le Premier ministre a décidé de renforcer nos effectifs dans la loi de programmation militaire (LPM, 2014). Mon service exploite et analyse tout le renseignement que nous interceptons à l'étranger : mails, sms, conversations privées sur Internet. En fait, je suis le bras armé technique des experts "terros" de la DGSE. »

Anne me lance, faussement dépitée : « À chaque fois que l'on se voit, il y a un attentat ! » J'ai rencontré Anne une première fois, une semaine après les attaques de *Charlie Hebdo*. Aujourd'hui, notre rendez-vous tombe une semaine après ceux du 13 novembre. Avec Anne, franche et directe, je sens que je peux aborder sans détour les questions sensibles. J'y vais franco, en profitant du tutoiement : « Tu as lu *Libé* ce matin ? » Je déplie devant elle l'édition du jour qui titre : « Les failles du renseignement ». Le journal s'interroge sur la facilité déconcertante avec laquelle le cerveau des attentats du 13 novembre, Adbelhamid Abaaoud, a pu circuler entre la Belgique et la France. L'enquête pointe aussi le « fétichisme technologique » des services, au détriment du renseignement humain. Les algorithmes vont-ils remplacer les agents ? Je la fixe : « Qu'en penses-tu ? » Elle grimace : « Je l'ai lu hier soir sur Internet. Cet article m'a beaucoup énervée. C'est une vision simpliste du renseignement. Bien sûr, nous produisons énormément de renseignements techniques. Mais derrière, il y a des hommes et des femmes qui orientent en amont cette production, et l'analysent ensuite. Nous n'avons pas le temps d'intercepter les communications en masse ! C'est un fantasme. On se concentre sur les individus dangereux, qui représentent une menace. Nous suivons des cibles, nous en détectons de nouvelles. Les recherches techniques et humaines sont imbriquées et complémentaires. » « Peux-tu me donner un exemple ? » « Sur le terrain, une source humaine nous donne un numéro de téléphone. Nous interceptons cette ligne. Ensuite, les infos recueillies sont transmises aux analystes qui les recoupent avec celles issues des différents capteurs (satellites, sources humaines...). S'il n'y a personne pour analyser le contenu d'un téléphone, la technique ne sert à rien. La force de la DGSE, c'est d'être un modèle intégré, contrairement aux services anglo-saxons : le recueil des renseignements et leur analyse se font dans le même lieu. Lors d'un attentat, nous mettons dans une même cellule de crise les agents qui captent du renseignement technique, ceux qui recueillent du renseignement humain, ceux qui réalisent l'analyse et ceux qui réalisent l'opérationnel. »

« Comment as-tu vécu les attentats du 7 janvier, perpétrés par les frères Kouachi et Amédy Coulibaly ? » « J'étais à la tête d'une équipe chargée d'intercepter les communications, les e-mails et les sms d'individus impliqués dans ces attentats, en renfort de la DGSI. J'ai quasiment dormi au bureau pendant une semaine, jusqu'à en oublier le goûter de ma fille. On a neutralisé les tueurs. Mais il reste de nombreux terroristes dans la nature. Mon travail a un impact sur la sécurité du pays. Dans ces périodes de crises, ma vie de famille passe souvent au second plan. »

Je veux l'interroger sur les attentats du 13 novembre, perpétrés par Abdelhamid Abaaoud et ses complices. Abaaoud était déjà connu pour son implication dans la tentative d'attentats de Vervier, en Belgique, en janvier 2015. « Comment as-tu vécu le soir du 13 novembre ? » « J'étais partie en week-end à Bordeaux, raconte Anne. J'avais planifié ce voyage depuis trois mois. Comme je travaille beaucoup et que je ne compte pas mes heures, cette fois, j'ai prévenu mon chef pour qu'il évite de m'appeler ce week-end-là. Mais le vendredi soir, je venais d'arriver chez mes amis quand, vers 22 heures, en plein dîner, mon téléphone sécurisé a vibré. Un sms du Service m'a informée des attentats dans l'est de Paris, au Stade de France et de la prise d'otages au Bataclan. Quand j'ai vu l'ampleur de la crise, c'est finalement moi qui ai appelé mon chef. » Toute la nuit, Anne reste scotchée à son téléphone pour gérer ses équipes à distance. « À l'aube, j'ai sauté dans le premier train pour Paris, celui de 5 h 28, pour rentrer. Je ne suis même pas repassée chez moi pour me changer. J'ai filé directement au Service. »

Quand elle arrive le samedi matin à 9 h 30, la DGSE n'a rien d'une ruche survoltée. Au contraire, un calme monacal règne dans les bureaux. « Il y avait pourtant du monde. Beaucoup d'agents sont revenus travailler, et pas forcément par nécessité. Certains voulaient juste se sentir utiles. Des anciens de mon service m'ont même appelée pour proposer leur aide. » Chacun reste concentré sur sa tâche : « On ne parlait qu'en cas de besoin. On a renforcé les équipes de travail conjointes DGSE-DGSI. La DGSE a mis au pot commun toute la puissance de son outil technique pour identifier les terroristes, remonter les filières à l'étranger et traquer ceux qui ont pris la fuite. Il fallait aussi détecter les éventuels appuis ou complicités. »

« Et toi, Anne, quel était concrètement ton travail après le 13 novembre ? » « Dans ces situations de crise, mon service doit aussi détecter le risque de sur-attentat ou étudier la possibilité de nouvelles attaques dans Paris. Dans le communiqué qui revendiquait les attentats, Daech mentionnait tous les lieux des attentats du 13 novembre. Il citait aussi le 18e arrondissement, où il ne s'est rien passé. Je me suis dit : “Qu'est-ce qui se prépare là-bas ?” » Selon le procureur de Paris François Molins, l'équipe d'Abaaoud projetait de commettre de nouveaux attentats dans le quartier d'affaires de la Défense.

« Dans quel état émotionnel es-tu quand un drame pareil frappe le pays ? » « J'évacue mes émotions et je plonge immédiatement dans le boulot. Je me concentre sur l'organisation du service. Je dispatchais les tâches, j'orientais les recherches. A-t-on étudié telle piste ? Envisagé tel axe de recherche ? Une fois les terroristes identifiés, nous avons surveillé leurs entourages, comme le prévoit la nouvelle loi sur le renseignement, et remonté leurs filières. » « Techniquement, comment ça se passe ? » « C'est un peu compliqué à expliquer. En interceptant les échanges de mails et de coups de fil, nous identifions des liens techniques entre des personnes connues des services de police. On remonte des chaînes techniques, on creuse des connexions, on surveille les réseaux internet qu'utilisent les djihadistes. On s'intéresse aussi à la fréquence des appels, à leur localisation, à leur mode opératoire. D'où ils appellent ? À quelle fréquence ? Par mail ou GSM ? Une autre partie de mon équipe s'intéresse aux métadonnées. Et des exploitants de renseignement technique interprètent ces données de communication. »

Le soir, après une intense journée de traque, Anne rentre chez elle en taxi vers minuit trente. « J'étais crevée. Inconsciemment, je devais avoir peur aussi. J'ai traversé Paris. En passant devant la place de la République, jonchée de fleurs, de bougies et de mots en hommage aux victimes, en voyant les terrasses des cafés et des restaurants fermés et criblés de tirs de kalachnikovs, je n'ai pas versé de larmes, car ce n'est pas dans mon caractère. Mais j'ai pleuré à l'intérieur. » Elle marque une pause. « J'ai pensé aux victimes. Et immédiatement après, comment de tels attentats coordonnés et multisites ont-ils pu se préparer à notre insu ? Que faire pour que cela n'arrive plus ? Bien sûr, le risque zéro n'existe pas, et le renseignement n'est pas une science exacte. Mais mon cerveau ne débranchait pas. Comment retrouver les terroristes en fuite ? J'ai refait le scénario cent fois dans ma tête pour trouver les failles. Quand Abaaoud est mort, le mercredi 18 novembre, dans l'assaut du RAID à Saint-Denis, j'ai respiré un bon coup. »

Tout en parlant, elle décortique le capuchon d'un stylo argenté. « J'ai beau être maman et citoyenne, à ce moment-là, ma place était ici. Je suis provinciale, et j'habite Paris depuis plus de vingt ans. Ce soir du 13 novembre, on a fait mal à ma ville, je sentais Paris blessée. Mes potes m'envoyaient des sms. Que peut-on faire, me demandaient-ils ? Ils se sentaient impuissants. Je leur ai dit : "Allez en terrasse, réanimez Paris. La guerre contre les terroristes est aussi psychologique. Montrez-leur que nous ne cédons pas à la panique. Que vos verres s'entrechoquent, buvez à la santé de la République !" »

« Anne, qu'est-ce qui t'a conduite à travailler dans le renseignement ? » « Par hasard, affirme-t-elle. Gamine, je m'imaginais plutôt neurochirurgien. » Née dans les Alpes d'un père cardiologue et d'une mère au foyer, Anne a toujours vu loin, par-delà les cimes, rêvant de voyages et de nouveaux paysages. Pourquoi la neurochirurgie ? « Pour sauver des vies. Et parce que c'est le monde ultime de la précision. Tout ce que je ne suis pas ! J'ai plein d'idées mais je suis plutôt brouillonne. Et je déborde d'énergie. Mon chef me dit souvent : "Je t'adore, mais tu me fatigues." »

Anne déroule un impressionnant CV : Sciences Po, DEA de défense et sécurité internationale, DESS en droit des affaires, puis l'ÉNA. « Lors de mon stage au secrétariat général de la Défense nationale, un jour, un vieux militaire aux cheveux grisonnants est entré dans mon bureau. Il m'a demandé si je connaissais la DGSE. "Vous avez un bon profil." Le concours n'était pas encore publié au *Journal officiel*. J'ai pris ma plume pour postuler et j'ai écrit "DGSE" sur l'enveloppe, sans en connaître l'adresse. C'est ainsi que je suis arrivée au Service en octobre 1998. »

Jeune attachée à la direction du renseignement, Anne est formée au contre-espionnage. Elle réalise quelques missions clandestines sous légende. « Tu peux m'en parler ? » « Je ne préfère pas. Certaines femmes du Service ont un vrai passé opérationnel. Pas moi. Je n'ai réalisé que des missions courtes. Je ne fais pas partie de celles qui en rajoutent sur l'opérationnel pour se donner un côté James Bond girl. »

En 2005, Anne est promue conseillère du directeur de la stratégie sur le terrorisme et la criminalité organisée. Elle fait partie des cadres de la DGSE qui font bouger les lignes. Jusqu'alors cloisonnée, la DGSE s'ouvre peu à peu aux autres services de renseignement. En 2008, Anne est détachée au ministère de l'Intérieur. « J'ai créé ce poste. La DGSE n'est plus une forteresse au fin fond du 20e arrondissement. Je suis contre les chapelles et les querelles entre les services. C'est insupportable. Il y a beaucoup de méconnaissance entre nous. On a été en concurrence, notamment la DGSI, DGSE et la DRM, alors que l'on devrait travailler dans la complémentarité. C'est un gage d'efficacité. » Je prends le temps de digérer l'info qu'Anne me révèle. Elle confirme donc que la rivalité entre les services a réellement existé. Certes, elle en parle au passé, comme si ces tensions n'existaient plus. Mais comment croire que des années d'antagonisme et de concurrence puissent disparaître d'un seul coup ?

Fin 2011, Anne intègre la direction technique. « Comment t'es-tu imposée en tant que femme dans le renseignement ? » « À la DGSE, je n'ai pas senti de sexisme, car l'ambiance est plutôt courtoise. En revanche, dans la police, c'est plus fréquent. Ça ne m'a pas gênée, parce que j'ai un côté très cash, assez "mec". » Elle s'interrompt, et réfléchit quelques instants, comme si elle prenait conscience d'un élément important : « Pour me faire une place ici, à la direction technique, la plus masculine de la DGSE, je me rends compte aujourd'hui que j'ai longtemps surjoué le côté "mec" afin d'être acceptée. Je parle mal, je peux être grossière. Et je n'ai pas peur de dire des gros mots. Je n'ai pas le profil typique de la DGSE, diplomate et policé. Comme j'étais souvent la seule femme en réunion, je voulais me désexuer. J'ai adopté les codes masculins. Je voulais que mes collègues me parlent comme à un pote, et non comme à une femme. »

« Tu as changé depuis ? » « Oui, je ne veux plus oublier que je suis une femme. Au fond, on ne devient jamais que ce que l'on est. Même si le chemin pour y arriver est parfois tortueux.

Aujourd'hui, j'accepte ma féminité. J'ai aussi une vie personnelle stable. J'ai une petite fille et un compagnon avec lequel j'ai une vie équilibrée. Je n'ai plus rien à prouver en tant que femme. Je recrute des jeunes qui sortent d'écoles d'ingénieurs. Mais en tant que femme à la DGSE, je me sens en déséquilibre. J'ai atteint un niveau de responsabilités en interne assez tôt. Je travaille avec des personnes plus âgées qui ont des enfants déjà grands. Pour eux, les réunions à 7 h 30 du matin ou tard le soir ne sont pas une contrainte. Pour moi, ça l'est. Pour autant, ces contraintes sont comprises par les autorités du Service. »

« Être femme et mère à la DGSE, est-ce une faiblesse ou un atout, pour toi ? » « Malgré tout, c'est plus une force. Comme nous sommes moins nombreuses dans les hauts cadres, le directeur général nous chouchoute. Il suit nos actions. C'est très valorisant. Le seul bémol vient des déçus du système : ils pensent que vous êtes promue uniquement parce que vous êtes une femme. La DGSE suit l'évolution de la société. Les femmes jouent un rôle de plus en plus important, notamment dans le cyberespionnage, l'une des problématiques majeures de demain. »

« Comment vois-tu l'évolution du terrorisme ? Daech possède sa propre cellule de hackers. Demain frapperont-ils avec des cyberattentats ? » « On se pose la question, répond Anne. Imagine qu'aux attentats du 13 novembre soit couplée une attaque contre les systèmes informatiques des grands hôpitaux de Paris. Ce serait une catastrophe. On surveille de près les groupes de hackers susceptibles de mener ce type d'attaques. Nous étudions les cyberattaques pour trouver leurs commanditaires. La plus emblématique est celle perpétrée le 8 avril 2015 contre la chaîne TV5 Monde. » Ce jour-là, la chaîne internationale francophone, qui émet dans deux cents pays, a perdu le contrôle de son antenne – devenue un écran noir – de ses sites et de ses réseaux sociaux. « Rendre aveugle et sourde la voix de la France à l'étranger, c'est une symbolique très forte, analyse Anne. Les hackers se sont revendiqués de l'État islamique. »

« As-tu déjà participé à déjouer des attentats ? » Elle répond : « Oui. Mais je n'ai pas le droit de te donner des exemples précis. J'ai par exemple en tête un projet de gros attentat dans un pays voisin au début de 2015. Mon équipe a joué un rôle dans la confirmation de l'identité de suspects. Elle a permis de les faire arrêter avant qu'ils ne passent à l'acte. Oui, cela fait partie de mes faits d'armes. Les services de renseignement du pays en question nous ont dit que l'action de la France a été précieuse. » Anne a permis de sauver des vies, notamment des forces de l'ordre. Cela confirme mon hypothèse : les femmes jouent un rôle croissant et déterminant dans la lutte anti-terroriste.

Un point m'intrigue encore : « Comment les services de renseignement ont-ils pu perdre la trace d'Abaaoud, alors qu'ils connaissaient sa dangerosité ? Pourquoi ne pas l'avoir arrêté plus tôt ? » « On affronte des individus qui se dissimulent de plus en plus sur Internet, qui gomment leurs traces, explique Anne. Daech est une véritable entreprise, avec des moyens puissants. »

« Quand tu rentres chez toi le soir, comment fais-tu pour décrocher ? » « Travailler dans l'ultra-classifié me donne un avantage par rapport à mes copines du privé. Le soir, quand j'éteins mon ordinateur et que je ferme mon coffre-fort, ma journée est finie. Quand je rentre chez moi, à 20 h 15, je joue aux petits chevaux avec ma fille. Je ne suis pas harcelée de mails ou de sms. Sauf en cas d'attentats, bien sûr. »

« À la maison, n'es-tu pas envahie par la noirceur de ton métier ? » « Cette noirceur du monde, je la connais de très près. Dans mon service, nous faisons de l'expertise en imagerie. Certains de mes jeunes analystes visionnent à longueur de journée des vidéos djihadistes ultraviolentes de décapitation et de tueries. Après les attentats de *Charlie Hebdo*, en mars 2015, j'ai fait venir une équipe de psys dans mon service, par prévention. Résultat : au moins deux personnes méritaient un suivi attentif au titre de cette noirceur qu'ils subissaient. Pour ma part, comme les policiers ou les médecins légistes, je suis blindée, mais pas blasée. Je m'interroge plutôt. Pourquoi nos jeunes sont-ils perméables aux discours simplistes de Daech ? Il faut contrecarrer cette influence morbide par l'éducation, par la restauration du lien social dans les quartiers enclavés et par la prévention de la radicalisation. La nature humaine est capable du pire – j'en connais un rayon – mais aussi du meilleur. Je fais partie des optimistes. Je ne veux pas baisser les bras. En réalité, ma fille est ma meilleure arme antinoirceur. » « Comment fais-tu pour la préserver ? » « Je n'étais pas avec elle le week-end du 13 novembre. Mon mari lui a expliqué que j'étais absente car j'aidais à emprisonner les méchants. Il lui a dit aussi de ne pas avoir peur. »

Aude

Après ma rencontre avec Anne, j'ai à peine le temps de souffler qu'une nouvelle rencontre hautement stratégique se profile devant moi dans le salon « John le Carré ». Depuis la mi-novembre 2015, mon immersion dans le renseignement ressemble plutôt à un marathon. Jour après jour, mon panel d'espionnes s'étoffe, s'enrichit, se diversifie. J'enchaîne les interviews à flux tendu. En ce début décembre 2015, je n'ai pas intérêt à flancher. Après les pionnières et la cyber-espionne, j'explore une nouvelle facette des profils féminins du renseignement extérieur. Mon curseur grimpe dans l'organigramme du Service : aujourd'hui, j'ai rendez-vous avec la femme la plus puissante de la DGSE, qui dirige le service des « grandes oreilles » de la France.

Aude occupe une fonction clé : celle de chef du service des interceptions, à la direction technique, qui compte 2 500 agents environ. À 54 ans, elle dirige un service de plusieurs centaines de personnes, qui interceptent toutes les communications des ennemis identifiés par les services. À la Centrale, où elle travaille depuis trente ans, Aude est une des rares femmes à avoir accédé à un tel niveau hiérarchique. Ses interceptions ont joué un rôle stratégique dans la prise de décision des plus hautes autorités de l'État, notamment en matière de géopolitique, de lutte antiterroriste ou de lutte contre la criminalité organisée. Malgré la fatigue liée au rythme intense des interviews, je suis prête à soumettre cette nouvelle espionne au feu de mes questions.

Emmitouflée dans un grand manteau sombre, une brune au teint mat pénètre dans le salon d'un pas affairé. Elle serre contre elle une pochette de cuir noir qui lui donne un air studieux. Dans son « Bonjour ! » lancé d'un ton enjoué un peu forcé, je décèle un peu de lassitude. Elle ôte son manteau et s'assoit près de moi. Au premier coup d'œil, cette femme puissante s'avère petite, fine, tendance bohème-chic. De discrets accessoires hippies tranchent avec la sophistication de son tailleur noir : un piercing sur sa narine gauche, une gourmette à sa cheville, un bracelet corde offert par un moine thaïlandais et des boucles d'oreilles en argent du Kerala. Avec son visage en triangle et ses yeux cernés de khôl sous sa frange brune, elle semble sortir d'une miniature indienne. Elle devance ma question : « Oui, je détonne à la DGSE. Je me sens citoyenne du monde, et je le porte sur moi. On peut avoir des responsabilités dans le renseignement, et vouloir rester femme. Lors des réunions de crise au Centre de situation, le QG opérationnel de la DGSE, je mets un point d'honneur à arborer des couleurs vives au milieu des costumes gris. »

Aude, qui parle l'arabe, l'hébreu et le persan, aime les langues, les civilisations et les voyages en sac à dos chez l'habitant. « Que pensez-vous de la fermeture des frontières, annoncée par François Hollande au lendemain du 13 novembre ? » Son regard s'assombrit : « Moi qui suis très attachée aux libertés individuelles, il y a quelques mois, je m'y serai opposée. Hélas, les récents attentats m'ont fait changer d'avis. Les pays européens se ferment les uns après les autres. On ne peut plus laisser les terroristes aller et venir impunément entre la France, la Syrie, la Grèce, la Belgique ou la Turquie. Comment les repérer quand ils traversent des frontières poreuses avec de fausses identités ? »

Elle soupire, et ses épaules s'affaissent d'un cran. Je perçois de légers signes de fatigue sur son visage. « Depuis les attentats, il y a deux semaines, je dors peu, m'explique-t-elle. Nous n'avons pas une minute à perdre. Je travaille sur la traque des terroristes qui circulent entre la Syrie et l'Europe. Mes équipes travaillent sur les numéros de téléphone des individus pour analyser l'historique de leurs communications et explorer toutes les pistes. Nous tentons aussi de prévenir des répliques possibles des attentats du 13 novembre. Il y a en France des centaines de djihadistes vétérans candidats au suicide. Et le phénomène s'accélère avec les radicalisations "flash". Auparavant, nous étions sur des processus d'embrigadement plutôt lents. Aujourd'hui, c'est beaucoup plus rapide. Il est tellement facile de manipuler un post-adolescent. J'ai vu des jeunes catholiques aller à l'église en juin et se radicaliser à la rentrée. C'est vertigineux. »

Pour cette globe-trotteuse née en Algérie d'un père irlandais et d'une mère pied-noir, les tensions actuelles sont un déchirement. « Fille de diplomate, j'ai sillonné la planète dès mon plus jeune âge. J'ai vécu mon adolescence en Libye, et ce furent les plus belles années de ma jeunesse. À l'école, très cosmopolite, je croisais des Américains, des Soudanais, des Égyptiens et des Italiens. J'y ai développé un fort goût pour le monde arabe. » Première de sa classe, elle se voit enseignante ou médecin. Espionne ? Elle rit : « Je ne savais même pas que ce métier existait ! Sensible à la souffrance du monde, j'étais plutôt tournée vers le caritatif. Un jour, j'ai rencontré une nonne revenue du Laos, où elle avait travaillé dans un orphelinat. J'étais fascinée par son récit. J'aimais cette idée de se dévouer entièrement aux autres. J'annonce alors à mon père que je veux entrer dans les ordres. Lui, d'ordinaire très doux, m'a fusillée du regard ! Il m'a répondu : "Si tu veux aller au couvent, je t'y emmène tout de suite, et je ne veux plus jamais te revoir." J'ai pris le temps de réfléchir. »

Après un diplôme à l'Institut national des langues et civilisations orientales (Inalco), elle entend parler de la DGSE. « Mon père m'a encouragée. Il m'a dit texto : "La DGSE, c'est les Affaires étrangères, en mieux." Pour en savoir plus, j'ai écumé les salons étudiants. En vain. Je n'ai rien trouvé sur le monde du renseignement. » Sa maîtrise des langues rares lui ouvre les portes de la Centrale. Elle a 21 ans. Au bout de quelques années, elle est promue chef d'un centre clandestin d'interception au Moyen-Orient. « J'avais une couverture diplomatique, c'est-à-dire un faux métier, mais pas d'identité fictive. J'ai gardé mon vrai nom. Mon mari, fonctionnaire, s'est mis en disponibilité pour me suivre avec notre fils de 7 ans. Du jour au lendemain, il s'est retrouvé seul et inactif dans un pays étranger. Il en a souffert. »

« Quels souvenirs vous ont le plus marquée ? » « J'ai vécu les attentats du 11 septembre 2001 au Moyen-Orient, répond Aude. Ce soir-là, j'avais prévu un dîner multiculturel à la maison. Autour de la table, il y avait des Anglo-Saxons, des Arabes, des Juifs, des Français. On a passé la nuit à refaire le monde, nous avions besoin de libérer la parole, de dialoguer, de nous écouter, dans une ambiance à la fois de sidération et de fraternité. »

« Vous avez des anecdotes cocasses ? » « Oui. Par exemple, lors d'une mission, je devais intercepter les communications d'un décideur politique étranger dans une chambre d'hôtel. Avec le militaire qui m'assistait dans l'opération, nous avons loué la chambre voisine en nous faisant passer pour un couple. Du coup, impossible de demander deux lits séparés, au risque de griller notre couverture ! J'ai dormi quatre nuits avec un inconnu, dont la femme accouchait au même moment à la maternité. Moi qui aime bouger dans un lit, je n'ai pas remué un cil. »

« Comment avez-vous vécu le fait d'être femme, espionne au Moyen-Orient ? Avez-vous eu peur pour votre vie ? » J'ai lu que là-bas, règne ce qu'on appelle « l'espionnite aiguë ». Les gouvernants voient des espions partout et se méfient énormément. « Quand vous êtes membre de la DGSE, au Moyen-Orient, le risque est permanent. Pour consolider ma couverture, j'ai multiplié les activités, les contacts, les dîners, j'ai créé une intense vie sociale autour de moi. À tel point qu'un jour, un cadre local m'a dit en rigolant : “Tu les connais, les espions français, toi ?

On s'est demandé si tu n'en faisais pas partie. Mais avec ta vie hyperactive, c'est impossible ! On te voit partout." En l'écoutant, je riais intérieurement. »

« Dans le renseignement, être une femme, est-ce un atout, selon vous ? » « Bien sûr ! Le métier d'espion est avant tout un métier de séduction. Quand vous recrutez une source, vous essayez de la séduire. C'est un exercice dans lequel les femmes ne sont pas les plus mauvaises. Néanmoins, je trouve dommage que la seule femme espionne que l'on connaisse soit liée à un échec. Combien de succès portés par des femmes, et dont on n'a jamais parlé ? »

De retour à Paris, Aude rejoint la Centrale. Elle travaille alors sur les libérations d'otages. Celles des journalistes Georges Malbrunot et Christian Chesnot, détenus par l'Armée islamique en Irak pendant quatre mois et libérés le 21 décembre 2004. Le 5 janvier 2005, c'est au tour de Florence Aubenas, grand reporter à *Libération*, d'être kidnappée en compagnie de son fixeur, Hussein Hanoun al-Saadi, alors qu'elle réalise un reportage à l'université de Bagdad, en Irak, sur les réfugiés de Falloujah. Aude s'en souvient avec précision : « Dès que j'ai appris son enlèvement, j'ai mis en place une cellule de crise avec des experts en interceptions, des informaticiens, des analystes, des exploitants, pour faire converger les renseignements. Nous avons travaillé jour et nuit. Lors des prises d'otages, il faut agir vite. Les deux premiers jours sont déterminants. Dans le renseignement, on les appelle les *Golden Hours*. En matière d'interception, les premières heures après le kidnapping sont vitales. Le téléphone de l'otage peut être encore allumé, on met immédiatement en place une interception pour le localiser. » « Comment travaillez-vous concrètement ? » « Pendant des mois, on est obnubilé par le dossier. On travaille sur des autoroutes de communication. Et un jour, un de mes gars a trouvé la bonne fréquence pour intercepter une conversation. J'ai entendu en direct, sur un haut-parleur, la première preuve de vie de Florence Aubenas, se souvient Aude. J'en ai eu la chair de poule. Quand un otage est libéré, au Service, c'est l'explosion de joie. On sable le champagne. Ce sont des réussites d'équipe. »

« Et votre vie de famille ? » Aude grimace : « Forcément, elle pâtit de mon travail. Par exemple, je peux prendre de vacances uniquement lorsqu'il n'y a pas de prises d'otages. Et lors des dîners entre amis, mon téléphone peut sonner dix fois. J'ai aussi briefé mon fils et mon mari. Que ce soit à Paris ou quand j'étais clandestine au Moyen-Orient, je leur ai appris à se montrer vigilants. Lorsqu'un inconnu l'approche, mon mari sait qu'il doit se méfier. Et dès que j'envoie à mon fils un sms du genre : « Désolée, mon grand, je vais rentrer tard du travail », il allume systématiquement la télé pour regarder les infos. Il sait qu'il y a eu un attentat quelque part. »

« Et le poids du secret, comment le vivez-vous ? » « Ne pas parler de son travail à sa famille, ça peut devenir schizophrénique. À défaut de parler du fond des dossiers, j'ai choisi de raconter des anecdotes, de décrire les ambiances des pays où je pars en mission. Ils connaissent aussi ma secrétaire à la DGSE. Ils sont venus à la Journée des Conjoints organisée par le Service, qu'autrefois on appelait la Journée des Épouses. Du coup, ni mon fils, ni mon mari ne sont frustrés. Ma belle-famille, en revanche, me croit au Quai d'Orsay. Je suis déjà d'un naturel curieux. Je n'allais pas leur dire en plus que je suis une espionne. »

« Où étiez-vous le soir du 13 novembre ? » « Je terminais de rédiger une note chez moi. Je vis dans le 11e arrondissement, près des lieux où se sont déroulées les attaques. Tous les samedis et dimanches matin, je passe rue Bichat, entre le Carillon et le Petit Cambodge, pour aller courir sur les bords du canal Saint-Martin. » Ce soir-là, Aude est trop fatiguée pour sortir. « J'échangeais des sms sur le match France-Allemagne avec mon fils. Soudain, je reçois un sms de mon adjoint sur mon téléphone sécurisé : "Je suis dispo, dis-moi si tu as besoin que j'aille au bureau." J'ai immédiatement appelé le Service, envoyé l'agent en astreinte "interception", et vérifié que tout le monde était sur le pont. »

Aude se rend boulevard Mortier aux premières lueurs de l'aube. La police a transmis les premiers noms : Omar Ismaïl Mostefaï, 29 ans, l'un des kamikazes du Bataclan ; Ahmad Al-Mohammad, 25 ans, dont le passeport a été retrouvé au Stade de France, et Bilal Hadfi, 20 ans. « Les analystes ont cherché ce qu'on avait sur eux. Quand on a découvert que certains d'entre eux étaient connus de notre service, on s'est réjoui. On a des éléments, on va pouvoir avancer. » Le cerveau des attentats est rapidement identifié : Abdelhamid Abaaoud, 28 ans, un djihadiste belgo-marocain. « J'ai passé les deux semaines suivantes sans me poser de questions. Je ne dormais presque pas. Je pensais à la manière d'améliorer encore la coordination entre les équipes. Est-ce l'expérience ? La maturité ? La gravité ? À aucun moment je n'ai ressenti de coup de pompe, cette sidération qui vous coupe les jambes. Autour de moi, au Service, certains agents tenaient le coup et restaient opérationnels. Et d'autres ont flanché. Face à l'ampleur des attentats, ils n'étaient plus en capacité d'agir et de penser. Et ce n'est lié ni au sexe, ni au grade. Dans cette épreuve, j'ai vu des personnalités éclore, exprimer un total contrôle d'eux-mêmes. Par exemple, je me suis appuyée sur une jeune femme, une responsable d'équipe venue spontanément nous aider le dimanche matin. Elle a coordonné toutes les interceptions avec un sang-froid étonnant pour son âge. »

« Les terroristes savent déjouer les techniques d'interceptions... » « Cela ne nous facilite pas la tâche. Comment pister le chef d'une filière terroriste du Pakistan qui donne ses ordres au Yémen pour agir à Paris ou à Bruxelles ? Dans leur fuite, les terroristes du 13 novembre ont jeté la batterie de leur téléphone portable pour éviter d'être géolocalisés. Ils progressent sur ce plan, mais nous progressons plus vite qu'eux. »

« Dans votre service, vous recevez des images ultraviolentes sans aucun filtre. Cela ne vous atteint pas ? » « Je suis une mère de famille, avec une grande sensibilité. Mais j'ai aussi une grande maîtrise de mes émotions. Lorsque je cherche un terroriste, j'oublie tout. J'ai vu des photos atroces, celles des kamikazes du Bataclan qui ont actionné leur ceinture d'explosifs. J'ai vu leurs corps démembrés. Et je n'ai rien ressenti. À ce moment-là, il fallait juste trouver les terroristes en fuite et prévenir de nouvelles attaques. À la DGSE, l'horreur fait partie du quotidien. Il suffit d'ouvrir n'importe quel fichier informatique pour tomber sur des images d'hommes égorgés ou de femmes enceintes éventrées. » « Comment tenez-vous le coup ? » « Je n'ai pas de tabou, ni d'autocensure. Je laisse mes émotions s'exprimer intérieurement. Et je cours beaucoup pour les évacuer. »

« Comment vivez-vous le feu des critiques, dans la presse, qui pointent les failles du renseignement ? » « Je le vis mal car elles sont contradictoires. On hurle à l'aspect massif des interceptions, tout en nous reprochant un défaut de surveillance. Les attentats du 13 novembre sont évidemment un échec des services de renseignement. Nous n'avons pas pu entraver ce projet macabre. Mais combien de tentatives avons-nous contrecarrées ? » « Vous avez déjoué des attentats ? » « Oui, mais je n'ai pas le droit de vous en parler. »

« Dans quelles affaires des femmes se sont-elles illustrées ces dernières années ? » « Il y en a une, mais j'ignore si j'ai le droit de vous la raconter », hésite-t-elle. Je ne peux que vous dire qu'il s'agit du chef d'un groupe terroriste que nous avons contribué à éliminer. Ce sont trois filles qui ont travaillé dans mes équipes. Elles ont permis la neutralisation de l'un des terroristes les plus recherchés de la planète. Elles ne l'ont pas lâché, comme dans le film *Zero Dark Thirty*. Elles l'ont perdu plusieurs fois, elles l'ont retrouvé. Elles ne cherchaient pas à être héroïques. Lorsque la Centrale les a félicitées, elles ont pris conscience que leur travail était phénoménal. »

« Dans vos équipes, les femmes sont-elles plus déterminées que les hommes ? » « On vit encore dans une société où les femmes pensent et doivent faire plus pour se faire remarquer. Nous sommes facilement repérables dans les services car peu nombreuses. Nous n'avons pas le droit à l'erreur. Moi-même, je n'ignore pas que mes moindres faits et gestes sont disséqués et commentés. Nous n'avons pas atteint la masse critique qui banaliserait la présence des femmes. Cette position de challenger développe chez les femmes de la DGSE une combativité et une recherche de l'excellence. Ici, quand une fille s'accroche à une cible, elle ne la lâche plus. »

« Après trente ans de “Boîte”, quel bilan tirez-vous ? » « Travailler dans le renseignement, c'est addictif, conclut Aude. J'ai vécu l'aventure, l'anticipation, l'adrénaline. Même si nous œuvrons dans l'ombre, notre métier offre de puissantes satisfactions : être en avance sur l'actualité, manier des volumes d'informations et de données importants, avoir les clés et la possibilité d'agir sur la marche du monde, se rendre utile. La conscience de servir son pays, de lutter contre le terrorisme, de participer à maintenir la paix, à éradiquer les menaces et à sauver des vies, pour tout esprit équilibré, tout cela l'emporte largement sur la frustration de ne pas pouvoir dire à l'apéro : “Vous savez quoi ? Je suis une espionne.” »

Claire

La nuit tombe déjà sur le boulevard Mortier lorsque je rencontre une autre femme de l'ombre de la DGSE. Elle n'infiltre pas d'État opaque, ne manipule aucune source et n'intercepte pas de conversations téléphoniques. Cette femme qui n'a pour moi pas encore de prénom, je l'appelle depuis plusieurs semaines avec une aura de mystère « la psy des espionnes ». Elle doit forcément détenir les clés de compréhension de ce métier hors norme. Songeuse, je l'imagine un peu comme le personnage du *Bureau des légendes* incarné par Léa Drucker : sympathique, ouverte, chaleureuse, toute en empathie. Très excitée à l'idée de la rencontrer, j'ai préparé une longue liste de questions en sachant pertinemment qu'elle n'aura jamais le temps d'y répondre en une heure. Les idées se bousculent dans ma tête. Quelle est sa fonction : réparer, soigner, prévenir ? Comment se glisse-t-on dans la peau d'une autre, lorsqu'on travaille sous identité fictive ? Comment éprouver la solidité de sa légende ?

Les aide-t-elle à ne pas perdre pied en mission ? Éprouve-t-on une jouissance à vivre sous identité fictive, une double vie comme dans un adultère, ainsi que me l'a expliqué le cinéaste Éric Rochant ? Au retour, comment revenir à sa vraie vie ? Comment, en fin de mission, se défont-elles de leur identité fictive et des attaches affectives qu'elles ont nouées ? « Le mensonge réclame invention, dissimulation et mémoire », écrivait Nietzsche. Ce métier d'espion provoque de grands remous psychologiques. Tant d'écrivains ont disséqué les états d'âme des agents secrets au masculin que j'ai hâte de mieux comprendre, grâce à elle – du moins je l'espère – la psychologie des femmes du Service.

Dans le salon « John le Carré », sous la lumière feutrée des abat-jour qu'une main invisible semble avoir allumés, la « psy des espionnes » se matérialise enfin devant moi. J'ai d'abord du mal à la distinguer, tant son tailleur sombre se confond dans le clair-obscur avec les lourdes tentures opaques du salon. Elle m'attend, assise dans un fauteuil club, les bras sur les accoudoirs. À mon arrivée, elle déplie sa haute silhouette longiligne et glisse vers moi, grande, mince, les lèvres fines, les cheveux tirés en arrière. Ma belle assurance s'évanouit devant son visage austère et son sérieux monacal. Avec Léa Drucker, elle n'a de commun que la blondeur. Son regard bleu laser me scanne froidement, sans une once d'affect. Déstabilisée, je sens à peine la main qu'elle me tend. Je soutiens son regard, cherchant en vain dans ses yeux un éclat de chaleur. Impossible d'établir une quelconque connexion émotionnelle. Je me sens brusquement comme une gamine sous l'œil sévère d'une mère supérieure. Une partie de moi n'a qu'une envie : ranger mes carnets de notes et tourner les talons.

J'inspire un grand coup et je la regarde plus attentivement pour tenter de comprendre sa réaction réfrigérante. Je sens une personnalité dense, totalement sous contrôle, qui calcule ses gestes et surveille chacun de ses mots. J'imagine qu'elle n'a pas dû se plier de bonne grâce à l'exercice de l'interview. J'apprends qu'elle s'appelle Claire. Dès mes premières questions, elle confirme mon appréhension en répliquant sèchement : « Vos interrogations relèvent davantage de la littérature ou de la fiction. » Première douche froide. « Vous comprendrez que je ne peux pas vous parler de la psychologie des gens de la DGSE, et encore moins des clandestins. Ce serait fournir des armes à nos adversaires. » Deuxième douche froide. Je visionne mentalement mes questions : la moitié de ma liste vient de passer à l'as. « Je voulais aussi vous parler de votre article dans *Madame Figaro*. Vous évoquez une de nos agents qui, lors d'une mission, partage son lit avec un militaire. Je ne vois pas l'intérêt de ce genre d'anecdotes. Cela n'est pas vraiment à la gloire des femmes. » Troisième douche froide. Je me racle la gorge et reprends du poil de la bête. « Ce n'est pas l'écho que j'ai reçu. Les femmes que j'ai interviewées étaient ravies. J'ai raconté un pan de leur vie privée et professionnelle, sans cacher les situations cocasses ou surprenantes dans lesquelles elles se sont retrouvées. » Je sens que je ne réussirai pas à la convaincre. « Pouvez-vous préciser votre projet de livre ? » « C'est une enquête sur l'évolution des femmes dans le renseignement. Je veux montrer qu'elles jouent un rôle important dans la protection des Français... » Elle m'interrompt : « Pourquoi ? Ce n'est pas évident pour vous ? » Quatrième douche froide. Je suis à court d'arguments. Je réfléchis à toute vitesse. Je dois absolument sortir de son feu de questions et inverser le rapport de force. À mon tour de poser les questions.

J'embraye sur elle : « Depuis combien de temps travaillez-vous au Service ? » « J'y suis depuis vingt-cinq ans. J'ai intégré la DGSE après mes études de psychologie. Je m'occupe du soutien et de l'accompagnement des agents. Mais je ne fais pas de thérapies. En cas de besoins plus lourds, j'oriente les agents vers un thérapeute extérieur. J'encadre une équipe de psychologues, qui s'occupe du suivi dans le cadre des mobilités internes. Nous aidons aussi les officiers traitants dans le rapport avec leurs sources. Enfin, j'interviens lors de la sélection et de la formation des jeunes recrues. Quand un nouvel agent est recruté, je teste ses motivations pour mesurer son niveau d'ancrage. »

Sa dernière phrase provoque un déclic dans ma tête. Je la regarde enfin vraiment, au-delà du masque qu'elle me renvoie. Je mesure mieux l'épaisseur de la carapace qu'elle a dû se forger et qu'elle porte tel un blindage à triple épaisseur. Je comprends alors que, consciemment ou pas, elle doit jouer avec moi le même rôle qu'avec un agent lors de son recrutement : elle me teste. J'imagine que derrière son air un peu « dragon », elle doit me jauger, tout comme elle doit éprouver la résistance psychique des agents avant une mission. Déstabiliser, c'est en réalité une partie de son job.

Rassérénée, je poursuis : « Pourquoi ce métier, d'après vous, attire-t-il de plus en plus de femmes ? » « Ce métier suscite beaucoup de fantasmes. Je constate cependant que les candidats, et surtout les femmes, en ont de moins en moins. Quand elles postulent, c'est en connaissance de cause. Beaucoup mettent en avant leurs compétences internationales et linguistiques, comme leur maîtrise de langues rares, par exemple. Et celles qui n'ont pas ces compétences ont un vrai engagement. » Comment le mesurez-vous ? » « À leur manière de me parler du poste et de se projeter dans le Service. »

« Comment les différentes générations d'espionnes que vous suivez ont-elles évolué ? » « Les jeunes femmes d'aujourd'hui n'ont pas reçu la même éducation que nous. Elles savent qu'elles ne peuvent compter que sur elles-mêmes. Leur vie professionnelle passe avant tout. » « Quels profils la DGSE recherche-t-elle ? » « Avant tout, des personnes avec une forte capacité d'adaptation et de bonnes bases narcissiques. Mais j'enfonce des portes ouvertes en vous disant cela. » J'ignore la pique, et poursuis : « Quelles sont les failles rédhibitoires ? » « Quelqu'un qui aurait une trop grande soif de reconnaissance, ou au contraire, qui n'accepterait aucune remise en cause. Il faut aussi un fort contrôle émotionnel. On recherche un profil de personnes qui ne sont pas "neuves", qui ont déjà un certain vécu, une certaine expérience de vie. »

« Que se passe-t-il lorsque l'on tombe amoureux sous identité fictive ? » « Ce n'est pas prévu. Quand on part en mission, c'est très cadré. Cela n'arrive jamais. » Je maintiens mon idée : « C'est pourtant arrivé à l'une des femmes de la DGSE que j'ai rencontrées. » « Dans ce cas, les agents s'autorégulent en parlant avec leurs pairs. » S'autorégulent ? Dans mes notes, je souligne ce mot, perplexe. La plupart des espionnes m'ont expliqué que, dans des services très cloisonnés, elles ne confiaient leurs états d'âme à personne, et encore moins à leurs collègues. Pour moi, cela signifie donc que les agents doivent se débrouiller par eux-mêmes et gérer seuls leurs états d'âme. À quoi sert donc le service psy de la DGSE, s'il n'aide pas ses agents dans de tels moments de troubles ?

J'essaie d'en savoir plus. « Quel est le danger de vivre sous identité fictive ? » « C'est de s'y perdre. Là aussi, on s'appuie sur l'autorégulation entre collègues, pour essayer de les tirer vers la réalité. Nous avons aussi un suivi régulier car les clandestins sont très isolés. Chacun ritualise, de façon très personnelle, le passage de sa vie d'agent à sa vraie vie. Une femme clandestine me racontait qu'elle portait un bracelet. À chaque mission, elle l'enlevait. Et elle l'enfilait à nouveau quand elle revenait dans sa vraie vie. C'était sa manière de s'ancrer dans la réalité. Certains ont besoin d'un sas de quelques heures. Chacun trouve son rituel de passage. C'est important de savoir où on en est. Au retour d'une mission, on réalise un débriefing pour essayer de comprendre ce qui s'est joué, ou pas. »

« Comment les jeunes femmes qui vivent avec Facebook, Twitter et Instagram, se plient-elles au poids du secret ? » « Ce n'est pas les réseaux sociaux qui posent problème. Les agents de la DGSE n'ont théoriquement pas le droit d'y apparaître. En revanche, je perçois des frustrations chez les jeunes vis-à-vis de leurs pairs qui réussissent dans le privé. Eux ne peuvent pas en parler librement, ou alors, ils font profil bas pour éviter les questions. L'un d'eux me disait que lors d'un dîner avec des anciens de promo, ils comparaient leurs nombres de miles. Notre recrue, qui voyageait beaucoup, ne pouvait rien révéler. Il a ravalé sa frustration toute la soirée. À ne rien dire de soi, parfois aussi, on perd des amis en cours de route. »

« Lorsque l'on est parent, comment en parler à ses enfants ? » « Beaucoup de femmes me posent la question, répond Claire. Je leur conseille d'en parler à l'adolescence, quand elles jugent que leurs enfants sont prêts. Et face à un ado rebelle, attendre qu'il gagne en maturité. Quand on part en mission, ne rien dire, c'est inquiétant. Et encore moins : "Je pars et je ne peux pas te dire où." C'est très anxiogène. Il faut attendre que les enfants vous posent la question. Le but, surtout avec des ados, est de ne pas créer de craintes chez eux. On peut donner une zone ou un lieu. Il faut surtout leur donner une réponse, ne pas les laisser dans le vide. Leur dire le plus simplement possible, sans trop donner de détails. »

« Avec la menace terroriste, de plus en plus d'agents sont confrontés à la crudité d'images ultraviolentes. Certains doivent compter les corps décapités des victimes, ou les corps démembrés des kamikazes. Quels sont les risques psychiques, et comment les prévenir ? » « Nous sommes en train de mettre en place un suivi et un outil qui leur permettent de s'autoévaluer, répond Claire. À partir du printemps 2016, nous mettrons en place des groupes de parole. Nous n'avons pas senti de stress particulier, mais c'est une démarche préventive. » Je souligne à nouveau un mot : « s'autoévaluer ». À écouter Claire, j'ai à nouveau l'impression que les agents de la DGSE sont livrés à eux-mêmes. Je la relance : « Quels sont les risques ? » « Une phase de refoulement suivie d'une irritabilité. Le discernement peut aussi être altéré. Le debriefing permanent par le management de proximité est aussi important. »

L'heure tourne. Je pose une ultime question. « Quelle héroïne de fiction incarne le mieux les femmes de la DGSE, d'après vous ? » « Jessica Chastain, dans *Zero Dark Thirty*, de Kathryn Bigelow. Elle incarne un véritable agent de la CIA, Maia, qui a traqué Ben Laden. Dans ce travail de longue haleine, elle m'a marquée par sa détermination et sa solitude. Elle ne lâche rien, elle compte les jours. À la DGSE, je constate que les femmes sont souvent plus dans l'instant, dans le présent, elles plongent dans leurs dossiers sans penser aux rebonds en termes de carrière. Quand elles ont un objectif, elles sont plus centrées sur leur tâche. » Claire se lève, plus détendue, comme soulagée de finir l'entretien.

Je la quitte moins frustrée que je ne l'aurais craint au départ. Finalement, Claire m'a appris qu'une clandestine pouvait se perdre dans une identité fictive. Surtout, avec elle, j'ai pris conscience que mes espionnes, pour la plupart charmantes et charmeuses, n'étaient pas des tendres. Dans leur job, elles savent aussi jouer avec les émotions négatives. Si elles le jugent utile à la manipulation d'une source, elles peuvent se montrer froides, dures, cassantes, autoritaires, intransigeantes, dénuées d'affect. Elles ne sont pas là pour se faire aimer, mais pour contrôler une personne, la manipuler, l'entraîner à faire des actes prohibés. Claire me l'a rappelé avec une redoutable efficacité. Dans mon enquête, je dois faire attention à moi-même, ne pas me laisser manipuler. Surtout à ce stade. Je dois redoubler de vigilance pour garder une distance objective avec mes prochaines candidates, justement celles qui suscitent en moi le plus de fantasmes : les clandestines.

Camille

Excitée mais vigilante, je reviens boulevard Mortier, quelques jours plus tard, fin prête à rencontrer une redoutable espionne, car la plus séductrice de toutes : Camille. Avec ses yeux noisette, ses fossettes rieuses et ses boucles châtain clair relevées sur la nuque, elle n'est pas que jolie. À 41 ans, elle est de ces femmes à la joie de vivre contagieuse qui, sans jamais minauder, savent instinctivement attirer la sympathie. « Ravie de vous revoir ! » me lance-t-elle d'une voix joyeuse, installant entre elle et moi une proximité immédiate dont j'ignore si elle est spontanée ou construite. Je la vois pour la deuxième fois de ma vie, et pourtant j'ai la sensation étrange de parler avec une amie de longue date. Je perçois en elle toute l'habileté de l'officier traitant qui vous charme sans en avoir l'air. « Où est-ce que je m'installe ? », me demande-t-elle. Et si, moi aussi, je jouais sur la corde affective ? Je tente l'expérience et réponds : « Venez près de moi... » Je vais essayer de tirer profit de ce sentiment de familiarité, propice aux confidences, qu'elle instaure en agent expérimentée. Je sens intuitivement qu'avec elle, je pourrais très vite m'aventurer sur le terrain de l'intime. Elle le comprend parfaitement, et s'en amuse : « Ah, c'est entretien sur le divan ! »

À la Direction du renseignement, Camille dirige une équipe de plusieurs dizaines d'agents dédiés à la lutte contre la prolifération des armes de destruction massive. Mon premier rendez-vous avec elle a été reporté en raison du contexte politique tendu. « Pardon de vous avoir fait faux bond vendredi dernier, s'excuse-t-elle d'emblée. Un quart d'heure avant notre rendez-vous, j'ai été appelée en urgence à Matignon pour briefer les proches collaborateurs de Manuel Valls sur la menace chimique. » Impressionnée, je mesure à ses propos le niveau d'expertise et de responsabilités de Camille.

J'embraye aussitôt : « Daech peut-il attaquer la France avec des armes chimiques ou bactériologiques ? » Camille répond sans détour : « Dans son arsenal, l'État islamique possède des stocks d'armes chimiques, comme l'ypérite. On l'appelle aussi gaz moutarde car il a une odeur caractéristique d'ail ou de moutarde. Ce gaz asphyxiant a été utilisé pour la première fois par l'armée allemande à Ypers, en Belgique, en 1917. Ces armes chimiques proviennent des stocks pris à l'armée syrienne et aux forces de Saddam Hussein après la chute du dictateur. Aujourd'hui, Daech peut clairement les utiliser contre la France. Rien ne nous dit que Daech va mener ce type d'attaque en France, nuance-t-elle, mais on doit s'en prémunir, par principe de précaution. » Quelques jours après les attentats du 13 novembre, le Premier ministre Manuel Valls a évoqué cette menace à l'Assemblée nationale. Et la pharmacie des armées distribue des antidotes dans les hôpitaux parisiens. « Au Service, notre vigilance est au maximum », confirme Camille.

« Comment êtes-vous entrée dans le renseignement ? » « Par hasard, répond-elle. Mes parents, tous deux fonctionnaires dans le sud de la France, sont très loin de cet univers. Enfant, je ne jouais pas du tout à l'espionne. » Elle se crispe, soudain inquiète : « Si je vous parle trop de mon enfance, j'ai peur de devenir identifiable. Et j'ai des cousins férus de séries d'espionnages, comme *The Americans*, *Homeland* et *Le Bureau des légendes*. En lisant votre livre, je n'aimerais pas qu'ils se disent : “Camille ressemble à la petite cousine de Paris” ! »

Elle se détend et poursuit son récit. « Lorsque je suis entrée au Service, mes parents ne l'ont pas très bien vécu. Le mensonge leur pose problème car il contredit les valeurs judéo-chrétiennes dans lesquelles ils m'ont élevée. Ils savent que je travaille à la DGSE, mais ils n'ont pas le droit de le dire. Eux qui sont très fiers de leurs enfants, forcément, ils sont frustrés de ne pas pouvoir parler de mon travail. Surtout, ils n'aiment pas, et ne savent pas mentir. Je leur ai donné des éléments de langage pour parler de mon job, mais ils savent que c'est faux. Dans les repas de famille, je sens une gêne palpable. Ma mère rougit et se met à débarrasser la table en plein milieu du repas. Et mon père se frotte l'oreille ! J'ai appris à décrypter leurs tics lorsqu'ils mentent. » Elle se penche vers moi, l'œil malicieux : « Cela m'aurait été bien utile de le savoir quand j'étais ado ! »

Après son école d'ingénieur, Camille entre à la DGSE. « J'avais 23 ans. J'ai démarré comme analyste, puis officier traitant. C'est le parcours classique. » Après quelques missions courtes à l'étranger, le Service la juge prête pour intégrer l'élite de la DGSE : les clandestins. Dans mon esprit, une image surgit : celle de Marina, l'une des héroïnes du *Bureau des légendes* envoyée comme clandestine en Iran. Je me souviens surtout de sa rude formation : « Vous avez eu la même formation que Marina, dans la série de Canal+, enfermée dans une cave pendant deux jours pour la faire craquer ? Avec des tests de résistance à l'alcool et des claques au visage… » Camille s'esclaffe : « Ma formation n'a pas été si terrible, je vous rassure ! Personne ne m'a frappée ni saoulée. En revanche, mon grand-père, que j'aimais énormément, est mort pendant cette année de stage. J'ai appris à masquer mon chagrin, à contenir mes émotions et à offrir un visage neutre. »

« Vous pouvez me raconter votre première mission ? » « C'était en 2006. Sur ce point-là, *Le Bureau des légendes* est assez fidèle à la réalité. Le jour du départ, comme Marina, j'ai rendu mon badge au Service, j'ai gommé toute trace de ma vraie vie et je suis entrée dans ma légende. Rien ne devait me relier au ministère de la Défense. J'ai construit ma double vie : j'ai loué un appartement dans un quartier de Paris, j'ai arpenté les rues autour au cas où l'on me poserait des questions. Ensuite, j'ai décroché un vrai-faux contrat de travail dans une entreprise au Moyen-Orient, pour une durée de cinq ans. Le jour du départ, j'ai vérifié qu'aucun ticket de ma véritable carte bleue n'était caché dans mes bagages. Par précaution, en arrivant à Roissy, j'ai détruit mon ticket de RER. » « Une fois dans l'avion, qu'avez-vous ressenti en décollant pour une mission aussi périlleuse ? » « De l'excitation ! Et aussi, je vous l'avoue, une petite peur en moi : celle ne pas être à la hauteur des attentes du Service. Je voulais réussir, pour moi et pour le Service qui m'a sélectionnée, qui a misé sur moi et qui m'a formée pendant tant d'années. »

En atterrissant au Moyen-Orient, Camille se glisse alors dans la peau de Julie, une vraie-fausse technico-commerciale, avec un vrai-faux bureau, des vrais-faux contrats et des collègues qui ne se doutent de rien. « Pour consolider ma légende, j'ai d'abord travaillé d'arrache-pied pour être reconnue, respectée et légitimée dans mon entreprise. Tout repose sur ma légende professionnelle. Il ne faut pas éveiller les soupçons des services étrangers, qui surveillent les Occidentaux et se demandent : "Est-elle adaptée à l'emploi qu'elle occupe ?" Si mon identité est fictive, mon emploi ne doit pas l'être. »

Pour ne pas attirer l'attention, Camille s'inscrit dans des associations culturelles de quartier. « Quand on est clandestin, on est seul et isolé. On perd sa famille, ses amis, ses repères. J'ai compensé cette solitude professionnelle cachée par de nouvelles relations amicales très riches, qui m'ont permis de garder un équilibre psychique. L'espion solitaire, c'est un mythe ! »

En parallèle, le Service lui fournit des « cibles » qu'elle doit tamponner pour obtenir des informations confidentielles. « Je ciblais des hauts fonctionnaires, des hommes d'affaires ou des scientifiques, pour obtenir des renseignements "secret défense". » Les documents qu'elle recherche ? Des plans des sites militaires stratégiques, des renseignements sur l'arsenal militaire, des rapports confidentiels sur les intentions des politiques en matière de défense et de sécurité… « Mais à la différence de James Bond, je n'improvise pas. Avant d'approcher une source, je réalise un profiling serré pour tout savoir de ses réseaux, de sa famille et de ses failles. Quand on sait tout de l'autre, il est facile de créer un effet miroir. J'utilise les ressorts de l'amitié. Je fais mine de partager des centres d'intérêt communs avec ma source, d'avoir les mêmes valeurs ou la même philosophie de vie. Et une fois la confiance acquise, dans un second temps, j'utilise les leviers de manipulation en fonction des vulnérabilités que j'ai pu détecter. Je propose de l'argent si la source en manque. J'appuie sur la fibre idéologique si c'est un opposant au régime en place. Je flatte l'ego si la personne est en manque de reconnaissance. Ou je compromets ma cible en lui proposant de l'argent qu'elle n'aurait pas dû recevoir. Mon métier est méthodique, cartésien, cadré. »

« Vous devez quand même ressentir une dose de stress ? » « C'est sûr, on a parfois le cœur qui palpite… Un jour, après un rendez-vous avec une de mes sources, j'ai vu, dans la rue, des policiers s'approcher de mon contact. J'ai eu un pincement au cœur. Dans ces États opaques, une source accusée de livrer des informations classées "secret défense" risque le peloton d'exécution. En tant qu'officier traitant, je suis responsable de la sécurité de ma source tout autant que de la mienne. Heureusement, ce jour-là, mon contact subissait un simple contrôle d'identité. Quand je l'ai vu repartir librement, j'étais extrêmement soulagée. »

« Je sais que la séduction à connotation sexuelle est proscrite. Mais arrive-t-il que des sources tombent amoureuses de leur OT ? » « Nous sommes au-dessus du marivaudage », répond

Camille. Elle réprime un fou rire : « Cela dit, un jour, un Moyen-Oriental, que je traitais comme source depuis quelques mois, m'a laissé un message dans une boîte aux lettres morte. Il me donnait rendez-vous pour, m'a-t-il fait comprendre, me livrer une information de la plus haute importance. J'étais très intriguée ! Je me suis dit qu'il allait passer un cap dans la confidence. Qu'il était prêt à me livrer des informations militaires ultraconfidentielles. Je tenais un scoop professionnel ! Le jour du rendez-vous, il s'installe devant moi. J'étais à cran. Et là, il m'a demandée en mariage. Puis il m'a annoncé fièrement que sa femme acceptait qu'il prenne une deuxième épouse ! C'était surréaliste. J'ai dû masquer ma surprise – et ma déception. Prise de court, je me suis inventée, au débotté, un fiancé virtuel ! Ce soir-là, j'ai dû faire évoluer ma légende. »

En arrière-plan, j'écoute Camille attentivement. Je tente, moi aussi, de passer un cap dans la confidence avec elle. Son récit me donne des idées. « En parlant de sentiments, que se passe-t-il lorsque l'on tombe amoureux sous identité fictive ? Existe-t-il un protocole particulier ? » Camille me regarde avec surprise. Son visage lisse rosit légèrement. « Eh bien… C'est justement ce qui m'est arrivé, quinze jours seulement après avoir atterri… », m'avoue-t-elle. Je jubile intérieurement devant la dimension romanesque que prend tout à coup le récit de Camille. Tout en prenant soin, moi aussi, de masquer mon excitation. Je lui demande d'un ton neutre : « Racontez-moi… »

« Je devais recruter un employé pour ma vraie-fausse entreprise. Au bout de quinze jours, j'ai reçu un CV diablement attractif d'un homme bardé de diplômes et engagé dans diverses ONG. Il me semblait aussi brillant que doté de valeurs humaines fortes. Impressionnée, je me suis dit en soupirant : "Sa femme a beaucoup de chance…" Le jour de son arrivée, mon chauffeur est allé le chercher à l'aéroport. Je lui ai dit : "Ramenez-le chez moi, nous partirons ensuite déjeuner." » J'étais encore en cours d'installation dans mon nouvel appartement, j'avais donc des cartons partout. Manque de bol, quand je suis rentrée chez moi, mon candidat était déjà là, dans mon salon. Il était assis sur le canapé, les genoux serrés. Il avait le visage cramoisi car, devant lui, sur ma table basse, s'amoncelait une montagne de petites culottes et de soutiens-gorge. Toute ma lingerie fine et mes dentelles ! Je les avais déballées à la va-vite et je n'avais pas eu le temps de ranger. Et j'en avais apporté beaucoup, car quand on part pour plusieurs années, il vaut mieux être prévoyante ! »

« Avez-vous eu le coup de foudre ? » « Eh bien... non. Sur le coup, je l'ai trouvé charmant. Mais comme j'avais beaucoup fantasmé sur lui, je me suis dit intérieurement : "Finalement, je ne suis plus jalouse de sa femme. Il n'est pas aussi beau que Georges Clooney..." J'ai eu tort de me préoccuper de son épouse, car j'ai finalement appris qu'il était divorcé. Au bout de quelques semaines, à force de se croiser et de travailler ensemble, une étincelle est née, l'attirance s'est confirmée. Nous sommes tombés amoureux l'un de l'autre. » « Et le Service ? Cela ne risquait pas de compromettre votre mission ? » « J'ai tout de suite prévenu la Centrale. Mon chef n'a pas été surpris. J'avais 32 ans, j'étais célibataire, cela me pendait au nez. Ce genre de situation se gère selon un protocole très précis. Le Service a réalisé une enquête de contre-espionnage, afin de vérifier que mon amoureux n'était pas un bellâtre envoyé par un service adverse pour me mettre sous influence. Car en mission, je ne pouvais pas me permettre le moindre faux pas. »

Je pense à ces espionnes envoyées par le KGB qui usaient de leurs charmes pour séduire et compromettre des agents. J'ouvre de grands yeux : « Il existe donc des "hirondelles" au masculin ? » « À ma connaissance, non », explique Camille. Elle soupire, faussement dépitée : « Hélas, aucun service adverse ne m'a envoyé un beau Russe pour me séduire... C'est même devenu une blague entre agents. Quand un collègue est approché par une jolie fille, c'est un signe : cela signifie que les services adverses lui accordent de l'importance. »

« Avez-vous révélé votre véritable identité à votre amoureux ? Il vous a connue en tant que Julie, pas Camille. Vous avez démarré votre histoire par un mensonge... » « Je le lui ai révélé au bout de quelques mois, quand j'ai su que c'était sérieux. Il ne m'en a pas voulu. Paradoxalement, ce furent nos plus belles années ensemble. J'ai vécu ma vraie-fausse vie avec lui sans me poser de questions. C'est plus facile d'avoir une vraie histoire d'amour avec un faux travail au Moyen-Orient qu'avec un job à la DGSE à Paris. Je suis longtemps restée célibataire car c'est difficile de flirter quand votre identité est secret défense. Quand je rencontrais un homme qui me plaisait dans un bar ou à la salle de sport, je ne pouvais pas lui dire que je travaillais à la DGSE. » « Comment s'est passé votre retour à Paris ? » « Là-bas, je pouvais lui parler de mon vrai-faux job. J'avais une vraie vie de couple avec des échanges naturels. Depuis que nous vivons à Paris, je trouve cela plus difficile. Aujourd'hui, il connaît mon vrai métier. Lorsque j'ai un souci au bureau, qu'un problème professionnel me tracasse, je ne peux pas lui en parler. Je passe dix heures par jour au travail. Et le soir, quand je rentre, je ne peux rien lui dire. Dans notre couple, l'échange devient à sens unique. Je l'écoute me raconter ses journées de boulot. Et moi je ne dis rien. Du coup, le centre de gravité du couple s'est déplacé. Ce n'est plus nous, c'est lui. Le poids du secret m'oblige à m'effacer dans le couple. Et cela a des répercussions. Il s'est habitué à ne parler que de lui. Au fil des années, l'autre devient plus égoïste, car il trouve normal que le centre du couple, ce soit lui. Il devient le centre de l'univers. »

« Finalement, vous préfériez votre vie sous identité fictive ? » « Oui. C'était plus exaltant… » Camille regarde sa montre et s'exclame : « Je dois me sauver, je suis attendue en réunion. » Elle me sourit : « Je ne vous dis pas à bientôt. Je n'ai pas le droit de vous revoir. » Elle disparaît dans l'entrebâillement de la porte. Malgré toute ma vigilance, je l'avoue : je suis tombée dans les filets de la séduisante Camille. M'a-t-elle manipulée ? Après tout, c'est son métier. Je ne le saurais jamais. Et peu importe, au fond. Son récit m'a enthousiasmée et émue à la fois. Elle m'a donné ce que je cherchais : du frisson, du mystère, de l'aventure. J'ai tenté d'obtenir un nouveau rendez-vous avec elle. Car en officier traitant aguerrie, elle m'a donné envie de la revoir, pour en savoir davantage. Hélas, Camille est repartie en mission ultrasecrète. J'avais encore tant de questions à lui poser. Mais c'est aussi la règle du jeu. Je dois apprendre à gérer ma frustration, à accepter que mes espionnes gardent une part insondable de leur mystère.

Charlotte/Nour

Après le départ de Camille, je reste songeuse. Au fil de toutes ces aventures vécues par procuration, j'ai moi-même du mal à redescendre dans ma propre réalité. Si je ressens cet effet-là, j'imagine l'impact de ces doubles vies excitantes et exaltantes sous identité fictive, la jouissance que l'on doit ressentir, mais aussi la schizophrénie qui doit vous guetter. Il faut se forger une armure psychique extrêmement solide pour ne pas basculer. Je regarde mes carnets de notes noircis qui s'accumulent sur la table. Mon panel d'espionnes s'étoffe. J'en ai vu plus d'une cinquantaine. Néanmoins, j'ai une ultime frustration. La plupart des espionnes de la DGSE m'ont raconté leur passé. Il me manque celle qui, là-bas, et aujourd'hui, lutte directement contre le terrorisme, au cœur de la zone de crise du Levant. C'est le cas de ma prochaine candidate. Vêtue d'un blouson de cuir noir cintré à la taille, elle me rejoint dans le salon « John le Carré » et s'installe à la place de Camille. Charlotte/Nour est la rencontre la plus marquante et la plus emblématique de mon livre. À 44 ans, elle vit depuis plusieurs années sous identité fictive au Moyen-Orient. Cet officier traitant de la DGSE travaille actuellement comme adjointe du chef de poste dans un pays du Moyen-Orient.

La journée, elle est Charlotte, diplomate sous les ors d'une ambassade. Le soir, elle s'enroule dans un grand voile blanc et devient Nour, une femme arabe des quartiers populaires qui sillonne les ruelles à la rencontre des personnes de la société civile. Son travail clandestin ? Recruter des sources dans l'entourage des pires terroristes de la planète, au cœur des réseaux d'Aqpa, d'Al-Nosra, d'Al-Qaida ou de Daech.

Pour la première fois depuis que mon immersion dans le monde du renseignement a commencé, je me sens presque intimidée, tant je n'ignore pas que ce genre de rencontre est rare dans une vie de journaliste. J'observe Charlotte/Nour du coin de l'œil. Grande, brune, elle a des pommettes hautes et les cheveux coupés courts. Ses petites lunettes rectangulaires relevées sur le front lui donnent un air d'institutrice. Contrairement à Camille, qui vous renvoie vos émotions en miroir, Charlotte affiche un visage d'une neutralité absolue. Elle est là sans être là. Elle ne dégage rien, hormis un contrôle total d'elle-même. Je lui pose ma première question : « Quel est votre quotidien au Moyen-Orient en ce moment ? » « Comme toujours, il est composé d'attentats et de prises d'otages. Je travaille dans une région très sensible. J'ai toujours été en poste dans des zones en crise. »

« Quelle vision aviez-vous des services secrets avant d'y entrer ? » « C'était très flou. Je viens d'une famille de militaires. Mes grands-parents résistants ont connu la clandestinité. C'est peut-être cela qui m'a attirée à la DGSE. » « Vous parlez l'arabe ? » « Oui. Enfant, je l'ai appris dans un pays du Moyen-Orient, où mes parents étaient expatriés. J'ai aussi étudié l'arabe classique en France. »

« Comment vivez-vous le fait d'être femme et agent secret au Moyen-Orient ? » « Certains pensent que c'est un handicap, surtout dans des pays arabes. C'est faux. Je le retourne à mon avantage. Mon bagage linguistique et culturel me permet de comprendre les us et coutumes du monde arabe. Évidemment, certains contacts proches des mouvances islamistes seraient plus enclins à parler à des hommes. Mais quand je traite mes sources, au fil des rendez-vous, leur regard change. Ils ne me voient plus en tant que femme, mais en tant qu'experte. À la fin, ils me considèrent même comme une sœur. »

« Quelles sources traitez-vous ? » « Des personnes proches des mouvances islamistes, des hommes politiques, des hommes d'affaires, des scientifiques, des personnes qui ont accès à des informations cachées dont j'ai besoin. Je travaille aussi bien sur le contre-terrorisme que sur la lutte contre la prolifération des armes de destruction massive ou le fonctionnement des États opaques. »

« Comment travaillez-vous concrètement ? » « Les analystes de la Centrale, à Paris, ciblent des sources potentielles. En tant que vraie-fausse diplomate, j'essaie d'approcher ces personnes et de voir si elles ont des failles. Ma formation commerciale m'est très utile car je réalise un travail d'écoute. Je dois comprendre ma source, ses besoins. Si une source a un enfant malade, par exemple, je peux l'aider à faire soigner son enfant en France. Un capital confiance se crée entre nous. »

« Quels sont les dangers ? » « Quand je prends le contrôle d'une personne, je dois par exemple deviner si elle va basculer dans le radicalisme. Je la fais réfléchir et travailler sur les fondamentaux de l'islam pour éviter qu'elle ne se radicalise. Faire pression sur quelqu'un, à travers du chantage ou de la compromission, bref, tout ce qu'on lit dans la littérature "jamesbondienne", c'est une fois sur dix. Si elle a besoin de changer de pays pour raison de sécurité, je peux l'exfiltrer et mettre sa famille à l'abri. Mon plus grand souci, pour les sources, est qu'elles puissent travailler dans la sécurité absolue. » « À un moment donné, pour obtenir des renseignements, vous devez montrer votre vrai visage... » « Oui, une source "conscientisée" saura que je travaille à la DGSE. »

« Jouez-vous parfois sur la complicité féminine ? » « Parfois, mais cela ne marche pas toujours. J'utilise les ressorts de l'amitié, aussi bien avec un homme qu'avec une femme. Je peux devenir amie avec un général, sa secrétaire ou son chauffeur. Je m'adapte à différents milieux sociaux. C'est une des difficultés de ce métier. Je peux développer une vraie-fausse amitié. Je dois me lier avec des bandits, des personnes qui ont parfois commis des crimes. » « Quels autres leviers utilisez-vous ? » « La fibre idéologique, lorsqu'une personne a été victime d'un régime dictatorial. Quand je travaille avec des insurgés, et j'essaie de leur expliquer la politique de la France pour les rallier ou les faire coopérer avec nous. Je dois les emmener à trahir leur pays, leur gouvernement. Quand j'y arrive, c'est une victoire. »

« Quelles sont vos contraintes ? » « Je travaille dans une petite ambassade. Je dois donc davantage investir ma couverture pour qu'elle reste crédible. Mais ma légende me permet aussi de rencontrer plus de monde, et nourrit mon travail clandestin. » « Vous pouvez me donner un exemple concret ? » « La journée, je suis Charlotte, diplomate, j'accompagne l'ambassadeur dans des réunions protocolaires. Et le soir, j'enfile un grand voile et je deviens Nour, musulmane des quartiers populaires. Ainsi, je peux rencontrer discrètement des sources proches des mouvances islamistes. Elles ignorent que je suis diplomate, et même que je suis française. J'ai un accent d'une zone du monde arabe qui me permet de passer inaperçue. »

« Utilisez-vous la séduction pour recueillir des informations ? » « Non. Au Moyen-Orient, c'est trop risqué. Je fais basculer notre relation sur l'aspect religieux, pour que la source ne me voie pas comme une maîtresse potentielle mais comme une sœur ou une mère, car certaines de mes sources sont très jeunes. Si la source reste dans une relation de drague ou de séduction, je lève toute ambiguïté. Si l'intention reste en ce sens, je ne continue pas. J'ai demandé à deux reprises à être dessaisie du dossier. » « Vous avez déjà été repérée ? » « Oui, j'ai déjà été l'objet de surveillance des services locaux. Mais je suis formée au désilhouettage. Je sais repérer et déjouer une filature. » « Quel type de renseignements recherchez-vous ? » « Des communiqués de groupes djihadistes, des listes de noms et tout type de documents permettant de comprendre leur fonctionnement. » « Avez-vous approché des djihadistes ? » « Oui. Mon but est de les infiltrer. Certaines de mes sources sont proches des milieux terroristes. Je travaille avec des personnes qui ne sont pas directement impliquées dans des opérations terroristes, mais qui en sont informées, qui sont dans le premier cercle. »

« Qu'est-ce qui vous pousse à prendre autant de risques ? » « J'ai été recrutée à la DGSE en 1995, juste après la première vague d'attentats islamistes, par un cabinet de chasseurs de têtes qui cherchait des arabisants. J'ai participé à déjouer des attentats en France et à l'étranger. C'est une fierté. Mais c'est aussi un travail de fourmi, où l'équipe est essentielle. Quand vous êtes seule au bout du monde dans un pays dangereux, il y a toujours quelqu'un à la Centrale à qui vous pouvez envoyer des messages cryptés. »

« Vous avez des enfants ? « Non, je n'en ai pas. Malheureusement… » Après un court silence, elle précise : « Je n'ai pas eu le temps d'en avoir. Je suis divorcée et remariée. J'exerce un métier complexe et stressant, dans des zones sensibles. C'est compliqué d'élever des enfants dans un pays violent, où l'on circule en voiture blindée. »

L'entretien se termine. Je salue Charlotte/Nour à regret. Elle hoche la tête : « Si je vous croise quelque part, ne vous vexez pas si je ne vous adresse pas la parole… Ou si je vous souris béatement. » Je lui rends son sourire : « Pigé. On ne se connaît pas. » En la regardant disparaître derrière les tentures du salon « John le Carré », Je réalise en la quittant que *nour* signifie « lumière » en arabe. Au cœur de l'obscurantisme, en espionnant les terroristes, Charlotte/Nour apporte de la lumière dans les ténèbres. Elle est, à mes yeux, celle qui se rapproche le plus de l'héroïne, celle qui incarne la plus belle version du mythe de l'espionne.

Jeanne

Avant de clore mon enquête, il me reste un dernier entretien : Jeanne. Avec elle, pas de frisson ni d'adrénaline à haute dose. Sa vie se révèle moins « james-bondienne » que celle des clandestines Camille et Charlotte/Nour. J'ai pourtant choisi Jeanne pour achever ce travail tout simplement parce qu'elle incarne le mieux ce numéro de haute voltige que les femmes réalisent aujourd'hui entre les exigences de leur famille et de leur carrière. La vie de Jeanne reflète au plus près cet exploit invisible et répété que les femmes relèvent chaque jour, jusqu'à s'y consumer parfois.

Dans mon panel d'espionnes, où la plupart des femmes se sont délestées du poids de la maternité pour grimper dans la hiérarchie, Jeanne incarne l'anomalie, le bug dans le système, le point de singularité. Sa vie additionne vingt-cinq ans de Service, une famille nombreuse, des postes à responsabilités – une équation a priori insoluble dans le renseignement. Pourtant, cette mère de famille nombreuse a pénétré les hautes sphères de la DGSE, jusqu'à gérer un service de plusieurs centaines de personnes à la direction du renseignement. Et atteint un poste clé dans l'entourage du directeur général. De toutes les espionnes que j'ai vues, Jeanne est la seule femme de pouvoir qui a dû concilier ambition et vie de famille. Jeanne me touche aussi parce qu'elle est la seule espionne qui ait accepté à ce point d'ôter la carapace, qui a baissé le masque pour me montrer son vrai visage et ses fêlures les plus intimes. Grâce à Jeanne, j'ai pénétré de l'autre côté du miroir sans tain des agents secrètes.

Je l'ai débusquée dans le centre de Paris, détachée de la DGSE. Pour mon enquête, voilà qui tombe bien. Hors de l'enceinte de la DGSE, je me dis que la parole de Jeanne sera peut-être plus libre. Le rendez-vous est fixé dans un discret bistrot du 7e arrondissement de Paris. À 50 ans, Jeanne a la personnalité ronde d'une diplomate expérimentée, enveloppante sans être envahissante. Derrière sa voix feutrée, je sens une intelligence aiguë chez cette experte du monde arabe, qui a assisté à l'émergence du terrorisme islamique au Moyen-Orient. Est-ce parce qu'elle m'inspire confiance ? Je lui lance tout de go : « Mère, espionne et chef : Jeanne, vous êtes mon énigme. » Surprise, elle éclate de rire, avant de me fixer pensivement de son regard bleu indigo : « Moi-même, je ne me l'explique pas. J'ai rencontré des hommes qui m'ont fait confiance et n'ont pas eu peur de donner des responsabilités à une mère de famille. Et je n'ai jamais fait d'opérationnel. Logiquement, à la Centrale, c'est rédhibitoire. »

Diplômée de Sciences Po et d'un troisième cycle à Paris-Dauphine, Jeanne est arrivée à la DGSE au début des années 1990. Elle aussi a connu le machisme : « Au début, être une femme au Service, ça piquait un peu. À la cantine, les hommes me dévisageaient avec insistance. Ils me regardaient de la tête aux pieds. Certains m'expliquaient : "Vous êtes jeune, hyperdiplômée, vous vous ennuierez. Il n'y a pas de perspectives pour vous ici." » Analyste à 25 ans, Jeanne démarre sur une zone sensible, alors un bastion masculin : le monde arabe. On lui annonce la couleur : « Vous êtes une femme, vous ne partirez pas en poste à l'étranger. » Et encore moins dans le monde arabe. « Or l'expérience internationale est un prérequis pour occuper un poste à responsabilités. »

Elle attend son deuxième enfant lorsque son chef lui propose de prendre la tête de la section Moyen-Orient, en charge du renseignement politique. « Puis, alors que j'attendais mon troisième enfant, il m'a proposé de devenir chef du bureau analyse. Je gérais toutes les notes produites par le secteur sur les événements qui secouaient le monde arabo-musulman : la deuxième guerre du Golfe, la succession d'Arafat… Le 11 septembre 2001, j'ai vu les tours s'effondrer en direct à la télé. Ç'a été un gros branle-bas de combat dans le Service. Je devais mesurer l'impact de cet attentat sur la région et sur la stabilité des régimes. Comment réagira l'Iran ? Quelles conséquences sur le Yémen ? Surtout, notre attention se focalisait sur l'Arabie saoudite, un pays ami, dont certains fonds privés étaient suspectés de financer des groupes terroristes et d'entretenir des liens incestueux avec Al-Qaida. J'ai suivi de façon étroite cette internationale djihadiste en gestation. Elle a démarré dans les années 1990, en Algérie, dans la péninsule Arabique, mais aussi dans la corne de l'Afrique avec la montée en puissance d'Al-Islah, l'équivalent somalien des Frères Musulmans dans la péninsule Arabique et la radicalisation et l'internationalisation de l'islam local qui a posé les jalons des Shebabs somaliens et d'Al-Qaida. Les attentats contre les ambassades américaines à Nairobi, au Kenya, et à Dar es-Salaam, en Tanzanie, le 7 août 1998, ont révélé les intentions de cette internationale djihadiste : des attentats massifs, coordonnés et multisites. »

« Et vous avez eu vos enfants pendant ces années-là ? » « Oui. Chaque matin, toutes les productions qui parvenaient des capteurs arrivaient sur mon bureau : images satellites, interceptions, renseignements de sources humaines. Les analystes me rendaient souvent leurs notes en fin d'après-midi. Je quittais rarement le bureau avant 19 h 30. Avec des enfants, c'est tard. » Mais Jeanne s'organise : « Avec mon mari, nous avons déménagé à proximité de la Centrale, pour m'éviter de longs trajets. La nourrice de mes enfants, très compréhensive, s'adaptait à mes horaires et acceptait de rallonger ses heures de garde. Elle m'a permis d'être sereine. Je pouvais toujours compter sur elle et je lui dois une grande partie de ma carrière. »

« Qu'est-ce qui était le plus difficile ? » « La charge mentale. Gérer la maison, gérer les dossiers confidentiels, tout cloisonner. Parfois, c'était acrobatique. Un matin, j'ai refermé la porte de chez moi et j'ai pris le bus en direction du boulevard Mortier. Tout d'un coup, j'ai vu un enfant courir en chaussettes sur le trottoir. C'était mon fils ! Il était sorti de la maison pour me rattraper – on avait oublié de signer son carnet – et la porte s'était malencontreusement refermée sur lui. Il se trouvait enfermé dehors. »

« Au début de ma troisième grossesse, j'ai dû m'arrêter très vite de travailler pour des raisons de santé. C'était au mois de juin. De retour chez moi, mes deux enfants de 3 et 6 ans ont eu une curieuse réaction : malgré un soleil magnifique, ils ne voulaient pas sortir. Comme ils étaient rarement à la maison, ils prenaient beaucoup de plaisir à être tranquillement chez eux et découvraient vraiment leurs jouets. Ce jour-là, je me suis dit : “J'ai raté quelque chose”. »

« Vous avez culpabilisé ? » « Oui. Une part de moi souffrait de ne pas consacrer assez de temps à mes enfants. Lors de ma dernière grossesse, j'ai douté. Vais-je arriver à tout mener de front ? J'ai demandé un poste moins exposé et à temps partiel, pour pouvoir rentrer chez moi à 16 h 30 et être présente le mercredi. En même temps, je ne suis pas une femme d'intérieur. » « Pourquoi dites-vous cela ? » « Pendant mon congé maternité, je me suis réjouie. Mon deuxième enfant rentrait au CP, je pourrais donc l'accompagner durant cette année décisive. L'expérience fut en réalité peu concluante. Mon exigence de perfection stressait mon fils et finissait par être contre-productive. J'ai compris que je n'étais pas faite pour rester à la maison et que la qualité de la relation que l'on entretient avec ses enfants est la chose la plus importante. »

« Et votre couple ? Comment votre mari a-t-il vécu votre ascension ? » « Le plus difficile, pour lui, c'était mes missions à l'étranger. Quand je partais, j'évitais de lui dire dans quel pays je me rendais. Et nous ne pouvions pas nous téléphoner. Même si je ne prenais aucun risque, je voyageais dans des pays pas toujours très stables. C'était très angoissant pour lui. » « Et vous, Jeanne, comment avez-vous vécu le poids du secret ? » « Quand j'étais jeune, je trouvais difficile d'entretenir des relations amicales sans jamais parler de mon métier. Il m'a fallu du temps pour m'habituer, pour être à l'aise. Je n'ai jamais révélé à mes parents où je travaillais réellement. Je suis toujours restée vague sur mes fonctions. Pendant très longtemps j'ai eu le sentiment de trahir ceux que j'aimais. Vis-à-vis de ma famille, c'est devenu un secret assez lourd à porter. » « Ils ne l'ont jamais su ? » « Un jour, j'ai été nommée dans l'ordre national du Mérite. Mon directeur m'a proposé d'inviter mes proches. Quand ma famille et mes amis sont entrés à la DGSE, ils étaient impressionnés. Un proche m'a dit, épaté : "Tu nous as bien eus !..." Aujourd'hui, quand des amis parlent de terrorisme ou de l'actualité internationale devant moi, le plus dur, pour moi, est de me retenir de leur dire : "Mais vous n'y êtes pas du tout..." » « Et avec vos enfants ? » Elle hoche la tête, amusée : « Ils m'ont souvent posé la question : "Maman, est-ce que tu es une espionne ?" Je ne répondais ni oui, ni non. Je restais dans l'ambiguïté. »

« Avez-vous eu des doutes, dans votre carrière ? » Elle marque une pause : « Oui, bien sûr. Quand le directeur général m'a proposé un poste dans son entourage proche. Au premier entretien, je lui ai dit : "Je ne suis pas sûre d'avoir toutes les qualités requises pour ce poste." Un homme n'aurait peut-être pas réagi ainsi. Moi, j'avais peur de ne pas être la bonne personne. » « Et que vous a répondu votre directeur ? » « Qu'un directeur général ne se trompait jamais ! » Mais la vie de cabinet n'est pas forcément compatible avec la vie de famille. « Pendant près de trois ans, mon téléphone a sonné jour et nuit. Les contraintes se sont accrues. Mais j'ai vu comment fonctionnait l'ensemble du Service. Et c'était passionnant. »

« Quels sont vos souvenirs les plus forts ? » « J'ai travaillé avec des personnalités exceptionnelles et côtoyé de nombreux responsables de services de renseignement, certains très puissants. J'ai eu accès à de nombreux secrets. J'avais le sentiment de participer à la marche du monde. C'est très addictif. Mais ce métier peut vite vous griser. On peut perdre pied. Je me suis retrouvée une nuit dans un pays du Golfe, dans le palais d'un prince alors directeur des renseignements pour un entretien nocturne avec mon directeur. J'étais la seule femme, sans voile ni *abbaya*, au milieu d'hommes en habit traditionnel. Le lendemain, après le faste des palais arabes, en rentrant chez moi, je devais revenir à des choses plus terre à terre. Avoir des enfants m'a aidée à garder les pieds sur terre, m'a ramenée à la justesse des choses, à être fidèle à ce que j'étais. Cela m'a permis de garder la tête froide. »

« Pourquoi avez-vous arrêté ? » « Après trois ans auprès du directeur général, le soir ou les week-ends, quand je m'occupais de mes enfants ou lorsque je jouais avec eux, je sentais qu'à chaque coup de fil, ils s'inquiétaient, craignant par-dessus tout que je sois contrainte de regagner mon bureau. Mon travail générait trop de stress dans ma famille. J'ai compris qu'il fallait que j'arrête. »

« Quels sont vos souvenirs les plus douloureux ? » Elle me répond sans sourciller : « La mort de Denis Allex, en janvier 2013. » Cet agent de la DGSE a été kidnappé par les Shebabs en Somalie en juillet 2009 et retenu en otage pendant trois ans dans des conditions extrêmes. Malgré une spectaculaire tentative d'exfiltration, minutieusement préparée par la DGSE, Denis Allex a été tué pendant l'opération, ainsi que deux agents venus le secourir. Jeanne hoche la tête : « J'ai travaillé sur cette mission. Tout le service était aspiré, seule la vie de notre agent comptait. Nous étions sidérés. Nous avons eu du mal à réaliser que Denis Allex et deux de nos agents étaient morts. Tout le

Service s'est réuni dans la cour pour une minute de silence. Ce drame est resté gravé en moi. »

« Vous n'en avez jamais parlé à personne ? » Elle penche la tête et me regarde pensivement : « Non. Dans mon travail, j'ai vécu des drames qui m'ont touchée personnellement, des blessures intimes que je n'ai jamais révélées à personne. En vous parlant, je comprends que je porte en moi des plaies enfouies qui ne se sont jamais refermées. Je ne me suis jamais autorisée à me confier à qui que ce soit. Au fond, vous m'avez aidée à prendre conscience du coût humain de ce métier, que l'on ne soupçonne pas. On donne beaucoup de soi et on y laisse un peu de soi. »

Je reste silencieuse, émue, ébranlée, touchée par la sincérité de Jeanne. Je lui réponds : « Vous m'avez aussi aidée à mieux comprendre le poids de ce métier. Je pensais qu'il pesait sur le conjoint, sur les enfants, sur les parents. Mais pas sur vous. » « Ce métier exige une implication très forte des individus. Par exemple, demander à un clandestin, homme ou femme, de changer d'identité, de nom, de job, de papiers, de devenir quelqu'un d'autre. C'est schizophrénique. »

Elle marque une pause. « Et c'est encore plus vrai aujourd'hui dans le contre-terrorisme. Je suis persuadée que certains des personnels du service qui suivent au quotidien ces dossiers ont, après les attentats de novembre 2015, ressenti de la culpabilité. Dans ces circonstances, ne jamais parler de soi, ni de son métier peut avoir une contrepartie lourde. »

« Et pour les femmes ? Quelle est la contrepartie, d'après vous ? » Jeanne grimace : « J'ai vu beaucoup de femmes, à la Centrale, adopter des comportements très masculins. Celles qui accèdent à des postes à responsabilités sont souvent dures avec elles-mêmes, dures avec les autres, car elles ont dû se battre pour arriver. Elles ont parfois une forme de sécheresse dans les relations humaines. Quand arrivent des jeunes recrues, elles se disent : “J'en ai bavé pour arriver là où je suis. C'est normal que les petites jeunes en bavent aussi.” Je pense qu'il n'y a pas assez de solidarité entre les femmes. Au fond, être une femme parmi les hommes, c'est très confortable. Vous êtes l'exception.

Pis encore, les autres femmes peuvent être perçues plus encore que les hommes comme des concurrentes. »

Elle réfléchit un instant pour affiner sa pensée : « Le monde du renseignement est porteur d'une représentation des femmes qui nous emprisonne. Par exemple, il est encore trop souvent considéré comme normal qu'une jeune femme soit draguée dans le Service. C'est perçu comme une façon d'apprendre ces phénomènes de séduction qu'elle devra gérer avec des sources masculines. C'est inacceptable et déplacé. » Je suis atterrée : implicitement, la drague par des collègues masculins ferait donc partie des rites de formation des femmes de la DGSE ? Je comprends la colère de Jeanne. En juin 2015, la DGSE a pris la mesure du problème en nommant un référent chargé du harcèlement sexuel, placé directement sous l'autorité du directeur général. Sa mission ? Instruire, de manière impartiale et objective, toutes les plaintes d'agents s'estimant victimes de harcèlement sexuel. S'il n'y a pas eu de cas avéré, des comportements inappropriés ont été effectivement signalés.

Jeanne poursuit : « Encore aujourd'hui, le machisme et la misogynie sont prégnants à la DGSE. Quand je suis passée administratrice, un collègue m'a dit : "Tu es le quota féminin." Plus récemment encore, un autre m'a demandé si j'avais bien réfléchi avant de poser ma candidature à un poste lourd en responsabilités et requérant une forte disponibilité. La culture de l'espion est machiste tout comme la représentation de l'espion. Notre génération a accepté des choses qui ne sont plus acceptables aujourd'hui. Nous nous sommes forgé une carapace qui nous a permis de survivre dans cet univers très masculin. Les jeunes femmes ne sont sans doute plus prêtes à accepter ce sexisme ambiant. » « Et vous, Jeanne, avez-vous aussi une carapace ? » « Bien sûr. Je me souviens de remarques un peu machistes, ou misogynes, mais pas "méchantes". J'ai ri, j'ai pris cela à la légère. Je n'aurais pas dû. Je me suis préservée. »

« Pensez-vous que les mentalités évoluent ? » Jeanne pèse chaque mot : « À la DGSE, l'accession des femmes à des postes à responsabilités est trop lente. Malgré la bonne volonté du directeur général, la condition des femmes progresse peu dans notre service. La Centrale doit faire une action en faveur des femmes. C'est le défi qui nous attend. J'ai tenté de créer un réseau de femmes du renseignement sur le modèle de ce qui se passe dans le privé. Mais c'est vite devenu très compliqué. »

« Que pensez-vous des quotas ? » « Au début, j'y étais opposée. Aujourd'hui, je pense que c'est une piste. Comme dans les conseils d'administration des grandes entreprises, les quotas ont banalisé la présence des femmes. Vingt-cinq pour cent de femmes dans le renseignement, ce n'est pas suffisant. Il faut atteindre cette masse critique de 40 % de femmes : au-delà de ce *tiping point*, le regard change, on oublie le genre, on ne voit que la compétence. Est-ce un moyen d'améliorer la performance ? Il faut s'interroger. »

Elle conclut : « Je n'ai pas fait de terrain, mais j'ai une culture opérationnelle. Je ne suis pas une guerrière mais je suis une battante. Je connais mes limites et j'ai pris des risques. J'ai foncé. Quand on réfléchit trop, on s'empêche d'agir. Je me suis beaucoup investie dans mon travail. J'ai essayé de tout concilier. Je n'ai pas beaucoup pensé à moi. Mais je me suis épanouie, j'ai vécu des choses uniques et des moments humains exceptionnels. »

J'ai quitté Jeanne après quatre heures de discussion. Elle regarde le monde du renseignement avec clairvoyance et une rare distance. Depuis que j'ai démarré ce travail, aucune femme de cet univers n'est allée si loin dans la confidence et la sincérité. Avec Jeanne, j'ai vécu le moment le plus émouvant de mon enquête. Jeanne est celle qui m'a accordé la plus grande confiance et qui m'a, au fond, le plus donné d'elle-même. Elle a accepté d'enlever sa carapace et de la poser sur la table devant moi pour la disséquer sans tabou. Elle a changé ma perception sur ces femmes du renseignement, elles aussi victimes d'elles-mêmes et prisonnières d'un système de représentation. Jeanne m'a fait prendre conscience que ces espionnes, habituées à épier les autres, peuvent paradoxalement oublier de scruter… à l'intérieur d'elles-mêmes.

Épilogue

Dans la peau d'une espionne

Mon immersion dans les services secrets se termine avec une ultime étape. Aujourd'hui, aucune espionne ne figure à mon agenda. Mon enquête prend une tournure imprévue. Je reviens à nouveau boulevard Mortier pour une étrange expérience. Je traverse le sas de sécurité, passe dans le tube sphérique à rayons X puis confie, comme d'habitude, ma pièce d'identité et mon iPhone préalablement éteint aux agents armés de l'accueil. À force d'arpenter ces lieux, j'ai le sentiment étrange de me fondre dans un décor devenu presque familier. J'ai sympathisé avec Paul, l'huissier qui m'accompagne à chaque venue. Désormais, les agents me reconnaissent et me saluent d'un sourire cordial, comme si je faisais partie de la maison. Et c'est précisément mon objectif du jour. Non plus interviewer, questionner, analyser. Mais expérimenter, vivre, éprouver, ne serait-ce que pour quelques heures, le quotidien d'une agent secrète. Non, je ne postule pas à la DGSE… Mais à force d'écouter toutes ces espionnes me raconter leurs aventures si palpitantes, un désir inattendu a germé en moi. Et si j'essayais, moi aussi, de ressentir de l'intérieur cette pulsion d'adrénaline qui les rend accros au renseignement ? Quand j'ai posé la question à la DGSE, je n'étais même pas sûre que ma requête soit accordée. À ma grande surprise, le service formation a accepté ma demande incongrue. Je vais réaliser, à mon tour, mes premiers pas d'espionne.

Cette nuit, j'ai très mal dormi. L'appréhension me vrille l'estomac. Mais à force de côtoyer mes espionnes, j'ai appris à masquer ma nervosité. Je pénètre donc dans l'enceinte de la DGSE avec un air que j'espère naturel. Au lieu de traverser l'esplanade, je bifurque à droite pour m'enfoncer dans un dédale d'escalators vers les entrailles de la Centrale. Je m'engouffre ensuite un long couloir souterrain couleur sang-de-bœuf pour rejoindre l'autre côté du boulevard Mortier. Entre des immeubles des années 1970 restés dans leur jus et des bâtiments modernes en verre et en acier, récemment construits pour absorber les nouvelles recrues, je passe une porte vitrée et pénètre dans l'antre des formateurs opérationnels. À l'entrée, un panneau lumineux rappelle une consigne de sécurité : « Interdiction d'utiliser des téléphones portables ». C'est ici que m'attendent Guillaume, un formateur bodybuildé de 43 ans, en jean et veste bleu marine, et le colonel Pierre, chef du service formation de la DGSE.

Je leur emboîte le pas dans un long couloir orné de photos d'armes, Sig Hauer, Glock et Manurhin, issues de l'armurerie de la DGSE. Ou encore un appareil photo qui pointe son objectif à travers une fenêtre à la vitre cassée, un cliché pris en Syrie. Je m'arrête devant des militaires en tenue de camouflage photographiés dans une forêt. Ils ressemblent à des clones de Chewbacca, le géant velu de *Star Wars*. « On forme des agents qui doivent se cacher dans des zones désertiques ou rurales pour filer des terroristes, m'explique Guillaume. Nos agents se camouflent dans le paysage, par exemple pour surveiller des djihadistes qui récupèrent des armes à la campagne. Ils se positionnent en hauteur, pour faire des photos de compromissions et récupérer du renseignement comme des plaques d'immatriculation ou des adresses. » Dans une armoire vitrée, j'entrevois une collection d'objets aussi hétéroclites qu'une cruche à eau offerte par les services secrets du Burundi. Enfin, un cadre attire mon attention : une trentaine de photos d'identité de femmes présente un éventail de coiffures, d'accessoires et de maquillages divers pour changer d'apparence. Me voici dans le vif du sujet.

À mon tour de me glisser dans la peau d'une espionne. « Colonel Pierre, que dites-vous à vos recrues en préambule ? » « Je leur explique ceci : "Maintenant que vous appartenez à la DGSE, vous n'êtes plus une personne ordinaire." » Je lève les sourcils. Intéressant ! Au fond, un agent ne s'appartient plus vraiment. Pour ma part, je ne suis pas sûre d'être prête à une telle abnégation… Le colonel Pierre poursuit : « Nos recrues suivent une formation progressive et graduelle de huit mois, avec peu de théorie et beaucoup de pratique. Nous dispensons environ 600 stages très pointus chaque année. C'est du cousu main : un formateur encadre deux à quatre stagiaires. Nos quinze formateurs, dont une femme, maîtrisent des savoir-faire clandestins. Filature, désilhouettage, maquillage, tir, sports de combat, conduite rapide, piégeage… » Je l'interromps, perplexe : « Piégeage ? » « Par exemple, nous apprenons à nos stagiaires à insérer une caméra miniature dans une bouilloire achetée dans le commerce. Ces techniques sont le B.A.-BA de l'agent secret. »

Je me tourne vers Guillaume, l'autre formateur, qui a travaillé comme clandestin pendant treize ans : « Et mettre un cheveu sur sa valise, comme le fait Mathieu Kassovitz dans le *Bureau des légendes*, cela vous paraît crédible ? » Guillaume grimace, rigolard : « Je vous conseillerai plutôt de piéger un endroit que la femme de ménage ne touchera pas. »

« Et comment pourrai-je changer d'apparence rapidement ? » « Venez », me dit Guillaume. Il m'entraîne dans une petite salle et se plante devant une armoire vitrée. À l'intérieur, une douzaine de postiches, moumoutes, fausses barbes et perruques, brunes, blondes, rousses, et une série de lunettes de vue sans correction. « Nous conseillons à nos agents féminins de garder les cheveux longs ou mi-longs, poursuit Guillaume. Elles peuvent plus facilement changer d'apparence en les attachant ou en les relevant en chignon. Les femmes ont un éventail plus large de possibilités de désilhouettage. Pour déjouer une filature, vous devez apprendre à vous changer en une minute dans les toilettes d'un café ou d'un aéroport : enfiler une veste, changer de pull, mettre un casque audio ou vous coller un faux tatouage. Savoir échapper à une surveillance, c'est vital pour un agent. » Un flacon contenant une sorte de vernis transparent attire mon attention : « C'est du collodion. Il servira à vous fabriquer de fausses cicatrices sur le visage, m'explique Guillaume. Cette colle spéciale s'applique comme un vernis à ongles. En séchant, elle vous creuse la peau telle une scarification. »

« Quels sont les pays les plus difficiles à pénétrer ? » « Les anciennes dictatures communistes ! Dans certains de ces pays, les services de contre-espionnage sont capables de mobiliser 250 agents pour filer une cible. Et la population civile est très participative et patriote. Dans un pays étranger, la population locale n'est pas forcément votre amie. »

« Et en quoi les femmes feraient-elles de bons agents, d'après vous ? » Guillaume réfléchit : « J'ai constaté, au fil des formations, que nos stagiaires féminines sentent beaucoup plus vite que les hommes quand elles sont observées. Chez une femme, j'ai l'impression que c'est transculturel. Dès l'âge de 15 ans, une Française, une Saoudienne ou une Sud-Américaine sent quand les regards des hommes se posent sur elle. » Le colonel Pierre poursuit : « Je l'ai aussi constaté. Les femmes ont souvent une sensibilité à leur environnement plus adaptée que les hommes à nos métiers. Parce qu'elles ont l'habitude d'être regardées et de croiser des regards. Cette aptitude à se savoir observée, la plupart des femmes l'ont intégrée très jeune à leur comportement. Cette intelligence de situation est un atout précieux pour un agent secret. » Guillaume et le colonel Pierre me regardent bizarrement : « À vous d'essayer, maintenant. » Je déglutis. Plongée dans ces techniques passionnantes, j'avais oublié ma mission du jour.

Pas très rassurée, j'emboîte le pas de Guillaume, devenu, pour quelques heures, mon mentor en espionnage. « Direction Châtelet », m'indique-t-il mystérieusement, sans me donner plus d'explications. Nous quittons la Centrale pour filer vers la station de métro la plus proche. Dans la rame de métro, je constate que Guillaume se colle d'instinct dans un angle, sans personne derrière lui : « Agent, c'est devenu un mode de vie, m'explique-t-il. La vigilance est intégrée à ma mémoire corporelle. J'ai acquis des réflexes inconscients. » Au bout de quelques stations, nous ressortons à Rambuteau. Je vais apprendre à détecter une filature. À cet instant, j'en ai une vision très basique : il s'agit de suivre quelqu'un dans la rue sans se faire remarquer. Je ne vais pas tarder à découvrir que c'est en réalité une technique bien plus complexe et sophistiquée.

Une jeune femme sort du métro : Éléonore, la seule formatrice de la DGSE. Guillaume m'indique les trois agents de la DGSE en formation : Hélène, Antonin et Aurélien, positionnés sous des arcades, devant le centre Pompidou et près d'un feu rouge. Leur mission : filer Éléonore le plus discrètement possible. Éléonore, elle, va réaliser trois contrôles pour détecter ses suiveurs. Elle démarre et bifurque vers une rue du quartier. « Elle sort d'une rue dense pour pénétrer dans une autre avec peu de passants, m'explique Guillaume. Regardez comme Éléonore ralentit le pas. C'est la première étape pour savoir si l'on est suivi : elle visualise ses suiveurs. »

Éléonore s'arrête ensuite devant une boutique de parfums et fait mine de regarder dans la vitrine : « Observez comme elle utilise la transparence de la vitre comme un miroir, pour regarder la rue derrière elle sans se retourner. C'est la deuxième étape : Éléonore détecte la filature. Pendant ce temps, les trois agents de la DGSE se repositionnent. » Éléonore s'arrête encore une fois, devant une boutique de bijoux : « C'est la troisième étape : Éléonore confirme la filature. » Un détail me chiffonne : « Pourquoi n'essaie-t-elle pas de les semer ? » « Surtout pas, me dit Guillaume. Elle doit les détecter sans les perdre. Les semer serait leur dévoiler qu'elle est une agent professionnelle. Ce dont ils ne doivent pas se douter. Ils ne doivent pas s'imaginer qu'elle les contrôle. » J'adore cette idée. « Le terrain n'est pas une science exacte, précise Guillaume. Un bon agent doit être observateur, physionomiste, patient et avoir du bon sens. » Je grimace : « Vous citez au moins deux qualités que je n'ai pas. » « Justement, en formation, nous travaillons sur les lacunes de nos stagiaires, comme la timidité ou le stress. »

Nous parvenons près de l'église Saint-Eustache. Éléonore nous rejoint. « Un café, ça vous dit ? » me propose Guillaume. « Volontiers ! » Nous nous installons à une terrasse. De l'autre côté de la ruelle pavée, un autre café nous fait face. J'ai à peine avalé mon expresso que Guillaume me tend un billet de 10 euros. « À vous, maintenant », me lance-t-il. Je le regarde, interloquée. Le formateur poursuit : « Vous allez ranger votre carnet de notes et tamponner une source potentielle. » Perplexe, je lui demande : « De quelle manière ? » Guillaume m'adresse un sourire dont je ne saurais dire s'il est pervers ou malicieux : « Je vais vous épargner d'aborder ce type bourré installé à la droite de l'entrée. Il picole depuis un bon moment. Vous aurez du mal à vous en débarrasser. Tenez, vous irez au contact de l'homme à la doudoune grise assis à gauche de l'entrée. Celui qui pianote sur son Smartphone. » Je m'inquiète : « Que dois-je lui dire ? » « Inventez. Trouvez un prétexte pour l'aborder et lui offrir un café. Votre mission : obtenir un maximum d'informations sur cet homme. »

Je saisis mécaniquement le billet de 10 euros, mais je reste figée sur ma chaise, incrédule et tétanisée. Une bouffée de stress m'envahit. Des pensées toxiques affluent dans mon esprit. Aborder un inconnu, lui mentir, le manipuler, c'est contraire à mon éducation, à ma nature, à mon tempérament, à mes valeurs. Rien que d'y penser, je me liquéfie. Je n'y arriverai pas. Je tente de m'accrocher à une forme de vérité. « Est-ce que je peux dire que je suis journaliste ? » Guillaume secoue la tête : « Non, c'est trop facile. Vous devez sortir de votre zone de confort. Évitez aussi l'enquête de sondage et de police, trop repérables. »

Cette fois, mon cerveau turbine à toute allure. Trouver un prétexte, facile à dire. Je respire un grand coup pour chasser ma peur et je me lève. Je traverse la rue pavée en me répétant : « Je suis une journaliste aguerrie, aborder un inconnu ne me pose pas de problème. » J'essaie de m'imaginer en reportage, une situation familière et donc rassurante pour moi. Mais le stress ne diminue pas. Le plus difficile pour moi, c'est de mentir.

Je pousse la porte vitrée avec un surmoi au bord de l'apoplexie à l'idée de transgresser mon éducation. J'ai l'impression que la salle entière entend les battements de mon cœur, qui semblent même couvrir le tintement de la clochette d'entrée. Un serveur s'approche de moi. Je parviens à articuler : « Bonjour, un café s'il vous plaît. » Je lui montre la table de bistrot à côté de ma cible. Flûte. Elle est dressée pour le déjeuner. Je vise la table suivante : « Je peux m'installer là ? » Le serveur acquiesce et disparaît.

Je m'assieds en observant ma cible de biais. L'homme à la doudoune grise a posé un agenda en cuir noir sur la table de bistrot. Il travaille peut-être dans le quartier. Il n'a pas l'air de se méfier. Pour me donner une contenance, je sors mon carnet de notes et mon stylo de mon sac à main. Mince, le réservoir de mon feutre est vide… Une idée surgit. Je me penche vers ma cible et tente un premier contact : « Excusez-moi, monsieur, puis-je vous emprunter votre stylo ? Le mien est vide, je suis en panne d'encre. » Pas très original, mais efficace. L'homme à la doudoune grise lève les yeux vers moi. Avec ses tempes argentées et son regard bleu topaze, il semble avenant. « Bien sûr ! » Il me tend un élégant stylo à plume.

Je fais mine de griffonner dans mon carnet, puis j'interpelle à nouveau mon voisin : « Pardon, monsieur, je débarque de Montpellier, et je visite Paris pour trouver un endroit agréable où m'installer. Vous connaissez le quartier ? » Je constate avec surprise que la mécanique du mensonge s'enclenche beaucoup plus facilement que je ne le pensais. Comme mes espionnes, je m'appuie sur une demi-vérité, en l'occurrence ma ville d'origine. L'homme secoue la tête : « Désolé, je ne pourrai pas vous renseigner, je ne connais pas bien ce quartier, j'y travaille depuis peu. » Je ne me décourage pas : « Le lieu a l'air très animé, en tout cas. » « Oui, c'est vrai », me répond ma cible, qui pose cette fois son Smartphone sur la table.

Comme mes espionnes me l'ont appris, j'analyse son langage corporel : il a les bras ouverts et paraît détendu. Bon signe. Il semble disposé à un échange informel. Je relance l'échange :

« Je suis seule à Paris et je ne connais pas grand monde. » L'homme me jette un regard de biais, soudain méfiant. Aïe, j'ai commis ma première erreur. Il doit croire que je le drague. Je rectifie aussitôt le tir et poursuis sur un terrain moins personnel : « En tout cas, le quartier semble très vivant. On ne doit pas s'y ennuyer. » Ma stratégie fonctionne, car l'homme se détend visiblement. Et moi aussi. « Oui, il y a beaucoup de restaurants ici, me répond-il. Surtout dans la rue située derrière vous. Cela dit, on n'y mange pas toujours bien. Vous cherchez quel type d'appartement ? » « Un studio. » « Je vous conseille de faire le tour des agences immobilières. Vous trouverez des opportunités. » Je contre-attaque. Les minutes s'égrènent et je dois en savoir davantage sur lui : « Et vous, où est-ce que vous habitez ? » « Dans le 11e arrondissement, près de la place de la Bastille… » « Ah, près des rues où ont eu lieu les attentats du 13 novembre ? » « Oui, c'est à côté de chez moi, mais je n'étais pas à Paris ce week-end-là. » J'affiche une mine faussement inquiète : « Moi qui arrive de province, je ne suis pas rassurée… » Il sourit. Je sens que c'est dans la poche. Finalement, mes mensonges fonctionnent plutôt bien. Je suis même étonnée de la rapidité avec laquelle il s'est livré. Je connais son adresse. Mission accomplie. Et les dix minutes sont passées. Satisfaite, je conclus l'échange en lui rendant son stylo. « Merci, monsieur. Bonne journée. » Il me salue et replonge dans son Smartphone.

Je rejoins Éléonore et Guillaume dans le café d'en face. Éléonore analyse ma prestation : « Bravo ! Vous avez abordé votre cible assez vite, avec naturel. Et quand vous êtes partie, l'homme ne vous a pas suivie du regard. Vous n'avez donc pas éveillé ses soupçons. » Guillaume poursuit : « Certains stagiaires ont du bagou. Mais ils sont tellement à l'aise qu'ils en deviennent trop marquants. Ils se font tout de suite repérer. La difficulté consiste à soutirer le plus possible d'informations tout en parlant le moins possible de soi et en se faisant très vite oublier. Au fait, vous avez pensé à demander la PJ ? » Je le regarde sans comprendre : « La quoi ? » « La pièce justificative. Les services secrets sont aussi une administration. On doit justifier nos frais. » « Ah non, désolée ! » « Ne vous inquiétez pas. C'est l'erreur classique du débutant ! » Je regarde les formateurs, encore plus excitée qu'au départ : « Bon, je recommence quand ? » Mentir, manipuler, tromper : j'avoue que c'est finalement très jouissif.

Guillaume me ramène derechef à la réalité : « On aurait pu corser l'exercice et glisser un dictaphone dans votre sac à main à votre insu. Au fur et à mesure que la formation avance, nous augmentons le niveau de difficulté. La prochaine fois, vous devrez savoir vous incruster dans un groupe. Ou alors entrer sans argent dans un bar et vous faire offrir un café par un inconnu. Ou, plus dur encore, entrer dans un immeuble, pénétrer dans un appartement et apparaître au balcon en un temps minuté. » Je crois que je vais m'arrêter là pour aujourd'hui.

Avant de rentrer à la Centrale, Guillaume me précise : « Ces exercices sont de vrais révélateurs de personnalités. Des introvertis y excellent, des extravertis se plantent. Et vice versa. Rien n'est joué d'avance. Surtout, on ne choisit pas nos stagiaires pour leur appétence à la transgression. Au contraire, nous les sélectionnons pour leur intégrité morale et leur adhésion aux valeurs du Service, qui transcendent les valeurs personnelles. Ce qui compte, c'est l'esprit de loyauté, la discrétion, l'exigence et l'adaptabilité à toute épreuve. Ces valeurs sont le code génétique de la DGSE. »

Quelques jours après cette expérience marquante, je conduis ma fille de 4 ans à l'école. Assise dans son siège auto, elle me demande : « Maman, est-ce que je vais à la garderie ce soir ? » Je décrypte son sous-entendu : « Ou alors est-ce que tu viens me chercher avant ? » Je lui réponds, avec ce tiraillement familier qui me vrille l'estomac : « Non, ma chérie, je ne peux pas. Je dois terminer mon livre sur les espionnes. » Perspicace, elle me glisse un long regard suspicieux : « Maman, est-ce que tu es devenue une espionne ? »

Conclusion

À mon tour de passer aux aveux. Au bout d'un an d'enquête, et d'une cinquantaine d'entretiens, je quitte à regret cet univers des services secrets où, par une étrange illusion, j'ai fini par me sentir « presque » chez moi. À tenter d'incarner ces femmes d'ordinaire invisibles et silencieuses, j'ai vécu, moi aussi, par procuration, les aventures cocasses, âpres ou exaltantes de mes espionnes. Au fil de leurs récits, j'ai bataillé, j'ai forcé leurs défenses, j'ai vibré, j'ai frissonné, j'ai touché du doigt le danger, l'interdit, le pouvoir. Comme dans une série télé addictive, une partie de moi s'est identifiée à mes espionnes. Avec mes superdouanières, j'ai pénétré dans l'univers interlope des trafiquants d'art, de bijoux et de faux pastis. J'ai coursé des go-fast en talons, j'ai longé l'enclos des tigres, j'ai arraisonné des voiliers bourrés de cocaïne au large des Antilles. Dans les entrailles de la DGSI, j'ai cuisiné des djihadistes en garde à vue et écouté leurs conversations intimes. Avec les femmes de la DGSE, j'ai traversé des frontières avec un faux passeport, infiltré des réseaux terroristes et arpenté des cocktails mondains truffés d'espions étrangers. Pour finir, lors d'une courte – mais excitante – formation à la DGSE, j'ai moi-même appris à mentir et à manipuler une source potentielle dans un café. Moi qui voulais déconstruire le mythe de l'espionne en le confrontant à une réalité, et désacraliser ce métier, au final, je découvre que les aventures de mes espionnes valent celles des meilleures fictions. Ai-je tenu mon pari ? Suis-je parvenue à garder mon fil, à faire preuve d'empathie mais pas de sympathie, à comprendre mes espionnes tout en gardant de la distance, à vibrer sans perdre mon esprit critique ? Je l'ignore. Et peu importe, au fond. Tout au long de mon enquête, j'ai réalisé un exercice d'équilibriste absolument jouissif. En « espionnant » mes espionnes, en captant un peu de l'adrénaline de leur vie, j'ai éprouvé par un effet miroir un plaisir aigu, que je n'aurais pas osé imaginer : celui de se sentir pleinement actrice de sa vie.

En écrivant ces dernières lignes, je mesure aussi, à travers l'intensité de ces trajectoires féminines, à quel point la puissance transgressive de l'espionne traverse les siècles. Déjà, Mata Hari bousculait son époque avec sa collection d'amants et sa liberté de mœurs. En assumant ses désirs dans une société puritaine, elle fut la première femme moderne du XXe siècle. Tuée par des hommes du XIXe siècle, elle a accédé au rang de mythe et continue, à travers sa soif de liberté, d'inspirer les femmes d'aujourd'hui. Pourquoi ? Parce que ce fantasme ultime de l'espionne qu'incarne Mata Hari parle de la puissance de notre désir, et de notre désir de puissance.

Aujourd'hui encore, la figure de l'espionne transgresse plus que jamais les rôles sociaux qui sont assignés aux femmes dès leur plus jeune âge. Toutes les espionnes que j'ai rencontrées déboulonnent les clichés paternalistes et machistes qui règnent dans les sphères du pouvoir : non, face aux grandes menaces actuelles, les hommes n'incarnent pas l'unique rempart de la nation. Mes espionnes, qu'elles agissent sur le terrain ou dans les postes clés des services secrets, bousculent cette représentation virile du pouvoir, de l'influence, de la stratégie, de la protection et de la sécurité. Pour protéger les Français, elles prennent les mêmes risques que les hommes, elles affrontent les mêmes dangers, mues par un sentiment patriotique tout aussi puissant. Garantes de la sûreté nationale, elles font preuve de bravoure, d'audace et de témérité. Elles nous prouvent aussi que les femmes ne s'épanouissent pas uniquement dans le *care*, le soin, le doux. Loin de l'image du prétendu « sexe faible », ou d'éternelles victimes, elles montent au front, elles se battent, et face à l'adversité, elles se révèlent de redoutables guerrières, des amazones, des battantes, des *warriors*. C'est particulièrement vrai dans la lutte antiterroriste. Face à Daech, Al-Nosra ou Al-Qaida, les espionnes qui déjouent des attentats, libèrent des otages ou infiltrent des réseaux djihadistes avec une détermination sans faille, incarnent cette puissance féminine, certes invisible, mais en action.

Ces espionnes au cœur du pouvoir transgressent aussi cette vision de la féminité trop souvent réduite au paraître, au superficiel, au futile, à l'enveloppe, à la séduction, qui provoque tant de ravages et de mésestime de soi chez les adolescentes. « Une femme libre est exactement le contraire d'une femme légère », affirmait Simone de Beauvoir. Dans leur enfance, mes espionnes étaient toutes des sportives, des bagarreuses, des teigneuses. Non pas des « garçons manqués », comme elles le disent, mais des « filles réussies », encouragées à se confronter aux autres à travers les sports collectifs, qui assouvissent leur désir d'action. Sans renier le droit à la coquetterie, il est urgent de tonifier l'éducation des petites filles, d'en finir avec ces injonctions à l'effacement – « Sois sage », « Sois gentille », « Sois belle ». Encourageons-les à l'audace, à la prise de risque, à l'exploration de leur force. Là encore, les espionnes nous ouvrent la voie d'un nouvel imaginaire où les femmes s'autorisent à exprimer leurs désirs, leurs ambitions, leurs convictions. Au fond, elles se réapproprient leur part sombre, leur part sauvage, même la plus obscure, comme l'affirme Clarissa Pinkola Estés dans son best-seller *Femmes qui courent avec les loups* (Livre de Poche). Comme l'écrit Marianne Williamson, en se libérant, les espionnes aideront peut-être les autres femmes à se libérer. Mon enquête d'espionnage résolument féministe ne dit pas autre chose.

C'est probablement cette féminité debout, non plus figée dans le rôle d'éternelle victime mais restaurée dans sa puissance, dans sa liberté entière, sans concession, qui fascine tant dans ces multiples figures d'espionnes, que nous renvoient aussi des séries télé à succès comme *Homeland* ou *The Americans*. La psychanalyste Anne Dufourmantelle, qui, lors de ces vingt dernières années, a reçu deux espions sur son divan, l'analyse avec perspicacité : « Ces femmes travaillent dans une forme de transgression autorisée. Elles nous fascinent car elles assument leurs désirs, même les moins avouables. Elles mentent, volent, manipulent leurs cibles, épient la vie des autres, changent d'identité, traversent des frontières sous un faux nom... Elles font ce que nous n'avons moralement pas le droit de faire, tout en étant admirées et approuvées. C'est une position jouissive, quasiment érotique. L'espionne est une métaphore de la femme libre par excellence, qui s'affranchit de toutes les contraintes sociales et morales. »

D'où a surgi cette soif de liberté qu'ont fortement exprimée toutes mes espionnes ? À l'origine de leur émancipation, je pensais trouver la mère comme modèle de vie et d'affranchissement, comme je l'ai vécu moi-même dans mon histoire personnelle. C'est le cas pour certaines, bien sûr. Mais au fil des confidences, à ma grande surprise, c'est finalement la figure du père qui a émergé de leurs récits. Elles ont souvent suivi les traces de leur père, militaire ou policier, ou alors simplement noué avec lui une relation singulière, une complicité, un lien puissant. Pourquoi ? Là encore, la psychanalyste Anne Dufourmantelle m'apporte des éléments de réponse : « On ne choisit pas son métier par hasard, et encore moins celui d'espionne. Notre profession parle de nous. Dans le renseignement, le rapport au secret donne du pouvoir, de la jouissance. On entre dans un privilège, on est singularisé, on est élu. Il y a aussi de la transgression, un partage avec un élu autre que soi-même. Les espionnes pourraient être, à mon sens, des "filles de leur père", un peu comme les femmes politiques. Elles ont secrètement été choisies par leur père, élues par lui. Elles sont sa "préférée" cachée – de par une passion commune ou simplement leur place dans la famille (aînée, benjamine ou fille unique). Du coup, elles n'ont pas vécu d'Œdipe, car leur père leur a transmis son "trésor" symbolique à travers ce pacte secret. Elles n'ont donc plus à le dérober à leur mère. Ces femmes, que j'appelle "phalliques", ont eu accès à leur part masculine, elles sont psychiquement à la fois fille et garçon. Du coup, elles s'autorisent davantage à explorer des métiers masculins. Ce pacte secret "père-fille" peut tout à fait s'incarner dans un métier d'espionne. » Son analyse m'a ébranlée. Le regard d'un père peut donc émanciper une fille tout autant que celui d'une mère. Loin du cliché éculé de la guerre des sexes, les hommes ont un rôle clé à jouer dans l'émancipation de leurs filles.

J'ai également mesuré à quel point mes espionnes repoussent les limites de nos représentations du féminin. À commencer par les miennes ! En espionnant ces femmes, je me suis finalement espionnée moi-même. Plusieurs d'entre elles m'ont confrontée à mes propres stéréotypes sur le pouvoir, le leadership, la force physique, la prise de risque, la confrontation au danger. Moi qui me revendique pourtant comme féministe, j'ai débusqué nombre de stéréotypes sexistes en moi. Dans mes premières impressions sceptiques ou mitigées devant telle ou telle espionne, j'ai décelé des idées reçues sur les rôles assignés aux femmes. Comme Pauline, à la DGSI, on peut renvoyer une image de femme fragile et faire passer aux aveux de dangereux terroristes. Comme Daphnée dans le renseignement douanier, on peut rougir dans sa vie privée et sortir *manu militari* un dealer d'une voiture pour le menotter. On peut être mère célibataire, musulmane pratiquante et déclarer la guerre aux terroristes, comme Camillia, aux nouveaux RG. Comme Lise et Nathalie à la DGSE, on peut renvoyer une image de grande mondaine ou de « mamie Tricot », et se révéler une redoutable experte du nucléaire iranien ou nord-coréen. Comme Jeanne à la DGSE, on peut avoir quatre enfants et conseiller le directeur général dans ses dossiers les plus sensibles. Grâce à elles, j'ai gagné en clairvoyance sur moi-même. Mon enquête n'a pas d'autre but : à travers ces figures d'espionnes actuelles, je veux questionner nos représentations collectives, traquer nos clichés parfois inconscients, révéler nos idées reçues. « Le féminisme est une manière de vivre sa vie. Il ne s'agit pas de théories à discuter », affirmait très justement la romancière nigériane Chimamanda Ngozi Adichie, dans *Le Monde* du 22 février 2016.

La vie de mes espionnes incarne avec une grande modernité la prise de risque, l'audace, le courage et la puissance féminine. Si je crois aux vertus de l'exemplarité, pour autant, je n'en tire aucun éloge de la performance, de la compétition ou de la perfection. Je n'ai pas voulu les dépeindre comme des super-héroïnes ou des *wonder women*. Non, j'ai voulu montrer des femmes qui réussissent et qui doutent, qui avancent tout en s'interrogeant sur un système auquel elles doivent se suradapter, au prix d'une énergie folle, démesurée, extrêmement coûteuse sur le plan personnel. Pour s'imposer et s'épanouir dans leur métier, elles ont dû trop souvent renoncer soit à la maternité, soit à leur féminité, mais toujours à une part d'elles-mêmes.

À travers elles, j'ai aussi pris conscience de l'effort colossal que les femmes, et en particulier les mères – dont moi-même je fais partie – doivent réaliser, chaque jour, pour s'adapter à un monde du travail toujours régi par des codes masculins, tout en portant sur leurs épaules le poids de la famille. Au fond, nous sommes toutes des espionnes en milieu hostile, d'invisibles combattantes du quotidien plongées dans un *rogue state* : la société patriarcale, dont l'ultralibéralisme exacerbe les travers sexistes, et qui tolère une féminisation mesurée et limitée. Chercheuse au Céreq [1], la sociologue Dominique Épiphane le souligne dans son étude *Femmes dans des métiers d'hommes* (2014) : « L'intensification du travail et la transformation des métiers renforcent le sexisme préexistant dans les univers professionnels. » Même dans les pays occidentaux, pourtant éclairés, les femmes n'obtiennent toujours pas ce qui leur revient de droit : l'égalité réelle.

Rappelons ces chiffres effarants. Tous les deux jours et demi, une femme meurt sous les coups de son conjoint. En France, une femme est violée toutes les sept minutes. Dans le privé, à

1. Centre d'études et de recherches sur les qualifications.

poste égal, les femmes sont payées 27 % de moins que les hommes. Tandis que les mères de famille qui travaillent, souvent à temps partiel, jonglent entre des crèches aux horaires inadaptés, des réunions tard le soir, sous le regard de chefs (et de cheffes !) sourcilleux et rigides. Toutes ces « invisibles » se débattent pour survivre avec des jobs sous-payés et dévalorisés. Même dans les plus hautes sphères du pouvoir, les femmes subissent un sexisme intolérable et anachronique, qui les renvoie au rang d'objets de séduction.

À travers la double vie plus qu'acrobatique de mes espionnes, j'ai voulu observer ce phénomène sous une loupe grossissante : les femmes dépensent voire sacrifient une grande partie de leur énergie vitale à s'adapter, voire à se suradapter, à une société toujours pensée par les hommes et pour les hommes. Au fond, cette féminisation silencieuse du renseignement me fascine car elle révèle, par l'extrême, la condition réelle des femmes dans notre société. Stella Rimington, ex-directrice générale du MI5, les services secrets britanniques chargés de la sécurité intérieure, le résume très bien[1] : « Je ne suis pas et n'ai jamais été une *housewife superspy*, mais une femme du XXe siècle qui s'est elle-même retrouvée au centre de grands événements nationaux et de changements sociaux importants. Mon histoire illustre parfois de manière extrême le numéro de voltige de beaucoup de femmes qui doivent aujourd'hui s'en sortir entre les exigences du foyer, leur carrière et leur famille. La plupart d'entre elles arrivent à trouver une solution à ce conflit sans être véritablement satisfaites. J'en fais partie. » Dominique Épiphane conclut : « Ce n'est pas la vie de famille qui menace le travail, comme on le croit trop souvent. C'est le travail qui menace la vie de famille. »

En toute fin d'enquête, l'une de mes espionnes m'a lancé : « Votre livre ne devrait pas exister. » D'abord agacée par cette remarque provocatrice, je reconnais aujourd'hui qu'elle a

---

1. Source : Wilhelm Dietl, *Espionnes, Histoires d'agents secrètes de la DGSE, de la CIA, du MI5, du KGB, du Mossad et de la Stasi*, Nouveau Monde Éditions, 2016.

raison. Moi aussi, j'espère qu'un jour, plus personne n'aura besoin d'écrire d'enquête sur les femmes, ni dans les services secrets, ni ailleurs. J'espère ardemment que leur rôle dans la société sera accepté, reconnu, considéré à sa juste valeur. Que nous sortirons de cette culture de la survie imposée par des millénaires de domination masculine pour affirmer pleinement nos désirs et nos ambitions. J'aimerais, bien sûr, que la présence des femmes soit banalisée partout, jusque dans les plus hautes sphères du pouvoir, que la compétence efface le genre, qu'elles participent à toutes les grandes décisions concernant l'avenir de notre planète. J'espère que les hommes, eux aussi, se libéreront des stéréotypes archaïques de la virilité qui les emprisonnent, qui les coupent trop souvent de leurs émotions et les privent d'une grande part de leur vie affective. J'espère que les femmes libéreront leurs désirs pour s'affirmer dans leur propre puissance. Qu'elles s'épanouiront, comme mes espionnes, avec leurs identités multiples, dans une société pensée, organisée, structurée, par les femmes et par les hommes. Sans jeux de dupes.

Remerciements

À toutes les espionnes qui ont accepté de me révéler un pan de leurs doubles vies.

À Nora et Alain Zabulon, pour leur amitié fidèle, leur soutien sans faille et leurs conseils précieux. Sans eux, ce livre n'existerait pas. Je leur voue une gratitude infine.

À Anne-Florence Schmitt, directrice de la rédaction de *Madame Figaro*, avec qui cette passionnante aventure a démarré.

À Valérie Dumeige, mon éditrice, pour sa pugnacité et sa bienveillance.

À tous ceux dont je ne peux pas citer les noms, et qui, dans les sept services de renseignement, m'ont aidée à réaliser ce travail.

À Clara Paul-Zamour.

À Brigitte Grésy, Anne Dufourmantelle, Sandra Laugier et Dominique Épiphane.

À Jean-Marie Pontaut, Éric Pelletier, Vincent Nouzille, Rémy Kauffer et Bruno Fuligni.

À ma famille et à tou(te)s mes ami(e)s qui m'ont soutenue, supportée et encouragée dans cette aventure.

À mes filles, mes premières inspiratrices.

Lexique[1]

Les services de renseignement en France

BAC – Brigade anticriminalité.
BCRA – Bureau central de renseignement et d'action.
BROEM – Bureau de renseignement d'origine électromagnétique.
CFR – Communauté française de renseignement.
CIC – Centre interministériel de crise.
COS – Commandement des opérations spéciales.
CPCO – Centre de planification et de conduite des opérations.
CNR – Coordonnateur national du renseignement.
DARI – Département de l'analyse, du renseignement et de l'information.
DCRI – Direction centrale du renseignement intérieur.
DGA – Direction générale de l'armement.
DGPN – Direction générale de la police nationale.
DGSE – Direction générale de la sécurité extérieure.
DGSI – Direction générale de la sécurité intérieure.
DCSP – Direction centrale de la sécurité publique.
DOD – Division des opérations douanières.
DNRA – Division nationale de la recherche et de l'appui.
DNRED – Direction nationale du renseignement et des enquêtes douanières.
DPSD – Direction de la protection et de la sécurité de la défense.
DRM – Direction du renseignement militaire.

1. N'apparaissent dans cette liste que les acronymes cités par l'auteur.

DRPP – Direction du renseignement de la préfecture de police de Paris.
DST – Direction de la surveillance du territoire.
GAO – Groupe d'action opérationnel de la DGSI.
GIC – Groupement interministériel de contrôle.
GOLT – Groupe opérationnel de lutte antiterroriste.
IGS – Inspection générale des services, ou police des polices.
OCRVOOA – Office central de répression du vol des œuvres et objets d'art.
PAF – Police aux frontières.
RG – Renseignements généraux.
RGPP – Révision générale des politiques publiques.
SAT – Section antiterroriste de la préfecture de police.
SCRT – Service central du renseignement territorial.
SDAT – Sous-Direction antiterroriste de la direction centrale de la police judiciaire.
SDECE – Service de documentation extérieure et de contre-espionnage, ancêtre de la DGSE.
SDIG – Sous-Direction de l'information générale.
Tracfin – Traitement du renseignement et action contre les circuits financiers clandestins.
UCLAT – Unité de coordination de la lutte antiterroriste.

Cellule Allat – Cellule interagence qui croise les renseignements détenus par les six services (Douanes, Tracfin, DPSD, DGSI, DGSE, DRM), pour appuyer le opération au Levant (Irak et Syrie).

HVI – *High Value Individual* ; HVT – *High Value Target* ; IHV – Individu de haute valeur : cibles de grande valeur, considérées comme prioritaires par les services sercrets.
OT – Officier traitant.

FPASP – Fichier de prévention des atteintes à la sécurité publique.
FPR – Fichier des personnes recherchées.
FSCRP – Fichier de traitement des signalés pour la prévention et la radicalisation à caractère terroriste.

Acronymes désignant des mouvements et organisations terroristes

Aqmi – Al-Qaida au Maghreb islamique.
Aqpa – Al-Qaida en péninsule arabique.

EI – État islamique, Daesh.
EIIL – État islamique en Irak et au Levant.
FIS – Front islamique du salut.
GAT – Groupes armés terroristes.
GIA – Groupe islamique armé.
GSPC – Groupe salafiste pour la prédication et le combat, ancien Aqmi.
TESSCO – terrorisme, espionnage, sabotage, subversion, crime organisé.

Les services de renseignement à l'étranger

CIA – *Central Intelligence Agency*, aux États-Unis.
DIA – *Defense Intelligence Agency*, aux États-Unis.
DNA – *Defense National Agency*, aux États-Unis.
FBI – *Federal Bureau of Investigation*, aux États-Unis.
HSI – *Homeland Security Investigations*, le département de la sécurité intérieure des États-Unis.

KGB – *Komitet Gossoudarstvennoï Bezopasnosti*, comité pour la sécurité de l'État en Russie.

MI6 – *Military Intelligence section 6*, service de renseignement extérieur au Royaume-Uni.
MI5 – *Military Intellignce section 5*, service de renseignement intérieur au Royaume-Uni.

SGRS – Service général du renseignement et de la sécurité, en Belgique.

Table des matières

Mise en page par IGS-CP
à L'Isle-d'Espagnac (16)

CET OUVRAGE
A ÉTÉ ACHEVÉ D'IMPRIMER
SUR ROTO-PAGE
PAR L'IMPRIMERIE FLOCH
À MAYENNE EN OCTOBRE 2016

N° d'édition : L.01EBNN000400.A002. N° d'impression : 90169
Dépôt légal : septembre 2016
Imprimé en France